农业电子商务蓝皮书 2019

BLUE BOOK OF AGRICULTURAL E-COMMERCE 2019

中国农业电子商务发展报告（2019）

ANNUAL REPORT OF AGRICULTURAL E-COMMERCE DEVELOPMENT IN CHINA（2019）

农业农村部市场与信息化司
中国农业科学院农业信息研究所 编著

中国农业科学技术出版社

图书在版编目（CIP）数据

中国农业电子商务发展报告．2019／农业农村部市场与信息化司，中国农业科学院农业信息研究所编著.—北京：中国农业科学技术出版社，2019.12

ISBN 978-7-5116-4539-5

Ⅰ.①中…　Ⅱ.①农…②中…　Ⅲ.①农业-电子商务-研究报告-中国-2019　Ⅳ.①F713.36

中国版本图书馆 CIP 数据核字（2019）第 291971 号

责任编辑　史咏竹
责任校对　李向荣

出 版 者　中国农业科学技术出版社
北京市中关村南大街 12 号　邮编：100081
电　　话　(010)82105169(编辑室)　(010)82109702(发行部)
(010)82109709(读者服务部)
传　　真　(010)82106626
网　　址　http://www.castp.cn
经 销 者　各地新华书店
印 刷 者　北京科信印刷有限公司
开　　本　710 mm×1 000 mm　1/16
印　　张　15
字　　数　270 千字
版　　次　2019 年 12 月第 1 版　2019 年 12 月第 1 次印刷
定　　价　96.00 元

《中国农业电子商务发展报告 2019》

编著委员会

主　　任　唐　珂

副 主 任　宋丹阳　刘继芳　许世卫

编　　委（按姓氏笔画排序）

王　松　王耀宗　李鸣涛　张　峭　张天翊

赵俊晔　聂凤英　魏延安

主 编 著　张　峭

副主编著　赵俊晔　张　晶　王耀宗

编著人员（按姓氏笔画排序）

于海鹏　孙　伟　张文波　孟　蕊　侯煜庐

陶　莎

前　　言

2018年中国农业电子商务持续突飞猛进地发展，全国农村网络零售额达到1.37万亿元，占网络零售市场份额的15%以上，同比增长30.4%；全国农产品网络零售额达到3 341亿元，同比增长37%，连续3年保持30%以上的增长速度。伴随着市场规模的扩大，保障农业农村电子商务发展的政策法规不断出台，信息化基础设施日益完善，物流体系建设取得了实质性进展，各类社会主体积极参与电商发展，农业电子商务生态逐渐形成。

党的十九大胜利召开，标志着中国特色社会主义进入新时代。乡村振兴战略是习近平同志在党的十九大报告中提出的战略。2018年，随着《中共中央国务院关于实施乡村振兴战略的意见》发布，《乡村振兴战略规划（2018—2022年）》实施，为中国农业电子商务发展创造了新的时代背景，2018年也是中国农业电子商务蓄力勃发、承前启后的一年。2019年《数字乡村发展战略纲要》稳步落实，《关于实施“互联网+”农产品出村进城工程的指导意见》正式出台，对推动农业电子商务高质量高标准发展，着力解决农产品上行问题，制定了清晰的“时间表”“路线图”，农业电子商务将继续发挥“互联网+”优势，激发创新活力，让优质农产品不仅卖得出，而且能卖得好价钱。

在中华人民共和国农业农村部市场与信息化司的指导和支持下，中国农业科学院农业信息研究所农业电子商务研究团队组织撰写了《中国农业电子商务发展报告（2019）》。报告分为4章：第一章为中国农业电子商务发展总报告，力求较全面反映2018年农业电子商务发展的进展、成效、特点和趋势；第二章为2018年农产品网络零售研究报告，首次尝试以数为据，从产品、区域、渠道、时间等不同角度展现农产品网络零售市场的全貌，并以茶叶、小龙虾、鲜苹果为例，分析了各具特色的农产品在网络零售市场的不同表现；第三章为地方篇，是2018年部分省（区）、市、县推进农产品电子商务工作的进展总结；第四章为产品篇，对6个优势特色农产品出村进城的具体做法进行了梳理分析，以期为相关部门、相关领域从业者和关心“三农”发展的广大读者提供有益的借鉴和参考，为“互联网+”农产品出村进城探索更多可行的路径。

本书撰写过程中，中华人民共和国国家发展和改革委员会、中华人民共和国工业和信息化部、中华人民共和国农业农村部、中华人民共和国商务部等部委提供了相关政策文件和数据，部分省、自治区、直辖市，以及有关市县提供了农业电子商务发展的地方报告和特色农产品电子商务典型案例，许多领导、专家和企业给予了具体的指导和帮助，在此一并致以衷心感谢。

编著者

2019年12月

目　　录

第一章

中国农业电子商务发展总报告

赵俊晔　张　晶　张文波

一、2018 年农业电子商务主要进展

（一）市场规模继续扩大

2018 年，中国农业农村电商保持快速发展，全国农村网络零售额达 1.37 万亿元，同比增长 30.4%①，农村电商网络零售占全国网络零售市场份额在 15%以上②。全国农产品网络零售额 3 341 亿元，同比增长 37%，其中生鲜农产品网络零售额 738 亿元③。2018 年，农村网民规模达到 2.22 亿人，农村地区网络普及率达到 38.5%。

（二）法律政策体系不断完善

2018 年、2019 年中央一号文件均对推进农业农村电商给出了具体部署安排。国家相继出台系列政策文件，积极推动了农产品供应链体系建设、电商标准体系建设、诚信体系建设，农业农村电商在助力扶贫攻坚中起到更大作用。2019 年 1 月 1 日起正式施行《中华人民共和国电子商务法》，电子商务市场的发展将有法可依，营商环境得到优化，消费者权益得到更好的保护。

农产品供应链体系建设成为政策关注重点。2018 年中央一号文件对“重点解决农产品销售中的突出问题，加强农产品产后分级、包装、营销，建设现代化农产品冷链仓储物流体系”“大力建设具有广泛性的促进农村电子商务发展的基础设施”做出明确部署，国家继续把基础设施提档升级的重点放在农村，加快农村公路、电网、物流、信息、广播电视等基础设施建设，推动城乡基础设施互联互通。相关部门积极采取行动，截至 2018 年年底，商务部、财

① 数据来源于商务部（中华人民共和国商务部，全书简称商务部）。

② 数据来源于中商情报网。

③ 课题组监测统计数据，详见本书第二章。

政部[①]、国务院扶贫办[②]开展的电子商务进农村综合示范试点，建成县级电商公共服务中心和物流配送中心 1 000 多个，快递乡镇覆盖率超过 90%。农业农村部[③]开展田头市场示范点建设，初步形成专业性与综合性相结合，产地、集散地和销售地相衔接的产地市场体系，截至 2018 年年底，支持建设 53 个田头市场示范点，启动建设 13 个全国性农产品产地市场。2019 年，国家发展改革委[④]、工业和信息化部[⑤]、财政部、农业农村部等 24 个部门和单位印发《关于推动物流高质量发展促进形成强大国内市场的意见》，对物流高质量发展的基础设施网络优化、服务实体经济能力提升、增强发展内生动力、完善营商环境、建立配套支撑体系、健全政策保障体系 6 个方面安排了 25 项具体工作。

农产品标准体系建设得到加强。2018 年国家质检总局[⑥]、工业和信息化部、农业部[⑦]、商务部、林业局[⑧]、国家邮政局[⑨]、中华全国供销合作总社 7 部委联合印发《关于开展农产品电商标准体系建设工作的指导意见》，提出建立农产品电商标准体系、加强农产品电商标准制修订、农产品电商标准制修订等任务，通过标准化手段规范农产品电商行为，引领农产品电商健康可持续发展。农业农村部将 2018 确定为“农业质量年”，启动八大行动，从田头到餐桌把好农业质量关，加快推动“三品一标”[⑩] 认证和农业标准制定，印发了《2019 年农产品质量安全工作要点》，加强追溯平台推广应用。截至 2018 年年底，全国“三品一标”获证企业达到 58 422 家，产品总数达到 121 743 个，制定发布农业国家标准和行业标准 14 077 项。

诚信体系建设加快推进。2018 年 5 月，国家发展改革委、中共中央网络

---

① 中华人民共和国财政部，全书简称财政部。

② 国务院扶贫开发领导小组办公室，全书简称国务院扶贫办。

③ 中华人民共和国农业农村部，全书简称农业农村部。

④ 中华人民共和国国家发展和改革委员会，全书简称国家发展改革委。

⑤ 中华人民共和国工业和信息化部，全书简称工业和信息化部。

⑥ 中华人民共和国国家质量监督和检验检疫总局，全书简称国家质检总局。2018 年 3 月，国务院机构改革将国家质检总局的职能整合，组建中华人民共和国国家市场监督管理总局，全书简称国家市场监督管理总局。

⑦ 中华人民共和国农业部，全书简称农业部。2018 年 3 月国务院机构改革将农业部职能整合，组建农业农村部。

⑧ 中华人民共和国国家林业局，全书简称林业局。2018 年 3 月国务院机构改革将林业局职能整合，组建中华人民共和国国家林业和草原局。

⑨ 中华人民共和国国家邮政局，全书简称国家邮政局。

⑩ 绿色食品、有机产品、无公害农产品，以及农产品地理标志，简称“三品一标”。

安全和信息化委员会办公室、工业和信息化部、公安部①、交通运输部②、商务部、海关总署③、国家市场监督管理总局发布《关于加强对电子商务领域失信问题专项治理工作的通知》，加快建立健全专项治理长效工作机制。

继续推动电商扶贫。2016年国务院办公厅印发《关于促进电商精准扶贫的指导意见》以来，电商精准扶贫工程加快实施。2019年国务院办公厅印发《关于深入开展消费扶贫助力打赢脱贫攻坚战的指导意见》，明确提出通过电商等途径拓宽贫困地区农产品销售渠道，着力提升贫困地区农产品供应水平和质量，推动贫困地区休闲农业和乡村旅游加快发展。农业农村部、商务部、国务院扶贫办等有关部门积极贯彻落实，出台了系列政策文件、策划相关活动，以电商扶贫贯穿产业扶贫和消费扶贫，促进利益联结。相关部委和地方政府积极引导贫困地区的产业创新发展，引导民营企业等社会主体积极参与贫困地区生产基地和加工基地建设，推动各类扶贫主体与贫困地区特色产品供给精准对接，对地方经济持续发展、“造血式”脱贫具有重大意义。

（三）农业电商生态渐趋成熟

1. 信息化基础设施不断完善

我国农业电商信息化基础设施日趋完善。截至2018年年底，工业和信息化部联合财政部开展了5批电信普遍服务试点，支持农村及偏远地区光纤建设和4G网络覆盖，中央财政和基础电信企业累计投资超过500亿元，支持全国13万个行政村光纤建设以及3.6万个基站建设。工业和信息化部、国家发展改革委组织新一代信息基础设施工程，安排中央预算投资20亿元，着力提升了中西部地区和东北地区农村和小城市的宽带覆盖水平。截至2019年一季度，全国行政村通宽带比例达到98%，贫困村通宽带比例超过97%④，农村互联网的应用水平得到快速发展。

2. 冷链物流体系明显改善

供应链基础设施建设，尤其是冷链物流设施得到明显改善，与农业农村电

① 中华人民共和国公安部，全书简称公安部。

② 中华人民共和国交通运输部，全书简称交通运输部。

③ 中华人民共和国海关总署，全书简称海关总署。

④ 数据来源于工业和信息化部。

子商务发展相适应的现代供应链体系正在逐步形成。不少优质特色农产品主产县大力打造县级电商产业园区，集中实现农产品商品化处理、包装、加工和物流配送，发展农产品物流骨干网络，重点加强冷链物流体系建设，聚焦农产品流通“最先一公里”的产地冷链物流体系。如四川省蒲江县建成的电商产区园区引进20余家物流企业，全县分选、包装、冷链物流等配套服务设施完善，冷链仓储规模达8.5万吨，冷藏规模1 000吨以上企业10家以上，农产品商品化处理率达80%。包括阿里巴巴、苏宁、京东、顺丰等在内的大型电商企业和物流企业开始争相加码，改造或新建产后预冷、贮藏保鲜、分级包装等冷链物流基础设施，开展分拣、包装等流通加工业务。阿里巴巴分别与安鲜达、玛氏集团等合作探索冷链物流解决方案，并将中和澳亚现有的冷链物流体系并入到菜鸟的整体冷链物流体系中，已建设50个大中型专业生鲜冷链仓库，布局100条生鲜冷链运输干线、1 000条运输支线及冷链短驳，不断完善冷链物流体系。苏宁物流进一步扩大其冷链仓储覆盖范围，截至2019年第一季度，苏宁物流冷链仓储面积达到20万平方米。2018年，顺丰携手美国物流巨头夏晖成立冷链物流合资公司“新夏晖”，冷运业务实现营业收入42.4亿元，同比增长84.8%。此外，农产品供应链服务模式不断创新，以京东、顺丰、菜鸟为代表的云仓共享物流模式，以统仓统配、循环取货直配、集货+集仓统一配送为代表的共同配送物流组织模式方兴未艾。

3. 各类社会主体参与农业电商的氛围日益形成

各类社会主体共同参与，推动农业电商快速发展。消费者对网络购买农产品的认可度越来越高，网络途径购买农产品成为消费习惯，“双十一”“6·18”等电商购物节，成为消费者购买农产品的重要节点。2018年，“双十一”购物节期间，阿里巴巴全平台农产品交易额超过45亿元，其中交易额超过千万元的单品超过21个。京东平台在“6·18”当天销售生鲜产品约3万吨，是2018年同期的近3倍。社会资本参与农业电商的积极性不断增加，许多电商企业、农业企业纷纷布局农村，把农产品电商作为未来发展的战略重点。2018年阿里巴巴农村淘宝发起了“亩产一千美金计划”，通过对农产品原产地提供大数据、农业科技、网络营销等方面的支持，帮助农户销售农产品，脱贫增收。截至2018年年底，“亩产一千美金计划”在全国133个县域落地，覆盖6 000万农村人口。2018年京东、苏宁均把拓展农村市场作为主要的发展战略之一，如苏宁推出针对县镇级市场的加盟平台“零售云”，计划覆盖到全国

90%以上的县镇。许多社会资本也借助社区电商等新型电商模式进入农产品领域。2018 年社区电商融资总额达 40 亿元，其中十荟团、你我您、食享会、呆萝卜、邻邻壹、考拉精选、松鼠拼拼等社区团购企业相继获得融资，并积极发展农产品电商业务，农业电商发展氛围日益成熟。

（四）专项工程带动持续发展

1. 信息进村入户工程深入推进

2017 年农业农村部在全国范围全面实施信息进村入户工程，并开展整省推进示范，2018 年整省推进示范范围扩大到 18 个省份。信息进村入户工程以村级益农信息社建设为着力点，为农民提公益服务、便民服务、电商服务以及培训体验服务，有力带动了农村电商的发展。一方面，信息进村入户工程打造了农村信息服务网点，配备了专业的信息员，为农业农村信息流动提供了新渠道。益农信息社作为农业农村大数据的重要来源，为农户、信息员、政府提供信息服务，初步形成了纵向联结从省到村、横向覆盖政府、农民、企业的信息服务网络体系。另一方面，信息进村入户工程构建农产品上行渠道，有效带动农民脱贫增收。依托信息进村入户，通过在线平台发布、交流优质农产品信息，强化益农信息社仓储、物流、包装、储运等基础设施建设，培训村级信息员带动农民提高网上销售技能，为优质特色农产品网络销售和农民增收致富提供新手段。截至 2018 年年底，全国共建成运营 27.2 万个益农信息社，覆盖全国近一半行政村，累计培训村级信息员 78.6 万人次，为农民和新型农业经营主体提供公益服务 9 579 万人次，开展便民服务 3.14 亿人次，实现电子商务交易额 244 亿元。

2. 电子商务进农村综合示范全面实施

在财政部、商务部、国务院扶贫办的组织和有关省、自治区的共同努力之下，2018 年电子商务进农村综合示范工作全面实施，新增示范县 260 个，其中国家级贫困县 238 个，欠发达革命老区县 22 个，示范工作进一步向深度贫困地区倾斜。截至 2018 年年底，已累计支持示范县 1 016 个，覆盖国家级贫困县 737 个，占国家级贫困县总数的 88.6%，其中支持深度贫困县 137 个。2018 年电子商务进农村综合示范工作在农村产品供应链、人员培训和公共服务等政策安排上进行倾斜，把农村产品和服务上行作为工作重点，大力推进农村产品和服务标准化、规模化、品牌化进程，提升贫困地区产销对接能力，并及时总结各地典型经验与做法，积极在全国范围内推广。

3. “互联网+”农产品出村进城工程逐步落实

2018年6月27日，国务院常务会议作出明确部署，要依托“互联网+”发展各种专业化社会服务，促进农业生产管理更加精准高效，使亿万小农户与瞬息万变的大市场更好对接，并提出实施“互联网+”农产品出村工程，对推动农业提质增效、拓宽农民新型就业和增收渠道意义重大。同年10月农业农村部召开“全国农业农村电子商务工作会议”，提出要以“互联网+”农产品出村工程为抓手，以优质农产品为重点，建立健全供应链、生物链、产业链、价值链体系，加大新型职业农民培育力度，以电子商务牵引带动农业农村信息化建设。2019年中央一号文件提出实施数字乡村战略，指出实施“互联网+”农产品出村进城工程，把农产品出村进城放在农业农村电商发展的重要位置。2018年以来农业农村部积极推动实施“互联网+”农产品出村进城工程，优先选择包括贫困地区在内的县开展试点，积极引导涉农电商企业、龙头企业和农民合作社等社会主体参与工程实施，建立完善适应农产品网络销售的供应链体系、运营服务体系和支撑保障体系，推动构建以市场为导向的现代农业产业体系、生产体系和经营体系。计划通过实施“互联网+”农产品出村进城工程，有效带动农村物流配送体系建设，进一步提升贫困地区快递网点乡镇覆盖率，支持电商企业采取多种方式拓宽贫困地区农产品销售渠道，并探索形成一批符合各地实际、可复制推广的发展模式。

二、2018 年农业电子商务的发展特点

（一）新型社交电商爆发式增长

随着传统电商模式陷入流量困境，微信和小程序应用逐步成熟，社交电商凭借较低的获客成本和更高的客户黏性进入了人们的视野。近年来，拼购类和社区拼团类社交电商呈现爆发式增长。2016—2108 年拼购类社交电商的行业规模分别为 167.6 亿元、1 497.1 亿元和 5 352.8 亿元，2017 年、2018 年增长率分别为 793.4%和 257.6%①；2016—2019 年社区拼团类社交电商的行业规模分别为 0.7 亿元、3.8 亿元和 73.6 亿元，2017 年、2018 年增长率分别为 430.0%和 1 820.3%。许多社交电商平台把农产品营销作为其主要业务之一。

作为拼购类电商代表的拼多多，以技术为支撑打造契合新消费需求的“农货中央处理系统”，创新了以农户为颗粒度的“山村直连小区”的农货上行模式。2018 年拼多多平台实现农产品及农副产品订单总额同比增长 233%，成为重要的农产品网络销售平台。2018 年度，拼多多平台新增林特、花卉苗木等特色农产品商户超 8 万家，绝大部分注册地址为农村地区②。

社区团购在 2016 年开始萌芽，通过“团长”（社区店长）将小区用户与平台深度链接，以“单品爆款+预售”的轻资产方式，满足社区用户高频、快消刚需。2018 年下半年以来，社区团购呈现爆发式增长，截至 2018 年年底，有近 13 家社区团购平台共融资近 20 亿元③，在资本的驱动下，各社区拼团平台不断加快在全国尤其是低线城市的市场拓展速度。由于社区拼团模式的运营门槛较低，各地还有大量的本地社区拼团平台，据亿邦动力不完全统计，全国社区拼团企业总数超过 1 000 家。社区拼团通常都以消费频次高、客户黏性强的生鲜产品作为引流产品，有力地带动了各地优质农产品的网络销售。

① 数据来源于艾瑞咨询 2019 年 7 月发布的《中国社交电商行业研究》。

② 数据来源于拼多多发布的《2018 扶贫助农年报》。

③ 数据来源于中商情报网。

（二）内容电商成为营销新渠道

以短视频、直播为代表的内容电商成为农产品电商新渠道。2018 年以来，字节跳动、快手等内容平台在农产品电商领域的应用不断推广，打通了农产品上行的新道路。2018 年度“三农”人物“巧妇 9 妹”在今日头条和西瓜视频走红，通过网络平台帮助家乡销售荔枝、龙眼等水果 800 多万斤[①]；“南方小蓉”帮助云南国家级贫困县红河县售出梯田红米 6 万单，惠及 1 518 户建档立卡贫困户，帮助云南昭通鲁甸县，售出扶贫苹果 3 万多斤。此外，大型电商企业纷纷布局直播平台。2018 年 9 月 17 日，阿里巴巴主办首届农民丰收购物节直播活动，开创了“农产品产业带直播”新模式，部分县长、副县长来到直播间，与淘宝网红主播一起销售农产品，为家乡农产品代言，此次活动将超过 300 个县的优质农产品介绍给全国消费者，农产品成交 2. 8 亿件，淘宝直播 7 万场，获 12 亿人次点赞。与传统电商渠道相比，内容电商的门槛较低，越来越多的农村青年、普通农民投身其中，更有利于发挥电商经济中的能人作用，通过短视频、直播将自己家乡的农产品销往全国各地，有力带动了农产品上行。

（三）与扶贫攻坚结合更加紧密

近年来，农业农村部、商务部、国务院扶贫办等有关部门把农业电商发展与精准扶贫脱贫工作相结合，开展了形式多样的电商扶贫、消费扶贫行动，有效促进了贫困地区农产品的产销对接。

2018 年，农业农村部组织实施“庆丰收全民购物节”，支持电商企业开展贫困地区农产品产销对接行动，直接带动贫困地区在内的优质特色农产品上网销售额突破 200 亿元。组织开展“110”网络扶贫创新活动，在全国确定了 10 个核心示范县，并辐射带动 100 个县参与，利用电商直播等新模式，促进贫困地区特色农产品销售。商务部等有关部门推动阿里巴巴、京东等大型平台企业开通电商扶贫频道，累计有 21 家频道企业与超过 550 个国家级贫困县对接，

① 1 斤=0. 5 千克，全书同。

2018 年“双十一”期间实现网络零售额达到 117 亿元。国务院扶贫办指导建设中国社会扶贫网，搭建起“互联网+”社会扶贫平台。目前，总用户数量突破 3 800 万户，包括 2 490 万名爱心人士、1 330 万户贫困户和 40 万名贫困干部。贫困户发布需求超过 385 万条，累计完成对接 272 万条。平台累计总捐助价值突破 3. 8 亿元。此外，电子商务与休闲农业相结合，形成“休闲农旅电商”的“生态扶贫”与“绿色扶贫”模式，为游客提供优质特色农产品，宣传乡村旅游、文化资源，打造农业区域品牌。

电商平台企业积极助力脱贫攻坚。阿里巴巴集团通过“淘乡甜”直供直销的模式，针对贫困地区的特色农业，结合产销两端建立品控体系，打造农产品品牌。2018 年，阿里巴巴平台上国家级贫困县网络销售额超过 630 亿元，超过 100 个贫困县网络销售额达到或超过 1 亿元。阿里巴巴“兴农扶贫”频道与全国 22 省区 435 个县完成合作，其中包含 151 个贫困县，累计孵化特色商品 2 532 个，树立 10 个电商脱贫样板县，奉节脐橙、巴楚甜瓜、元阳红米等都是“一县一品”模式典型代表。拼多多搭建起“山村直连小区”的农货上行模式，2018 年农货销售额 653 亿元，带动 18 390 名新农人创业就业，其中国家级贫困县商户数 14 万家，预售额达到 162 亿元，帮扶建档立卡贫困户 17 万人。每日优鲜旗下“每日一淘”推广“四个一”模式，通过内容电商，“打造一款特色商品，培训一支电商团队，帮扶一家龙头企业，受益一批贫困家庭”，发掘了江西安远甘薯、陕西礼泉苹果、广西①凤山土鸡等精选生鲜产品。字节跳动发起了三农合伙人公益计划，调动有志于建设乡村的创作者、机构、专家学者等，整合今日头条、西瓜视频、抖音短视频等字节跳动旗下产品资源，以内容电商带动农产品销售和乡村旅游发展，助力贫困地区脱贫攻坚。

（四）手机变农具，农民变网红

随着各类农业电商发展政策和项目的出台和实施，各地全面开展了各类农业电子商务相关培训，如农业农村部开展的全国农民手机应用技能培训和新型职业农民培训、商务部电子商务进农村综合示范项目农村电商人才培训、各类创业致富带头人培训等，这些培训深入农村，面向普通农民，有效带动了农民

① 广西壮族自治区，全书简称广西。

全面接触互联网。而社群电商、内容电商的不断发展，也显著降低了农民进入电子商务的门槛。

许多贫困县围绕微商、直播大力开展农村电商培训，通过简单地使用微信、拍摄照片、视频、直播，帮助普通农民走上电商之路。山西省武乡县完成农村电商培训 17 171 人次，开设微店 5 200 余家，2018 年实现农产品上行 1. 1 亿元，带动 4 000 多贫困户户均增收 2 300 元。涌现出了上司乡岭头村、监漳镇成家庄村、大有枣烟村、石北楼则峪村等一批微商村和农民直播网红，农民学习电商热情高涨，运用新媒体营销的手段不断更新。

许多电商服务企业也把培训扶持“农民主播”作为服务农业电子商务发展的重要手段。如入选国务院扶贫办全国电商扶贫典型案例的“中农服农民主播团”项目，吸引了来自山西、河北、河南、湖南、新疆[①]等地的数百名普通农民加入，这些农民大多年龄大、文化程度低、家庭困难，经过几个月的学习，通过互联网将农产品卖到了全国各地。“直播姐”任利红是山西省武乡县“农民主播团”的一员，她通过直播、短视频、微信朋友圈等方式在网上销售自家种植的小米、黑花生和苦荞茶，年销售金额达到 10 万元。随着农业电商门槛不断降低和电商培训的广泛开展，越来越多的普通农民开始走上了电商之路，手机变农具、农民变网红，开启了农民全面拥抱电子商务的新时代。

① 新疆维吾尔自治区，全书简称新疆。

三、农业电子商务面临的主要问题

（一）农产品“小而散”格局短期难以扭转

农产品“规模小、分散生产、非标准化”等特点对农产品电商的快速发展存在一定制约。具体体现为：一是特色产业规模小、生产经营分散，难以适应现代农产品电商高质量发展的需求。大多数农业特色产业难以形成规模效应，生产成本高，标准化程度低，供应量不足，为网络销售提供持续有效支撑的难度较大。二是农产品单位价值低，加工比例不高，产品附加值提升难以实现。大量农产品都以初级农产品的形态直接在网上销售，产品单位价值很低，而同质化“低价竞争”进一步压缩了盈利空间，还引发“劣币驱逐良币”的现象。与此同时，大多数农户、合作社等新型经营主体尚不具备加工资质，网销加工农产品占比不高，制约了网销农产品增值，无法实现优质优价。三是我国农产品品牌发展滞后，农业发展的内在支撑不足。农产品“有特色无品牌”“地方特产多，地标品牌少”的现象比较普遍，现有的农业生产经营模式难以打造有影响力的农产品品牌，此外，不少特色农产品品牌建设意识薄弱，缺少现代营销手段，难以形成有效的品牌影响，市场竞争力弱，网络销售量难以打开。在消费升级的大趋势下，消费者对品牌信誉度高、产品质量好的优质农产品需求不断上升，农产品品牌建设亟待加强。

（二）农村电商服务站点运营能力不强

县、乡、村电商服务站点是农村地区电子商务发展的重要基础，其运营能力是电商服务“三农”的关键。截至 2018 年年底，电子商务进农村综合示范试点累计建成乡村电商服务站点 8 万多个，全国建成运营 27.2 万个益农信息社，阿里巴巴、京东、苏宁易购等大型平台类电商以及各专业农村电商平台的乡村网点，加上邮乐购、供销 e 家等国企参与建设的服务网点都延伸到了乡村。但是也要看到，很多电商服务网点运营情况不佳，不少网点离开政府的扶持难以为继甚至名存实亡。出现这种现象有多方面原因：一是农村市场空间有限，农产品电商发展规模也有限，各类服务站点相互竞争，面临很大的生存压力；二是部分新建的电商服务站点业务单一，不能有效整合利用超市、小卖部、邮政服务网点等现存的各类农村网点，无法满足农民多样化需求，导致无法产生足够的收入来保障基本的人员费用和运转；三是部分服务站点的运营服务商责任心不足，专业人才缺乏，没有从长期持续运营的角度来开展工作，在缺乏有效的监管和监督的情况下，运营服务效果难以提升。农村服务站点是电商发展的关键支撑，如果基层服务站点无法持续有效运营，农村电商服务“三农”的作用就会大打折扣，偏离农业农村电商发展的初衷。

（三）电商农产品供应链体系有待提升

高效的供应链体系是农业电子商务尤其是农产品电商的关键支撑，农产品供应链上的生产、产地仓储、初深加工、包装、物流、配送等环节缺一不可，从目前的发展情况看，电子商务农产品供应链体系的建设有待进一步提升。第一，标准化农产品生产基地建设不足。传统的小规模分散生产导致在品种选择、种养殖技术、用肥用药、农技植保、质量安全追溯、生产认证等方面缺少统一标准，农产品生产规模小、品质不稳定、安全性缺乏保障，无法与电商渠道实现有效对接。第二，农产品物流“最初一公里”和产地仓储粗加工设施建设不足继续制约农产品电商的深入发展。物流“最初一公里”和产地仓储粗加工设施是农产品进入市场的第一个关键环节，这一环节的短板导致农产品电商物流成本高、产品耗损居高不下、流通效率低。第三，农产品冷链体系建设有待进一步完善。从全国范围来看，产地预冷、全程冷链运输、销地冷库设施建设不足，冷链成本高，覆盖面不足，无法满足农产品电商对产品大范围流通的运输要求，导致农产品在运输途中耗损高、农产品销售半径小、消费者消费体验差。

（四）电商与小农户的利益联结不稳定

电子商务的蓬勃发展为农业农村注入了新的活力、带来了新的机会，但在通过电商提高收益方面广大小农户仍处于相对被动的局面，农户与电商企业的现有利益联结也存在不稳定性。电商门槛的降低让越来越多的小农户能够直接或间接参与，但是从事电商需要先进的经营理念、一定的资金投入、专业的营销团队和持续的网络流量，而小农户在这些方面的资源和能力普遍偏弱，难以在电商市场具有很强的竞争力。由于电子商务的专业性和小农户的生产经营能力限制，更多的小农户无法直接参与到电商交易的关键环节。从各地实践看，大部分农业农村电商项目都由工商资本主导的，工商资本与农民只是简单的劳动雇佣关系、资产租赁或产品买卖关系，电商企业从农户手中收购产品，通过加工包装后实现增值销售，小农户赋予农产品最初的经济价值，但是没有直接参与电商流通环节的增值，以致很多无法在这一过程中分享增值收益，从这一角度农业电商发展对小农户存在一定的挤出效应。从长远来看，如果小农户始终无法从农业电商发展中获得稳定的收益，将不利于农业电商和农业产业的健康可持续发展。党的十九大提出，实现小农户和现代农业发展有机衔接。2019年，中共中央办公厅、国务院办公厅印发了《关于促进小农户和现代农业发展有机衔接的意见》，意见指出：促进小农户和现代农业发展有机衔接，要提升小农户发展能力，提高小农户组织化程度，拓展小农户增收空间，健全面向小农户的社会化服务体系，完善小农户扶持政策，促进传统小农户向现代小农户转变，让小农户共享改革发展成果。农业电商的发展迫切需要加强对小农户的扶持与引导，探索更有效的农业电商发展机制和发展模式，让小农户更好地参与到互联网化的农业社会化大生产中，并取得其应得的增值收益。

四、农业电子商务发展趋势

（一）农业电商将持续助推乡村振兴

根据《乡村振兴战略规划（2018—2022 年）》，从 2018 年到 2022 年，是实施乡村振兴战略的第一个 5 年，既要在农村实现全面小康，又要为基本实现农业农村现代化开好局、起好步、打好基础。在乡村振兴战略深入实施过程中，高速发展中的农业电商作为重要的新产业新业态形式，在加快农业转型升级、推动农村产业深度融合、提升农村劳动力就业质量、打好精准脱贫攻坚战等方面具有不可替代的作用。

农业电商依托“互联网+”，为农产品、农业生产资料、休闲农业提供了全新的营销模式和流通方式，有利于改变农业生产经营模式、优化市场资源配置、提高产品市场竞争力，许多地区借助电商的发展开拓农产品国内外市场，塑强农业品牌，推进农业供给侧改革，加快农业转型升级。湖北省潜江市利用“中国虾谷”和“虾谷 360”两个小龙虾垂直电商平台，推动小龙虾交易从线下向线上转变、小龙虾产业从养殖向商贸转型，带动了近百个水产餐饮品种的上线，塑造了多个享誉全国的线上品牌，逐渐形成小龙虾产业深度融合的发展态势，带动返乡创业、下岗职工、退伍军人、失业人员、贫困户等就业、创业 10 余万人。江苏省沭阳县在花卉苗木电商发展带动下，本地小规模生产、就近消费的生鲜农产品，也由原来的市场批发、直销等模式转变为社交电商销售模式，县城近郊的果蔬基地成功转化为集生产销售、采摘、预售等多种经营方式于一体的新型农场。四川省甘孜[①]积极引进电商企业，充分利用电商平台营销优质特色农产品，2018 年实现农产品网络销售 2.3 亿元，农牧民直接增收超过 5 000 万元，农业电商成为贫困地区脱贫攻坚的重要抓手。近年来，我国农业农村电商一直保持高速增长，在推动乡村振兴全面实现中不断释放动能。

① 甘孜藏族自治州，全书简称甘孜。

（二）农业电商高质量发展势在必行

过去几年农业农村电商的快速发展，其驱动力主要来自各级政府部门的积极推动和引导，电商平台和企业向农村地区的布局与扩张，以及“互联网+”与“三农”的加快融合。未来，农业电商发展增速或有所放缓，高质量发展成为推进重点，农业电商由快速发展阶段逐渐向高质量发展阶段迈进。

农业电商高质量发展意味着电商各要素均衡协调，线上线下商品销售和服务健康、可持续增长。在消费端，农业电商营销要紧跟消费结构升级变化，满足城乡居民日益多元化、个性化、品质化的消费诉求，提供更优质的商品和服务。在供给端，农业电商要着力引导标准化、组织化、规模化的农业生产经营方式，提高绿色、优质、特色农产品的产出，要关注生产者特别是小农户的利益，提高各环节从业人员的获得感。如四川省遂宁市近年来着力建设优质柑橘、精品粮油、道地药材等七大特色农业产业带，打造了“地域+产品特性”的农产品区域公用品牌“遂宁鲜”，成立“遂宁鲜”协会，牵头开展线上线下建设，对优质农产品进行统一的品牌管理、营销推广、网络销售，2018 年遂宁农产品网络销售额占农业总产值比重达到 6.8%，协会企业的产品销售额提高了 30%，实现了电商发展与农业发展的相互助力。

习近平总书记指出，实施乡村振兴战略，必须深化农业供给侧结构性改革，走质量兴农之路。2019 年 2 月，农业农村部等 7 部门联合印发《国家质量兴农战略规划（2018—2022 年）》，为未来 5 年中国农业高质量发展提出了方向，也为农业电子商务的深入推进明确了路径。深入贯彻落实高质量发展的根本要求，协同推进农业和电商高质量发展，才能充分发挥农业电商在乡村振兴和扶贫攻坚中的作用。

（三）数字乡村发展为电商提供新机遇

信息科技的创新和数字乡村的发展，为推动农业电商高质量发展创造了条件。特别是基于大数据的精准管理能力，基于互联网的资源整合能力，在农业全产业链升级、农业电商高质量发展方面的潜力刚开始展现。开犁网是吉林省级电子商务综合服务平台，集农资、农产品展示展销、物流配送、溯源查询、跟踪服务等功能于一体，实现农产品上行与农村电商下行渠道的并行发展，同时深度融合涉农信息服务和便民服务功能，形成“互联网（电商）+服务+流通”的专属发展模式。阿里巴巴农村淘宝联合拜耳、极飞科技启动“未来农场计划”，2018 年 7 月湖北宜昌引入“未来农场”，让秭归脐橙从种植到销售全链路实现智能化和数据化，11 月“未来农场”落户吉林省松原市，建设数字农业示范基地，打造农产品电商产业集群，优化农产品物流效率，延伸农业产业链，推广农产品地域品牌。阿里巴巴“淘乡甜”还协助地方政府打造“数字农场”，探索利用大数据指导种植和加工，在运输环节建立冷链运输方案，推动实现产供销全链路的数字化升级。京东数科以数字科技赋能乡村发展，在四川省阿坝藏族羌族自治州金川县进行探索，从产品包装、物流提效、电商上行、旅游推广等方面入手，助推当地雪梨产业从加工、包装到销售进行全产业链升级。

2019 年 5 月，中共中央办公厅、国务院办公厅印发了《数字乡村发展战略纲要》，提出了加快乡村信息基础设施建设、发展农村数字经济、强化农业农村科技创新供给、建设智慧绿色乡村、繁荣发展乡村网络文化、推进乡村治理能力现代化、深化信息惠民服务、激发乡村振兴内生动力、推动网络扶贫向纵深发展、统筹推动城乡信息化融合发展共 10 项重点任务。该纲要的发布为农业农村电子商务发展提供了新的发展机遇，随着纲要的落地实施，农业电子商务将迎来更好的发展支撑和更大的发展空间。

第二章

2018 年农产品网络零售研究报告

孙　伟　赵俊晔

本章相关研究成果是基于对天猫、淘宝、京东、苏宁易购、拼多多等10余个全国性主流电商平台，以及线上与线下相结合的新零售渠道农产品网络零售监测数据[①]的整理和分析形成的。据不完全统计，这些电商平台的农产品网络零售体量占全网农产品零售体量的95%以上，基本能够反映全国农产品网络零售情况[②]。数据采集分析过程中，根据国家统计局、农业农村部发布的权威数据进行了适当修正。

本章中界定的农产品以初级农产品和初加工农产品为主，也包括与农业农村发展密切相关的深加工农产品和食品。分类上，为了数据采集的便利性和可靠性，主要参考了各大电商平台销售端的商品分类，采用二级分类体系，其中一级品类分为8类，二级品类分为112余类，分属于各一级品类（表1）。后期随数据采集方式优化，将进一步调整和细化农产品分类体系。

表1　农产品分类体系

一级分类	二级分类
粮油调味	包括粮食、油料及其他粮油，食糖、食盐、果酱沙拉、调味料、日常调味品等
休闲食品	坚果炒货、蜜饯果干、肉干肉脯、熟食腊味等
牛奶乳品	牛奶等
传统滋补	三七、枸杞、阿胶、参类滋补品、当归、灵芝、冬虫夏草、蜂产品、雪蛤、藏红花、药食同源、其他传统滋补
绿　植	花卉、植物及其他绿植
茶	铁观音、普洱、绿茶、红茶、龙井、乌龙茶等
生鲜产品	水果、蔬菜、海鲜水产、禽蛋、鲜肉等
饮料冲调	咖啡、可可豆等

① 欧特欧咨询提供主要的数据支持。

② 不包括中国香港特别行政区、澳门特别行政区、台湾省，以及海外。

一、全国农产品网络零售整体概况

（一）农产品网络零售规模

2018 年农产品网络零售额呈持续增长态势。全年农产品网络零售额 3 341. 3 亿元，同一口径较 2017 年增长 37. 2%，增速放缓，比 2017 年 53. 3% 的增速降低 16. 1 个百分点（图 1）。其中境内农产品网络零售额 3 285. 8 亿元，跨境电商农产品网络零售额 55. 5 亿元。将农产品电商化指数定义为农产品网络交易规模与农产品总产值的比值，用境内农产品网络零售额除以农林牧渔总产值进行粗略估算，得到全国农产品电商化指数为 2. 89%。

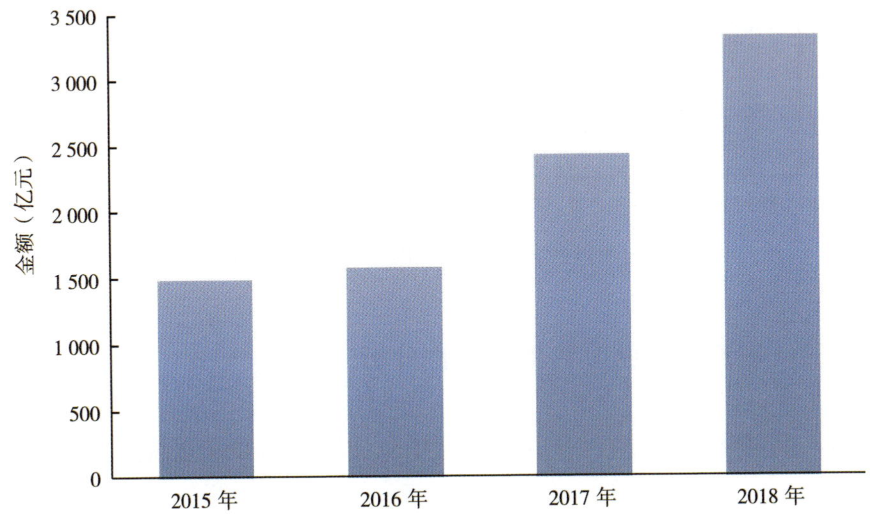

图 1　2015—2018 年农产品网络零售额

（二）农产品网络零售的区域分析

农产品网络零售区域性差异显著，2018 年农产品电商发展依然呈现“东强西弱”的局面（图 2），按照地理分区①来看，各地区农产品网络零售额差异明显，沿海地区农产品电子商务规模较大，华东地区占总零售额的 44.7%，其次华南地区占 17.6%，华北地区占 13.9%，华中地区占 8.9%，西南、东北以及西北三地区共占 14.9%。

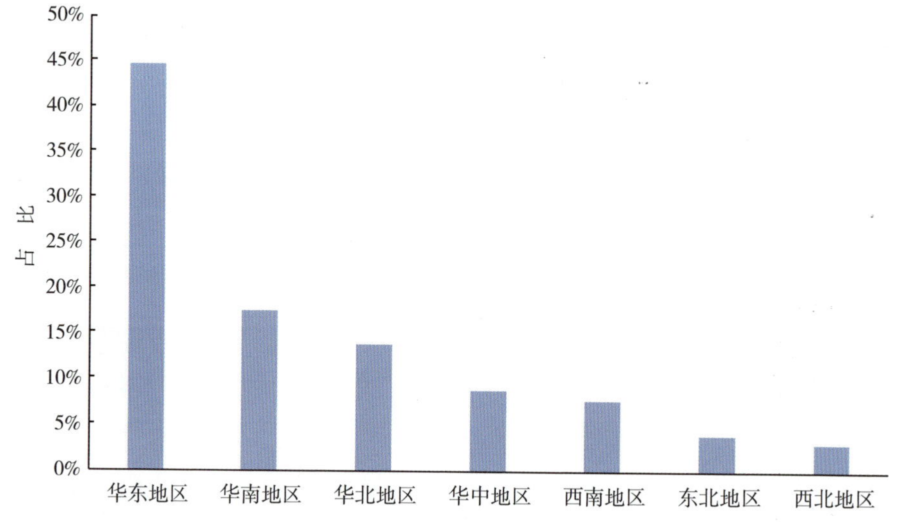

图 2　2018 年全国农产品网络零售额分区域占比

（三）农产品网络零售的季节性分析

农产品网络零售表现出一定的季节性特点以及明显的节庆特点。从农产品

① 地理区域划分标准：华东地区包括上海市、江苏省、浙江省、安徽省、福建省、江西省、山东省；华南地区包括广东省、广西壮族自治区、海南省；华北地区包括北京市、天津市、河北省、山西省、内蒙古自治区；华中地区包括河南省、湖北省、湖南省；西南地区包括重庆市、四川省、贵州省、云南省、西藏自治区；西北地区包括陕西省、甘肃省、青海省、宁夏回族自治区、新疆维吾尔自治区；东北地区包括辽宁省、吉林省、黑龙江省。本报告所用分区中不包含中国香港特别行政区、澳门特别行政区、台湾省及海外。

月度销售走势来看（图 3），电子商务的发展使得网络购物深入渗透到大众生活当中，中国传统的节庆习俗使得大多数人有着节庆前后购物的习惯，“节庆网购”氛围越来越浓，除了传统节假日外，近几年兴起的淘宝（天猫）商城“双十一”购物狂欢节、京东店庆日“6·18”，以及农业农村部等有关部门组织实施的中国农民丰收节等都成为了标志性的网购驱动因素，带动 1 月、6 月、9 月、11 月、12 月成为农产品网络零售额高峰，其中 11 月创年内销售额巅峰，第四季度农产品网络零售额环比前三季度增幅大于 30%，节庆效应十分显著。

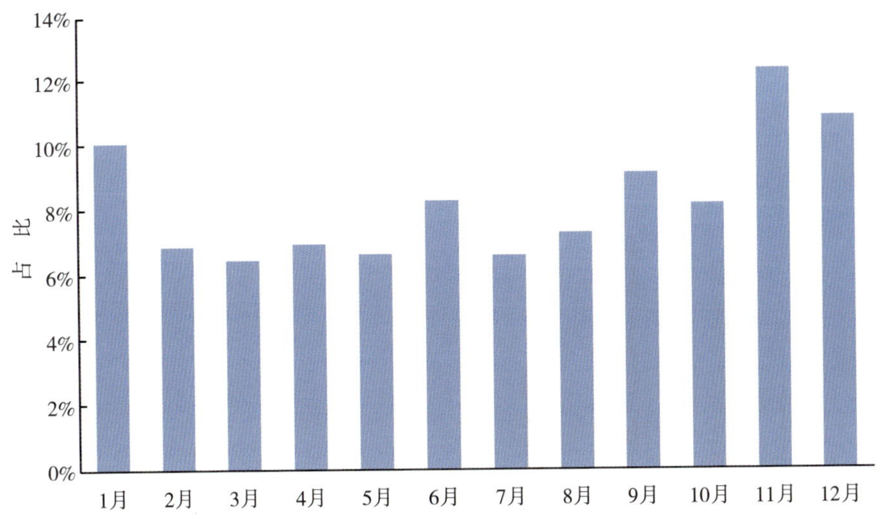

图 3　2018 年全国农产品网络零售额分月度占比

二、农产品网络零售品类分析

（一）农产品网络零售的主要品类

2018 年农产品网络零售品类集中度较高。从一级品类来看，全网总零售额的 70%主要集中在粮油调味、休闲食品及生鲜产品三类上，其网络零售额分别占全网总零售额的 23. 2%、24. 6%和 22. 1%，对应的网络零售量分别占全网总零售量的 29. 4%、27. 3%和 18. 5%（图 4）。

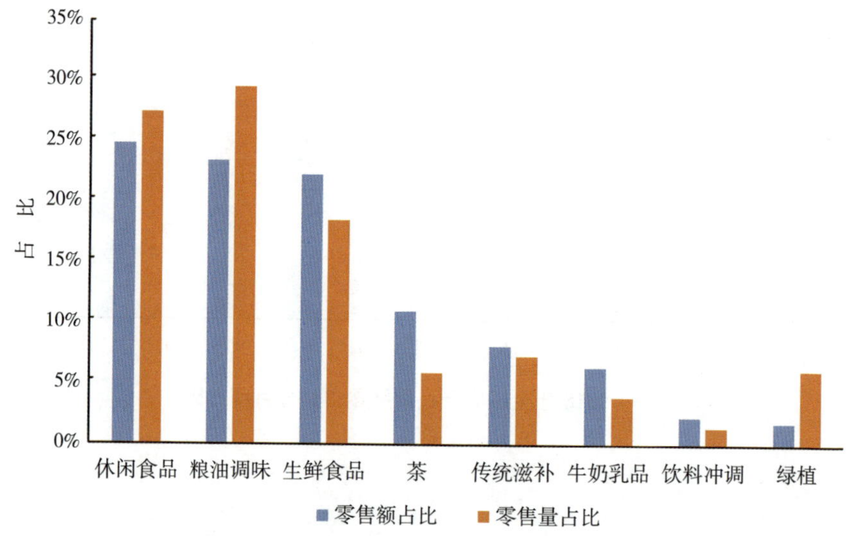

图 4　2018 年农产品网络零售一级品类占比情况

从二级品类来看（图 5），坚果是消费者购买休闲食品的热门选择，全年网络零售额 364. 8 亿元，其零售额占比 10. 9%，全网最高。紧随其后的是肉脯肉干占比 6. 9%、蜜饯干果占比 5. 4%、熟食腊味占比 1. 4%等。

粮油调味中调味品网络零售额最高，全年网络零售额 209. 4 亿元，占比 6. 3%，其次为食用油和方便食品，分别占比 4. 2%和 4. 2%，大米占比 3. 5%，南北干货占比 2%，杂粮占比 1.5%等。

2018 年全年生鲜产品网络零售额总计约 737.9 亿元，生鲜产品中水果网络零售额最高，全年网络零售额 296.1 亿元，占生鲜产品网络零售额的 40%，占全网的 8.9%；其次为海鲜水产，占生鲜产品网络零售额的 30.2%，占全网的 6.6%；鲜肉占生鲜产品网络零售额的 18.8%，占全网的 4.1%；蔬菜占生鲜产品网络零售额 6.1%，占全网的 1.3%；禽蛋占生鲜产品网络零售额的 4.9%，占全网的 1.1%。2018 年生鲜产品网络零售持续发展，农产品冷链物流进一步增加和完善，催生了农产品网络零售新产品，如鲜活小龙虾、鲜活鲟鱼等，基本实现“想到即能买到”。

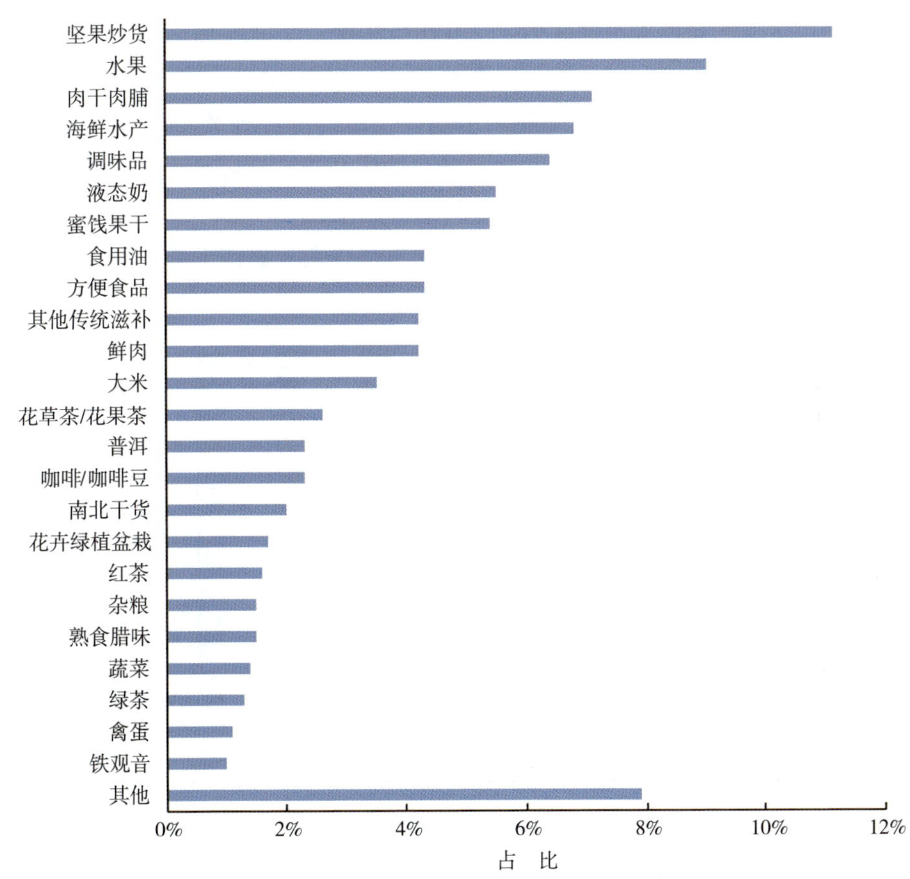

图 5　2018 年农产品网络零售额主要二级品类占比情况

此外，液态奶全年网络零售额也较高，为181.0亿元，占比5.4%。其他传统滋补品网络零售额135.5亿元，占比4.1%。花茶果茶网络零售额85.6亿元，占比2.6%。咖啡、咖啡豆网络零售额81.6亿元，占比2.4%。花卉绿植盆栽网络零售额55.7亿元，占比1.7%（图5）。

（二）农产品网络零售各品类的区域分析

从农产品一级品类在不同区域网络零售结构来看（图6），休闲食品在华东地区零售量最大，华南、华中地区次之，三地区占休闲食品零售量的80%以上；粮油调味主要在华东、华南及华北地区零售量较大，占粮油调味零售量的70%以上；生鲜产品以华东地区为主，其次是华南、华北及西南地区，共占生鲜产品零售量的88%以上；茶类则主要集中在华东地区，占茶类零售量的65%以上；传统滋补类主要集中在华东地区，占传统滋补类零售量的50%以上；牛奶乳品则主要集中在华北地区、华东地区和华南地区，三地区共占牛奶乳品零售量的90%以上；饮料冲调以华东及华南地区为主，占其总零售量的75%以上；绿植则仅在华东地区零售量就达70%以上。总体来看，除牛奶乳品

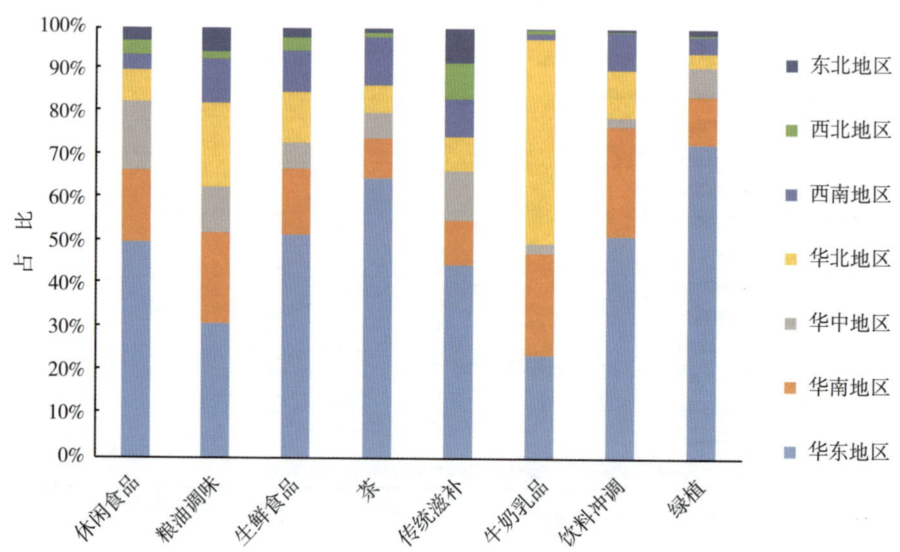

图6　2018年农产品网络零售量一级品类分区域占比情况

类以外，华东地区占据多数品类零售量之冠，农产品电子商务发展态势较好，销售品类多元化。

从地区农产品网络零售品类结构上看（图 7），各地区休闲食品、粮油调味和生鲜产品均占比较大，但各品类间网络零售比例差异较为明显。如华北地区乳业发展较好，其牛奶乳品网络零售量占该地区总农产品网络零售量的 14.0%，明显高于其他地区。西北地区和东北地区以地方知名农特产品著称，其传统滋补产品网络零售量占该地区总农产品网络零售总量的 22.7% 和 16.1%，明显高于全国 7.3%的平均水平。华东地区凭借其园林特色，绿植业发展较好，其绿植网络零售量占比达到 9.3%，为该地区第四大零售品类，网络零售量远远高于其他地区。

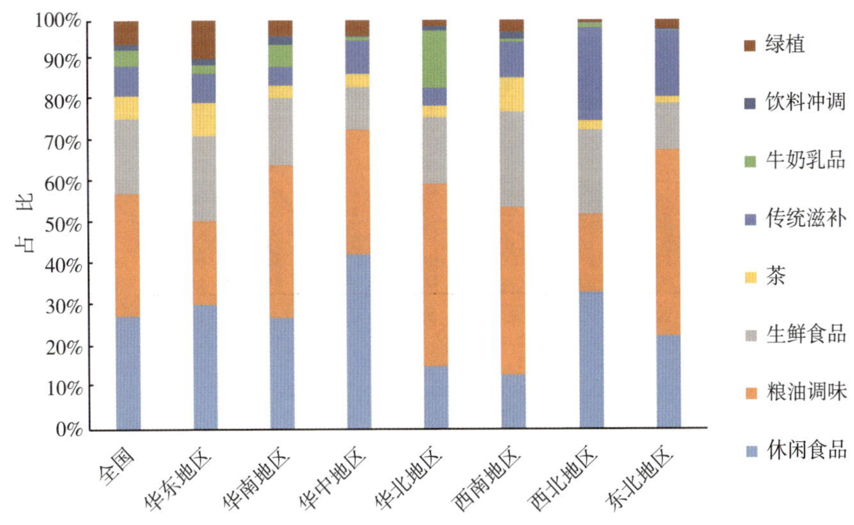

图 7　2018 年农产品网络零售量各区域一级品类占比情况

（三）农产品网络零售各品类的季节性分析

农产品品类零售表现出一定的季节性。从分季节的农产品零售情况来看（图 8），不同品类存在季节零售差异，如休闲食品在第一、第四季度零售额增加显著，元旦及春节前后中国传统的习俗导致亲朋好友聚会较多，对休闲食品需求较大。其次生鲜产品、粮油调味、茶、传统滋补及饮料冲调均在第四季度零售额明显增加，可能与“双十一”电商节促销活动，以及传统春节探亲馈赠佳礼的消费需求影响有关。牛奶乳品则由于日常需求稳定，全年除第一季度外保持相当的零售额。绿植的网络零售情况明显区别于其他品类，季节性较为明显，全年第二季度处于晚春初夏，温度适宜，更适于绿植生长及物流运输，第二季度绿植的网络零售额明显高于全年其他季节，占全年零售额的44.3%。

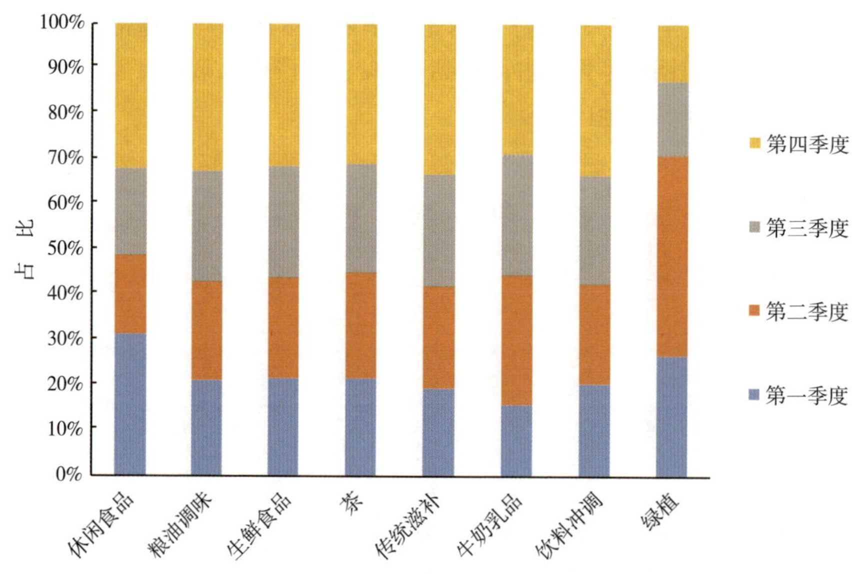

图8　2018年全国农产品网络零售额一级品类分季度占比情况

三、各省份农产品网络零售分析

（一）分省份农产品网络零售规模

全国各省（区、市）农产品电子商务发展程度差异明显。监测数据显示，农产品网络零售额排在前 10 位的省（市）依次是广东、上海、北京、安徽、浙江、江苏、山东、湖北、福建、四川，2018 年这 10 个省（市）的农产品网络零售额占全国农产品网络零售额的 76.9%，有 12 个省（区、市）的农产品网络零售额在全国的占比不足 1%，说明各省（区、市）农产品电商发展规模较不平衡（图 9）。

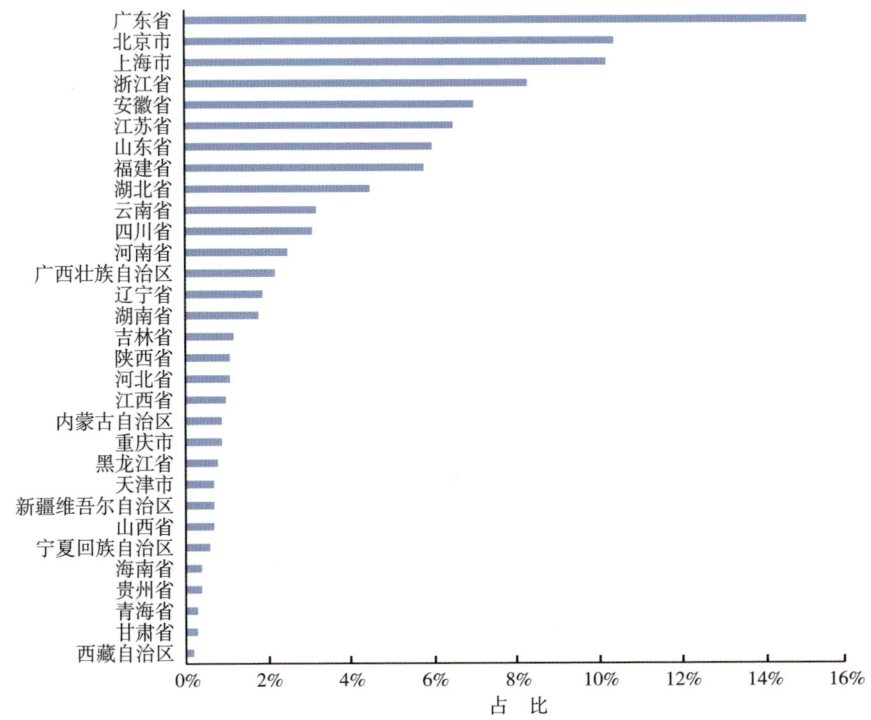

图 9　2018 年农产品网络零售额各省份占比情况

根据各省（区、市）农产品网络零售额与农林牧副渔产值的比值，估算了各省（区、市）农产品电商化指数（图10）。上海和北京的农产品电商零售额均超过了本市农林牧渔总产值，农产品电商化指数均超过100%，说明注册在北京和上海的电商企业实际上也是全国其他省（区、市）农产品网络销售的重要渠道。浙江、广东、天津、安徽、福建、宁夏[①]、江苏、西藏[②]的农产品电商化水平均超过了全国平均水平，其中浙江为8.63%，广东为7.85%。西藏和青海的农产品电商化指数分别为2.92%和2.83%，与全国水平持平，主要是传统滋补类农产品的网络销售较多。

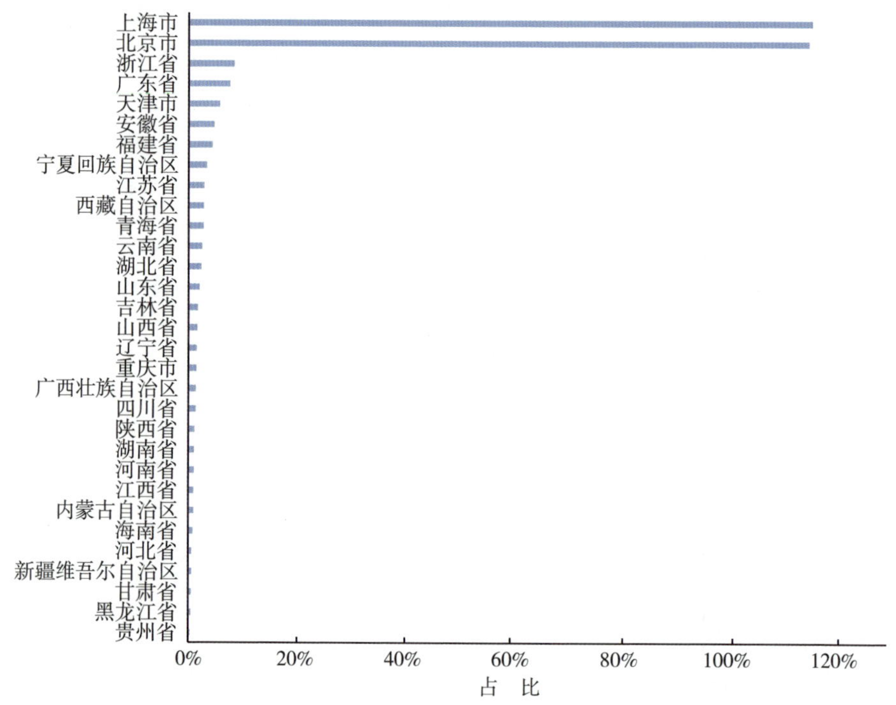

图10　2018年各省份农产品电商化率

多数省（区、市）的农产品电商化水平低于全国平均，说明我国农产品电商化还有很大潜力。农林牧渔总产值排名前三位的山东、河南、四川3省的农产品电商化指数分别为2.09%、1.06%和1.43%，远低于排名第五位的广东省7.85%的水

① 宁夏回族自治区，全书简称宁夏。

② 西藏自治区，全书简称西藏。

平。海南、河北、新疆、甘肃、黑龙江、贵州的农产品电商化指数均低于 1%，河北、黑龙江的农林牧渔产值分别列全国的第七位和第八位，但农产品电商化指数仅为 0.64%和 0.48%，新疆、贵州的农林牧渔产值分列第十五位和十六位，但农产品电商化指数仅为 0.63%和 0.33%，农产品电商还有很大发展空间。

（二）分省份休闲食品网络零售分析

2018 年休闲食品网络零售量较大的省份为安徽、浙江、广东和湖北，共占全网休闲食品网络零售总量的 59.2%，紧随其后的为山东、江苏、上海、湖南及北京，各自占比均超过 3%。其他各省（区、市）休闲食品网络零售量均有一定份额，但占比较小，如青海、西藏等 13 个省（区、市）占比均不足 1%。整体上，休闲食品零售区域主要集中在东部地区，但西部地区的新疆凭借坚果及蜜饯果干等优势产品其休闲食品网络零售量占全国的 1.8%，四川凭

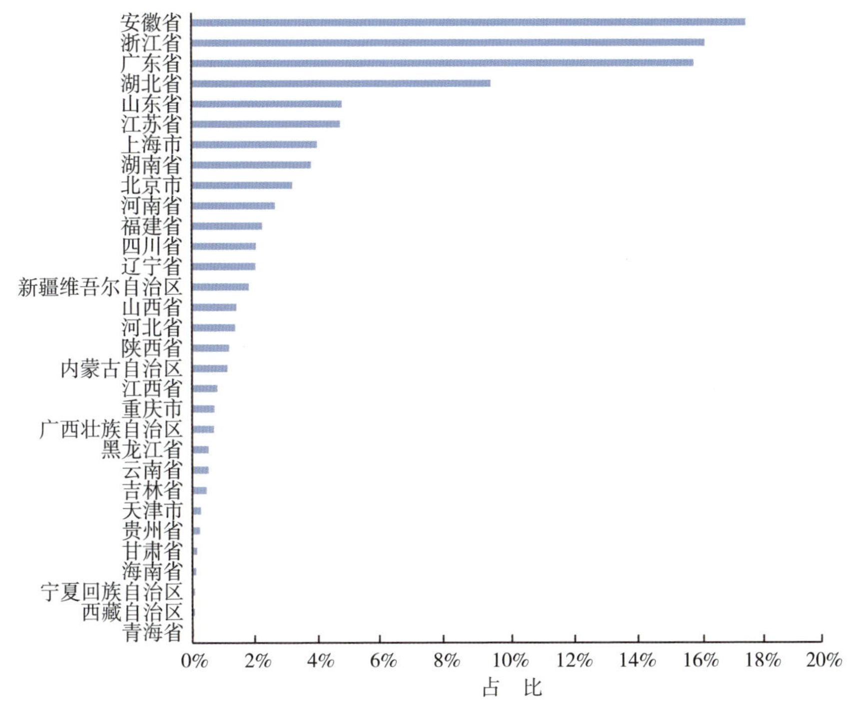

图 11　2018 年休闲食品网络零售量各省份占比情况

借麻辣小零食等特色产品其休闲食品网络零售量占全国的2%（图11）。

从各省份休闲食品网络零售占全部农产品网络零售量比例来看，包括新疆、浙江、安徽、内蒙古[①]、湖南、湖北、山西、西藏、辽宁及广东在内的10省（区、市）其休闲食品网络零售占比超过27.8%的全国平均水平（图12）。近年来在国家扶贫攻坚战略支持下，新疆林果产业快速发展，而电子商务基础设施和物流条件的改善让更多新疆特色农产品通过互联网销售到全国各地，恰好满足了消费结构升级趋势下人们对核桃、大枣、杏脯等坚果和果干等休闲食品不断增加的需求。监测数据显示，新疆全年农产品网络零售量占全国的0.6%，休闲食品类占比高达78.7%。浙江省和安徽省作为小零食集散地和产地，其休闲食品网络零售量省内占比也较高，分别为56.5%和56.1%。

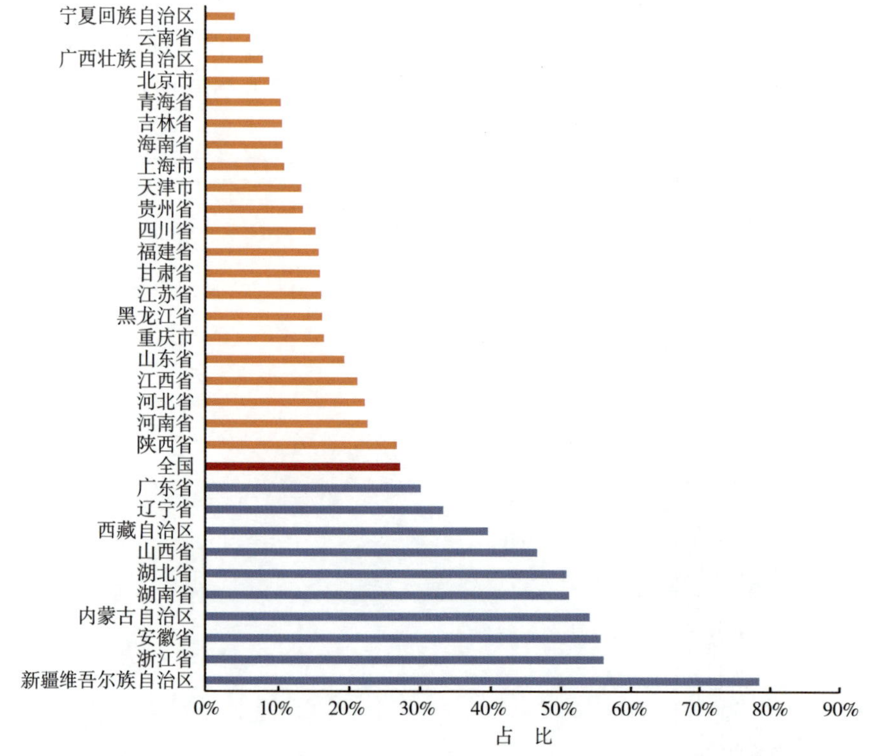

图12　2018年各省份休闲食品网络零售在农产品网络零售中的占比情况

① 内蒙古自治区，全书简称内蒙古。

（三）分省份粮油调味网络零售分析

2018 年粮油调味网络零售量前三位为广州、北京、上海，之后为山东、江苏、四川、湖北、河南和浙江（图 13），10 省市共占全国总粮油调味网络零售量的 73.2%，零售区域相对集中。广州、北京、上海及浙江的电商业态良好，网络商铺众多，其粮油调味零售量较高，而河南、山东、江苏、四川、湖北作为生产大省，产地优势也使得其粮油调味零售量非常可观。

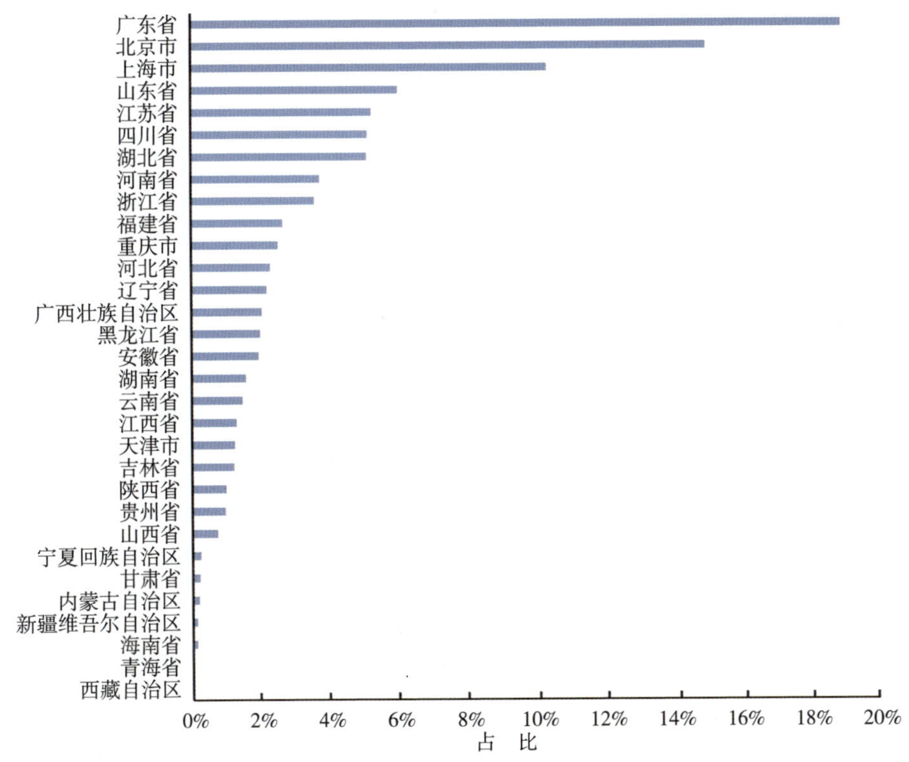

图 13　2018 年粮油调味网络零售量各省份占比情况

从各省份粮油调味网络零售量占全部农产品网络零售量比例来看，黑龙江、天津、重庆等 13 个省份粮油调味网络零售量占比超过全国 30%的平均水平（图 14），其中黑龙江、天津、重庆和贵州粮油调味在其农产品网络零售结构中占比分别为 71.4%、69.1%、66.7%及 61.8%，在全省（市）农产品网络零售发展中占据绝对主导性地位。黑龙江在优质大米、大豆、杂粮等产业具有明显的优势，五常大米、九三大豆油享誉全国，贵州各种杂粮杂豆以及油辣椒等调味料也是颇具地方特色的优质农产品，同时黑龙江和贵州所处地理位置相对偏远、交通不便，耐储运的粮油调味也成为农产品电商发展的首选。西藏、青海、安徽及新疆 4 省（区）粮油调味网络零售量占比较低，均不足 8%。

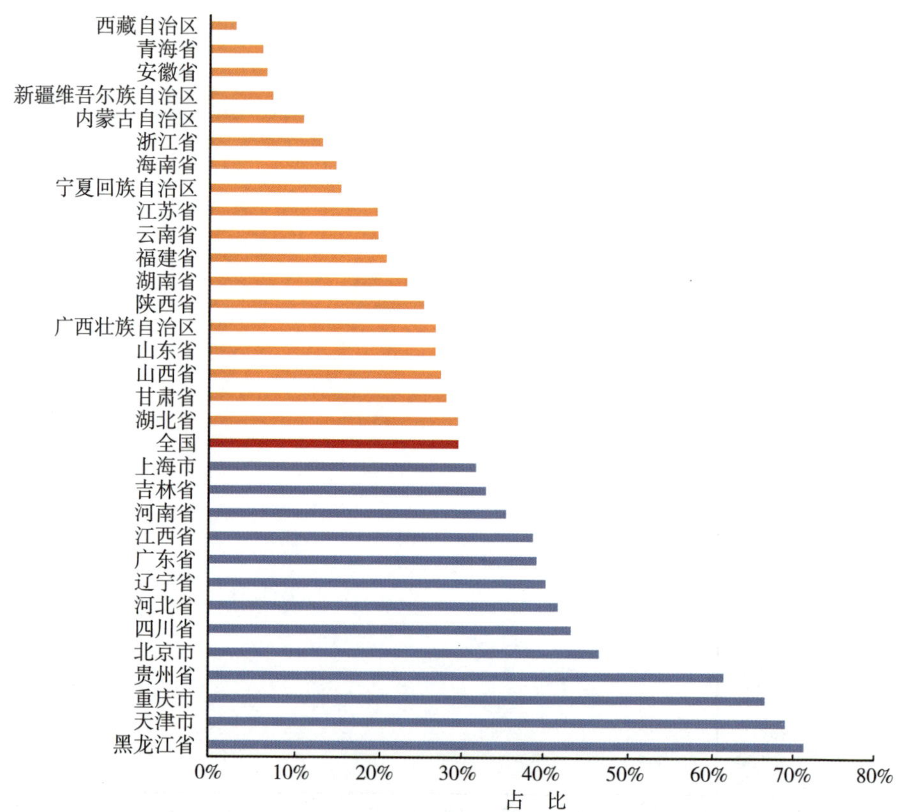

图 14　2018 年各省份粮油调味网络零售在农产品网络零售中的占比情况

（四）分省份生鲜产品网络零售分析

2018 年生鲜产品网络零售量主要集中在上海、山东、北京、江苏、广东、广西、四川和浙江等地，8省（区、市）共占全网生鲜产品网络零售量的75.3%（图15）。上海生鲜产品网络零售占全国生鲜产品网络零售的20%以上，一方面消费者收入水平较高，对生鲜产品的购买力更强，另一方面，线上线下打通的新零售销售模式领先其他地区，相对完善高效的物流配送体系为电商规模扩大创造了条件。山东、江苏、广东、广西等省（区）特色农产品优势突出，比如山东的苹果和水产品，江苏的小龙虾、大闸蟹，广东、广西的时令水果等均贡献了规模较大的生鲜产品网络零售量。

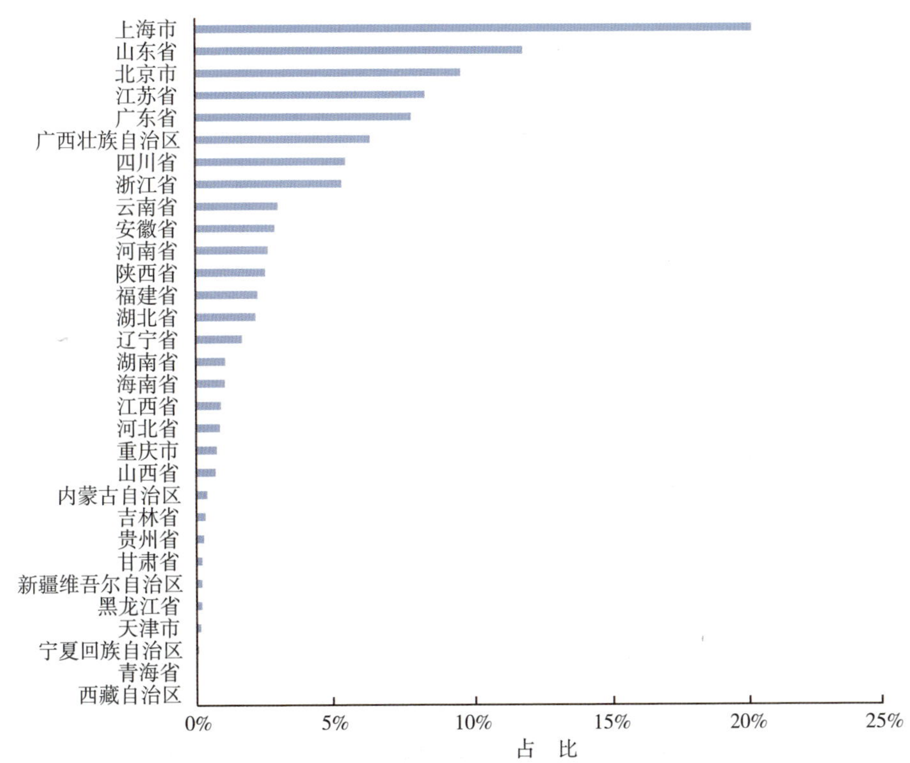

图15 2018年生鲜产品网络零售量分省份占比情况

从各省生鲜产品网络零售量占农产品网络零售量比例来看（图16），包括海南、广西、陕西、上海、山东、四川、云南、江苏、辽宁和北京10省（区、市）其省份内生鲜产品网络零售量占比高于18.5%的全国平均水平，其中海南和广西的生鲜电商优势突出，占比高达64.3%和50.4%，主要是两地地处热带或亚热带农业区，一年四季盛产果蔬，是国内热带水果的最主要产区。陕西、四川及云南的特色水果，山东、江苏、辽宁知名的海产品都是生鲜电商市场的热销品类，北京、上海作为多元化人群聚集地，生鲜需求多样化，购买力强，物流配送效率高，使得两地生鲜产品网络零售量占比高于全国平均水平。

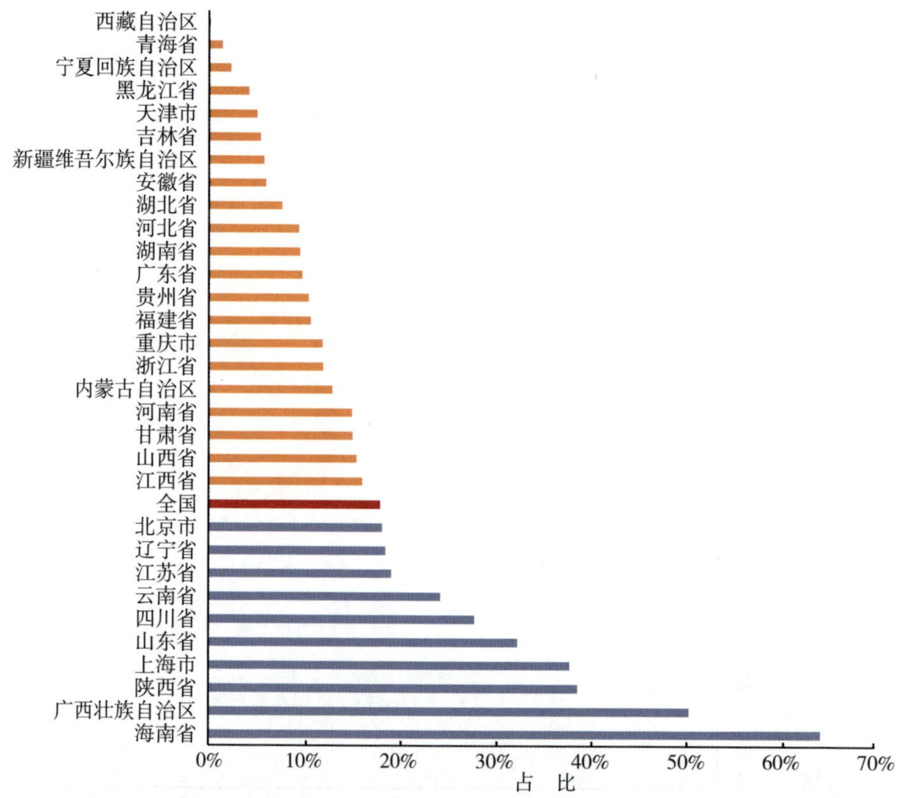

图 16　2018 年各省份生鲜产品网络零售在农产品网络零售中的占比情况

（五）分省份茶网络零售分析

2018 年茶网络零售量主要集中在福建、安徽、浙江、广东及云南和江苏，占总零售量的 72.7%（图 17）。作为我国著名茶叶主产区的福建及安徽，网络零售量排名前两位，福建的安溪铁观音、大红袍、正山小种、金骏眉等，安徽的太平猴魁、黄山毛峰、祁门绿茶/红茶、高山云雾等都是获得国际金奖的知名茶品，两省茶网络零售量共占 42.0%；广州乌龙茶、浙江龙井茶、云南普洱茶及江苏碧螺春也都是全国知名的茶叶品类，零售量可观；北京、上海作为茶消费主要地区，其网络零售量也相对较高。上述各省（市）茶类网络零售额共占全国茶类网络零售总的 81.8%，茶类网络零售区域集中度较高。

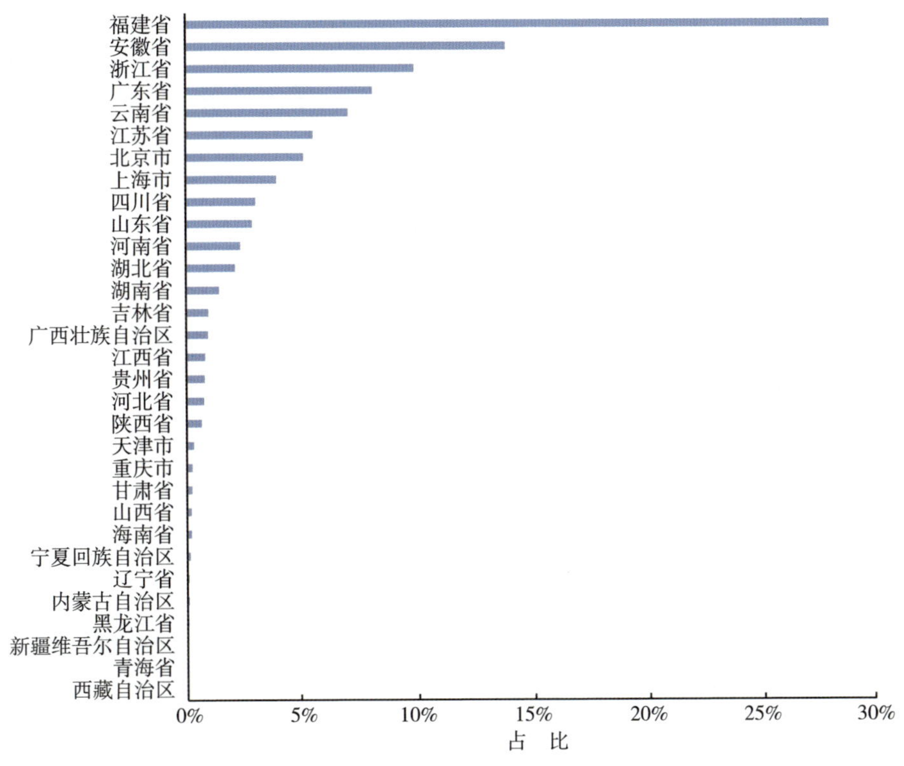

图 17　2018 年茶类网络零售量分省份占比情况

从各省份茶网络零售量占农产品网络零售量的比例来看，仅 5 省份茶网络零售量占比高于全国 5.7%的平均水平，包括福建、云南、贵州、安徽及浙江，5 省均为我国主要的茶叶主产区，从数据来看，福建农产品网络零售量的 41.8%来自茶，云南茶类贡献了 17.9%的农产品网络零售量，占比排在全国前两位，远远高于其他省份。贵州茶网络零售量占比 9.2%，安徽茶网络零售量占比 9.1%，浙江茶网络零售量占比 7.1%，而西部及北部不适于茶种植区域，如辽宁、新疆、黑龙江、内蒙古及青海省（区）内茶网络零售量不足 1%，茶电商地域特点明显（图 18）。

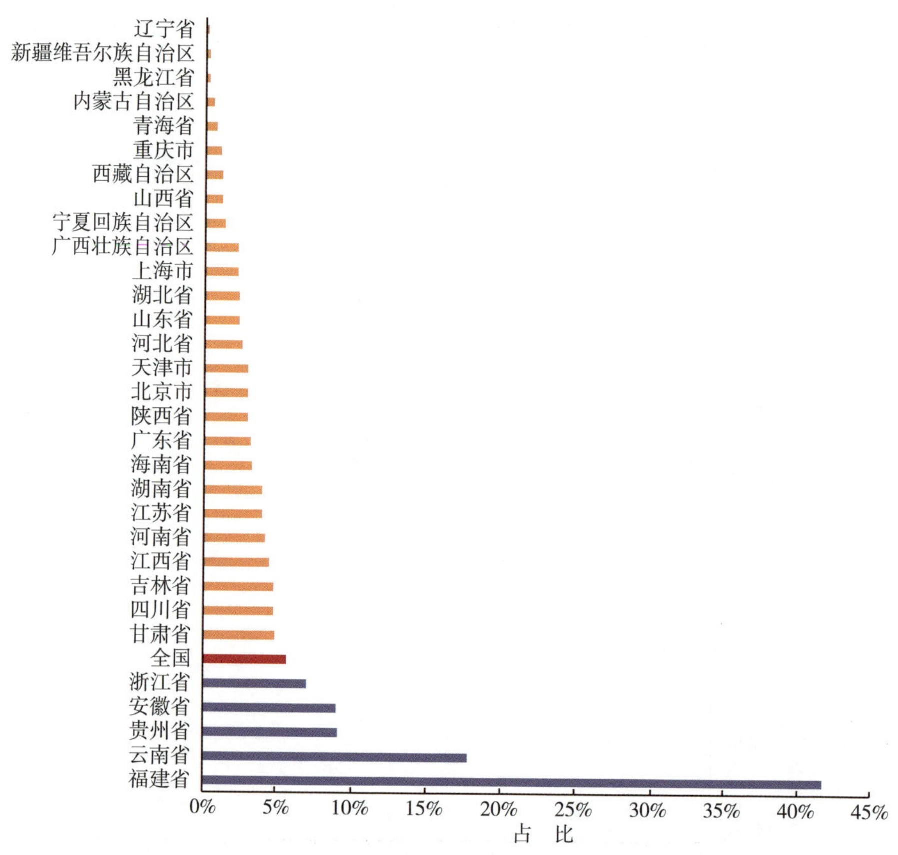

图 18　2018 年各省份茶网络零售在农产品网络零售中的占比情况

（六）分省份传统滋补网络零售分析

2018 年传统滋补类农产品网络零售区域相对分散，全国各区域均有代表性省份特色滋补农产品网络零售量可观，如华东地区的安徽、江苏、浙江和山东，华南地区的广东，华中地区的河南，华北地区的河北，西南地区的云南，西北地区的宁夏，东北地区的吉林，上述10省（区）传统滋补网络零售量共计占比74.8%，其中安徽为传统滋补类零售量大省，占比24.1%，远超其他省份。广东有着传统的煲汤养生习惯，广东传统滋补网络零售量居全国第二位，占比9.1%（图19）。

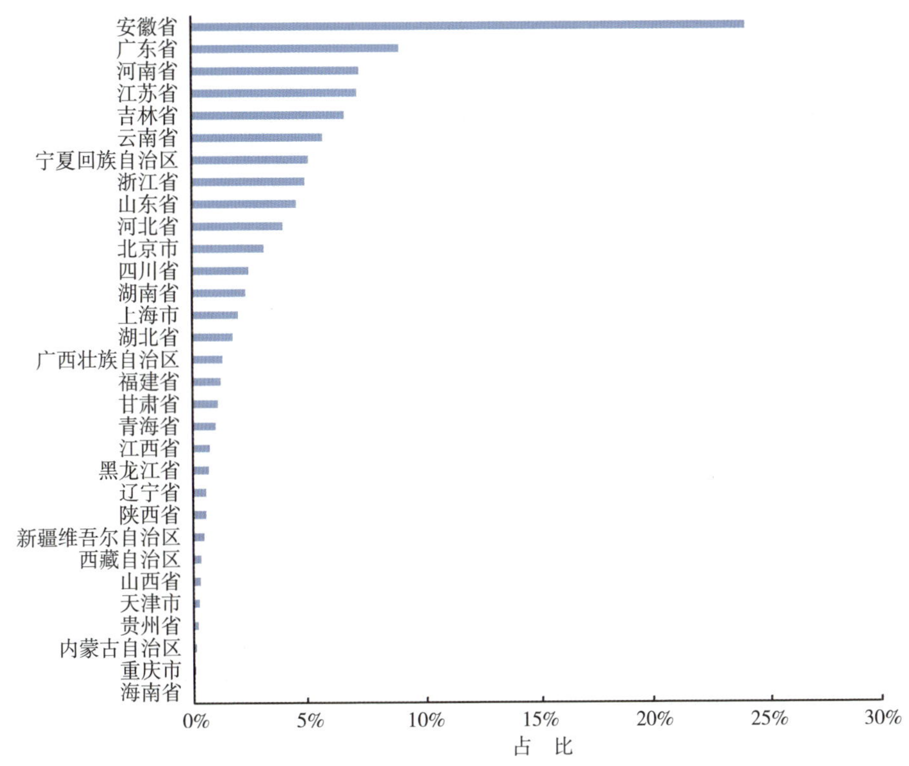

图19 2018年传统滋补网络零售量分省份占比情况

从各省份传统滋补网络零售量占农产品网络零售量比例来看，有10省（区）传统滋补网络零售量占比高于全国7.3%的平均水平，分别为宁夏、青海、西藏、吉林、甘肃、云南、河北、河南及湖南，其中宁夏、青海及西藏作为我国传统滋补类农特产品的盛产区，其省（区）内传统滋补零售比例高达75.0%、69.2%和51.7%，传统滋补类网络零售地域特点显著，吉林的人参、鹿茸、灵芝，甘肃的百合、枸杞、党参也是我国著名的滋补类农特产品，两省滋补类网络零售也占主要地位，分别为43.1%和33.0%（图20）。

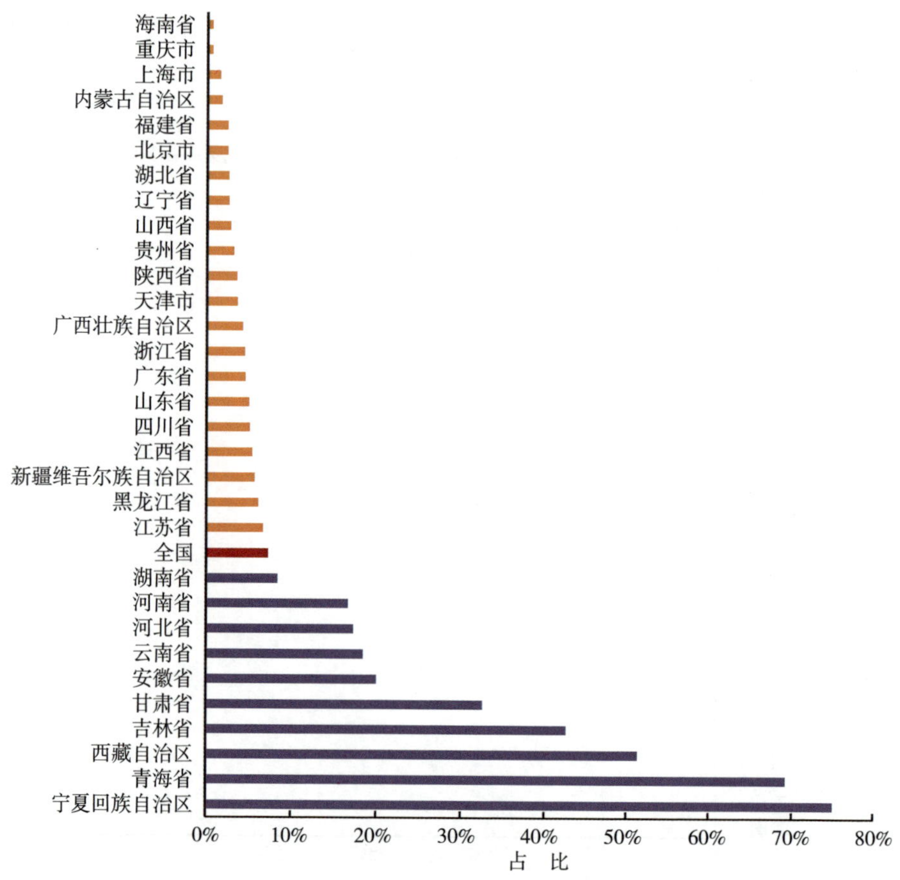

图20　2018年各省份传统滋补网络零售在农产品网络零售中的占比情况

（七）分省份牛奶乳品网络零售分析

2018年牛奶乳品零售量较大省份依次为北京、广东、上海、江苏和内蒙古，5省（区、市）牛奶乳品网络零售量共占全国的89%，集中度较高，部分省份牛奶乳品网络零售规模很小，如吉林年网络零售仅6.2万件，海南仅2.9

万件（图21）。北京、广东、上海、江苏等省市牛奶乳品网络零售发达，主要是因为人口众多、消费水平高，加之物流便利，而内蒙古具有天然牧场的资源优势，奶业发达，支撑了牛奶乳品电商的发展。

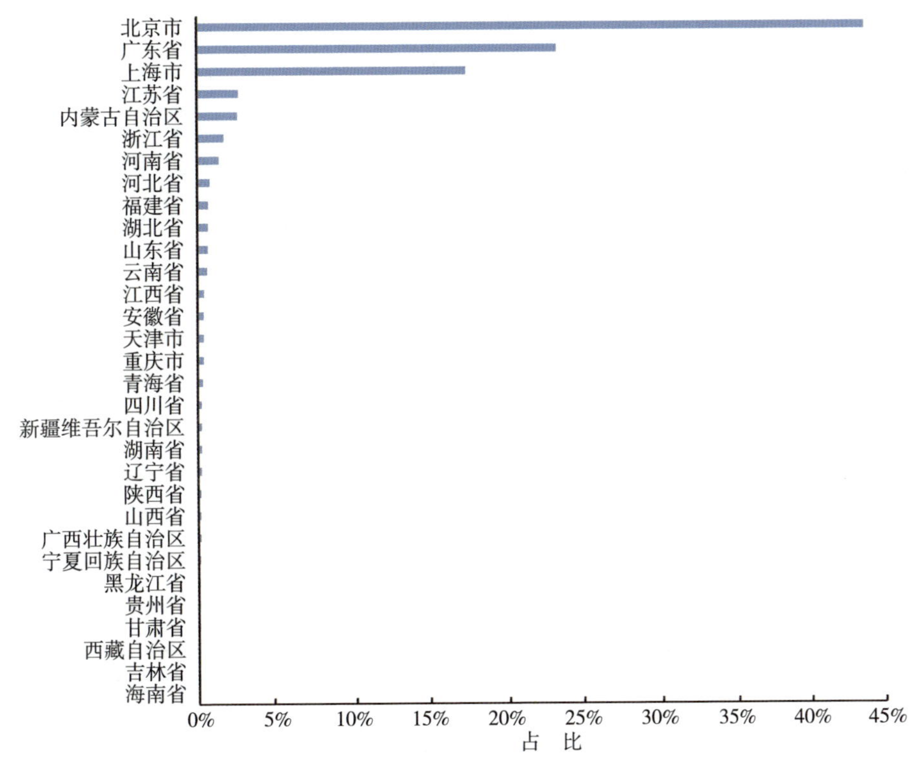

图21 2018年牛奶乳品网络零售量分省份占比情况

从各省份牛奶乳品网络零售量占农产品网络零售量的比例来看，内蒙古、北京、青海、上海和广东等省（区、市）的牛奶乳品网络零售量占比超过3.9%的全国平均水平（图22）。青海是我国西部重要的乳品生产地区之一，有大通、湟中等知名奶牛产区，但由于交通物流等原因，牛奶乳品的网络零售量远低于内蒙古等省（区、市），但与省内其他农产品相比，电商发展水平相对较高。

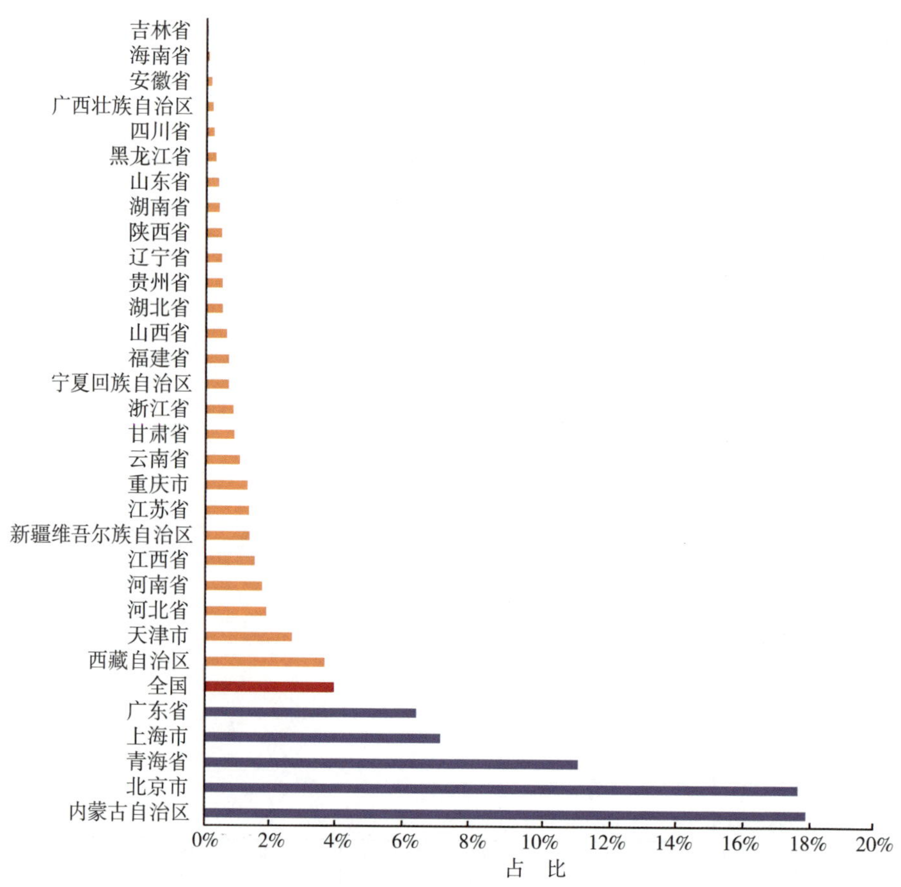

图 22　2018 年各省份牛奶乳品网络零售在农产品网络零售中的占比情况

（八）分省份饮料冲调网络零售分析

饮料冲调类农产品网络零售区域两极化明显。2018 年饮料冲调类农产品网络零售量集中在上海、广东、北京、江苏及云南，共占 79.5%。其中上海饮料冲调网络零售量占比 33.4%，广东占比 20.8%，北京占比 10.4%，而西北及中部地区各省（区、市）的网络销量相对较小（图 23）。云南作为我国咖啡主产区，咖啡产量占全国的 99%，其饮料冲调网络零售量占比排在全国第五位，上海、广州、北京、江苏等省市网络店铺众多，是饮料冲调类产品的重要消费地区和分销中心。

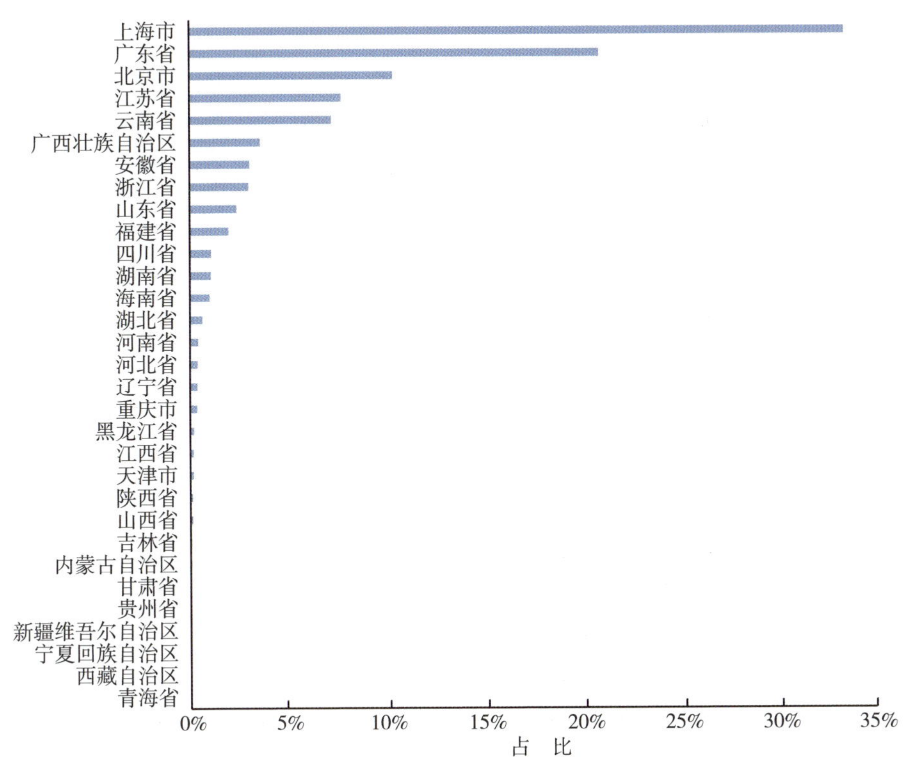

图 23　2018 年冲调饮料网络零售量分省份占比情况

从各省份饮料冲调网络零售量占农产品网络零售量的比例来看，上海、海南、云南、广西、广东及北京的饮料冲调网络零售占比超过 1.4%的全国平均水平（图 24），海南和云南是我国仅有的两个咖啡种植区，广西接壤越南咖啡种植区，咖啡加工工厂较多，产地优势造就 3 省（区）饮料冲调电商的发展较为充分。

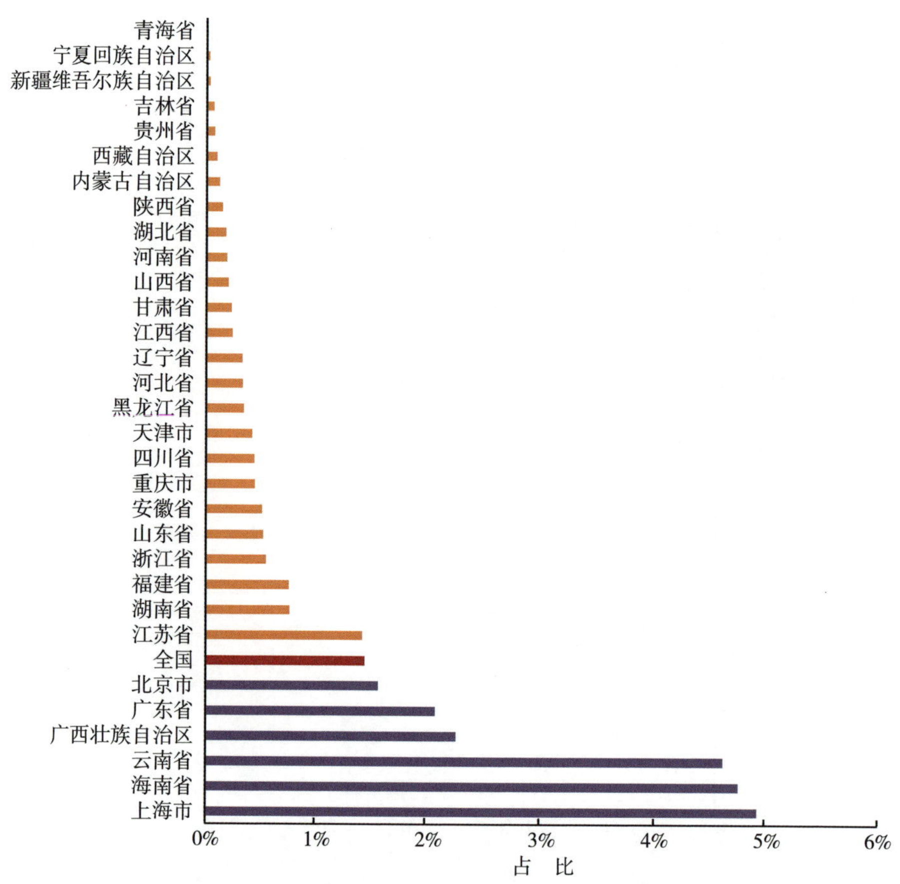

图 24　2018 年各省份饮料冲调网络零售在农产品网络零售中的占比情况

（九）分省份绿植网络零售分析

2018 年绿植类农产品网络零售区域主要集中在江苏、山东、广东、浙江、湖北、上海及福建，共占绿植网络总零售量的 83.7%，以江苏网络零售量占比最大，高达 41.1%（图 25）。江苏以园林特色著称，绿植花卉产业发达，凭借华东地区良好的电商行业基础，绿植类农产品网络零售高速发展，遥遥领先于全国，并培养出了独特的农产品电商沭阳模式。山东省温室大棚技术成熟、果树苗木产业发达，其绿植网络零售量列全国第二位。

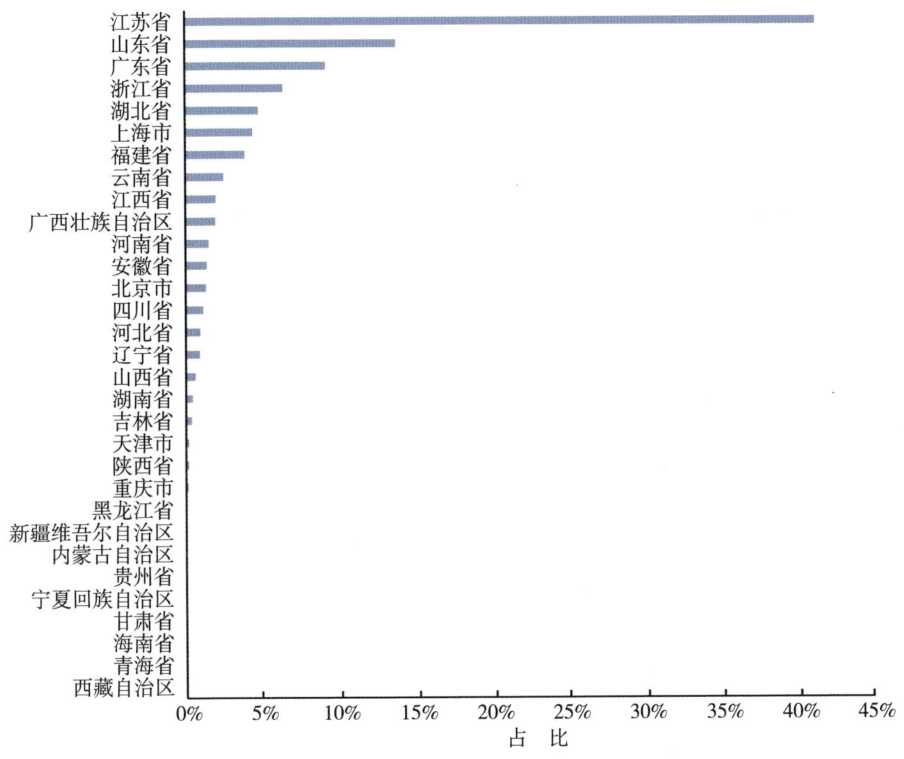

图 25　2018 年绿植网络零售量分省份占比情况

从各省份绿植网络零售量占农产品网络零售量的比例来看（图 26），江苏、山东、江西、云南及福建绿植网络零售占比超过 5. 8%的全国平均水平，湖北、广西、浙江及山西的绿植网络零售占比基本与全国持平。绿植在江苏农产品网络零售中贡献了 30. 4%的份额，远高于山东的 12. 0%及江西的 11. 4%。云南及福建气候适宜，四季常绿，其绿植电商却仅占农产品网络零售量的 6%左右，尚存较大发展空间。

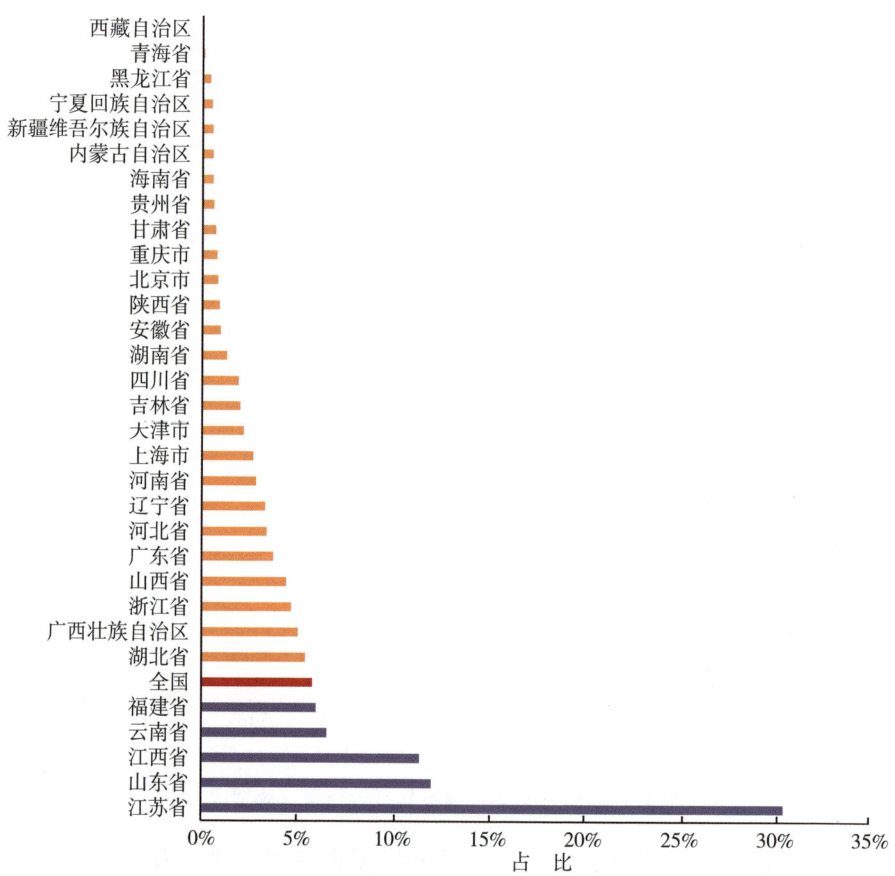

图 26　2018 年各省份绿植网络零售在农产品网络零售中的占比情况

四、农产品网络零售渠道分析

近几年农产品网络零售市场形成了多元化的电商销售渠道和经营模式，根据农产品电商平台与经营模式的不同，本章节将农产品网络零售渠道划分为三类，一是平台电商渠道，该渠道是指商家借助现有的成熟开放电子商务平台实现农产品网上交易，代表性平台如京东、天猫、淘宝、苏宁易购等，其农产品网络零售额占全网农产品比例的89.5%，网络零售量占80.6%。二是社交类电商渠道，该渠道是指基于人际关系网络，以信任为中心，利用互联网各种媒介对商品进行推介进而促成交易，代表性平台如拼多多、云集等，其农产品网络零售额比例占全网农产品的4.8%，网络零售量占7.6%。三是新零售渠道，该渠道是指商家以互联网为依托，对商品的生产、流通与销售过程进行升级改造，进而重塑业态结构与生态圈，并对线上服务、线下体验以及现代物流进行深度融合的零售新模式，典型的新零售代表有盒马鲜生、大润发等，其农产品网络零售额占全网农产品比例的5.7%，网络零售量占11.8%。

（一）平台电商渠道

以京东、天猫、淘宝、苏宁易购等为代表的平台电商渠道其农产品零售以粮油调味、休闲食品和生鲜产品为主，分别占该渠道农产品网络零售总额30.6%，27.9%和16.9%，对应的网络零售量分别占23.8%，25.0%和21.5%（图27）。

从平台电商渠道农产品二级品类来看（图28），二级农产品零售量占比较大的前5个品类分别为调味品、坚果炒货、肉干肉脯、蜜饯果干及水果，其中前4类均为加工农产品，生鲜类中水果销量较大。从数据分析来看，电商平台初加工及深加工农产品零售占比较大，生鲜类初级农产品偏少，单件生鲜成交价格平均在40.8元左右，略高于全网生鲜单价37.8元的平均水平。

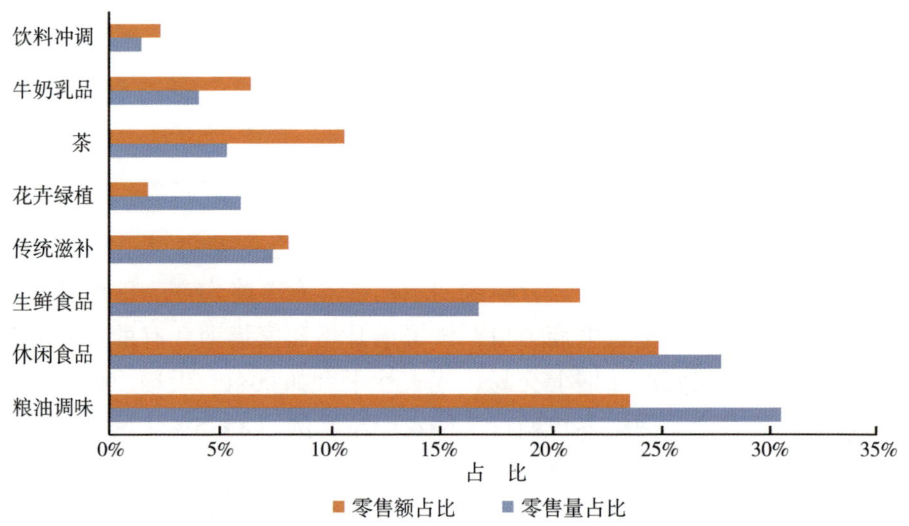

图 27　平台电商渠道农产品网络零售一级品类占比情况

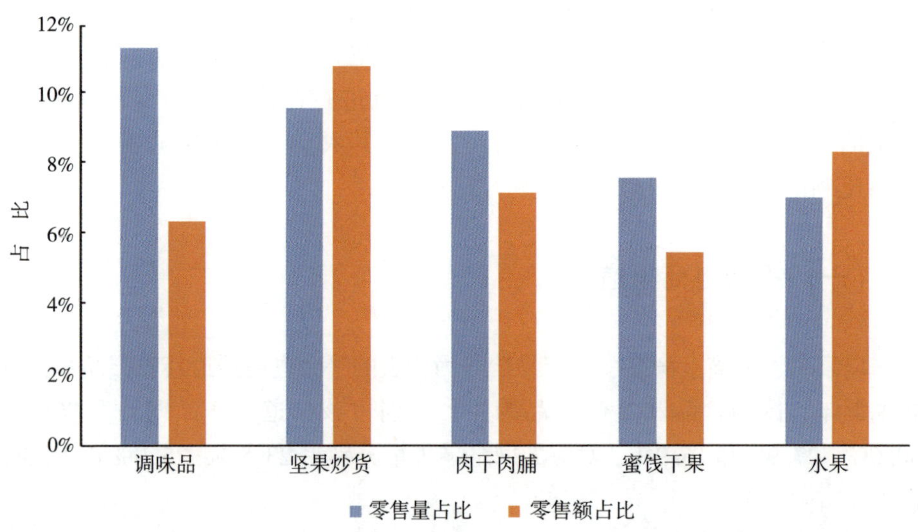

图 28　平台电商渠道农产品网络零售二级品类 Top5 占比情况

（二）社交电商渠道

以拼多多为代表的社交电商其农产品网络零售以生鲜产品、休闲食品和茶为主，其网络零售额分别占该渠道农产品网络零售总额的 46.7%、19.2%和 14.8%，对应的网络零售量占 48.3%、20.9%和 14.0%（图 29），与平台电商渠道销售品类结构差异较大。

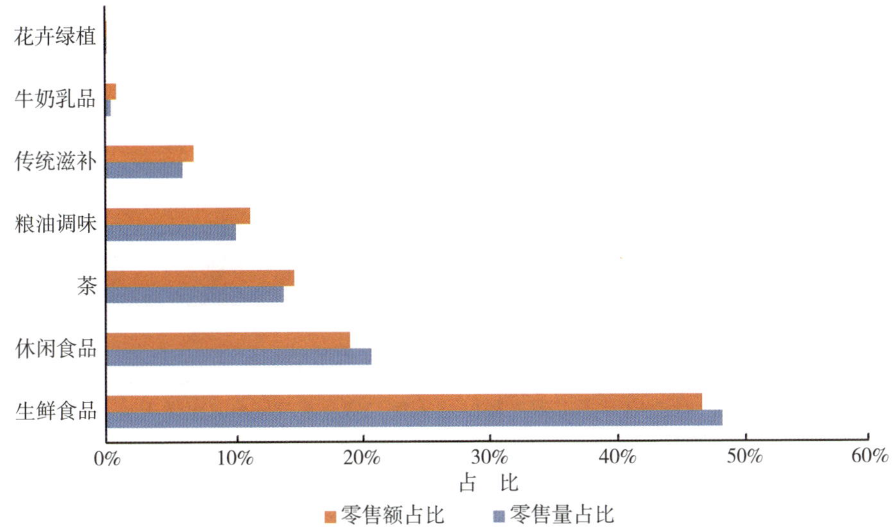

图 29　社交电商渠道农产品网络零售一级品类占比情况

从社交电商渠道农产品二级品类来看，零售量前五名分别为水果、坚果炒货、蔬菜、海鲜水产及调味品（图 30）。与平台电商渠道相比，社交电商渠道上生鲜类零售量占比较高，达到近 50%，经监测数据测算，该渠道生鲜产品单件成交价格大概在 16.0 元左右，远低于全网生鲜产品平均成交单价。

（三）新零售渠道

以盒马鲜生为代表的新零售渠道以生鲜产品和粮油调味销售为主，其网络零售额分别占该渠道总农产品网络零售额的 64.8%和 24.2%，对应的网络零售量占 61.4%和 25.8%（图 31），新零售渠道销售农产品结构与平台电商渠道、社交电商渠道存在明显差异，从农产品一级品类来看，该渠道生鲜产品占比最大，达到了 65%以上，粮油调味类占 24%、牛奶乳品占 6%，共计占总销量的 95%以上。

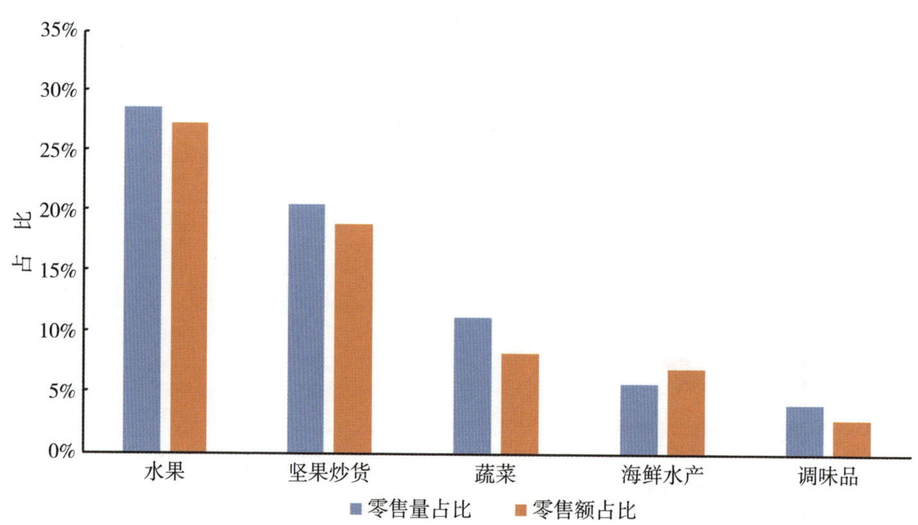

图 30　社交电商渠道农产品网络零售二级品类 Top5 占比情况

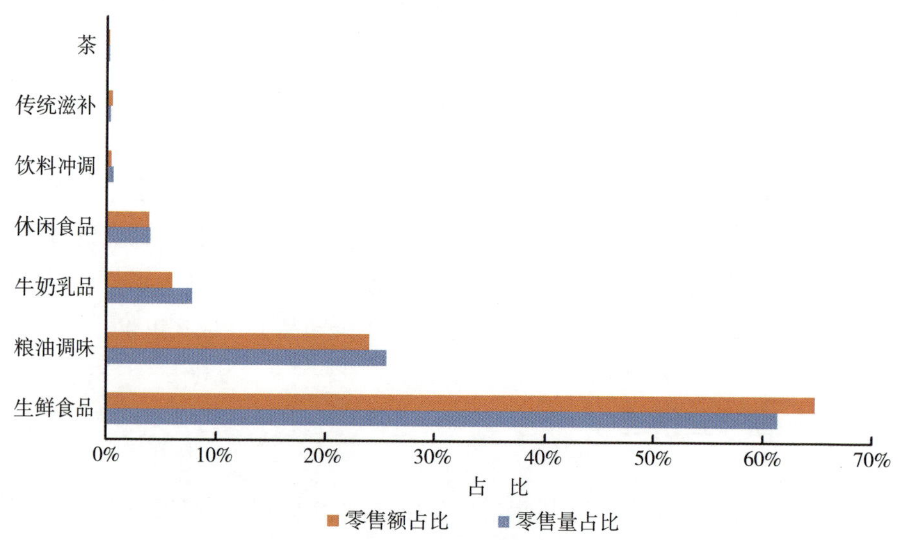

图 31　新零售渠道农产品网络零售一级品类占比情况

从新零售渠道农产品二级品类来看，零售量前五名分别为蔬菜、调味品、水果、鲜肉和海鲜水产（图 32）。除调味品外，新零售渠道热销品类均为生鲜产品，生鲜网络零售量占比远高于全网 18.5%的平均水平。由于生鲜产品保质期较短，消费呈现少量多次的特点，物流注重及时送达，因此新零售凭借其“及时送达”的特点抢占了生鲜类电商交易市场份额。此外，经监测数据测算，该渠道生鲜产品单件成交价格大概在 16. 2 元左右，远低于平台电商渠道，更符合消费者日常高频率消费需求。新时代生活节奏加快，消费群体对互联网服务更加依赖，注重“即买即得”的体验式消费，购买方便、节约时间成为消费者选择新零售的最主要原因。

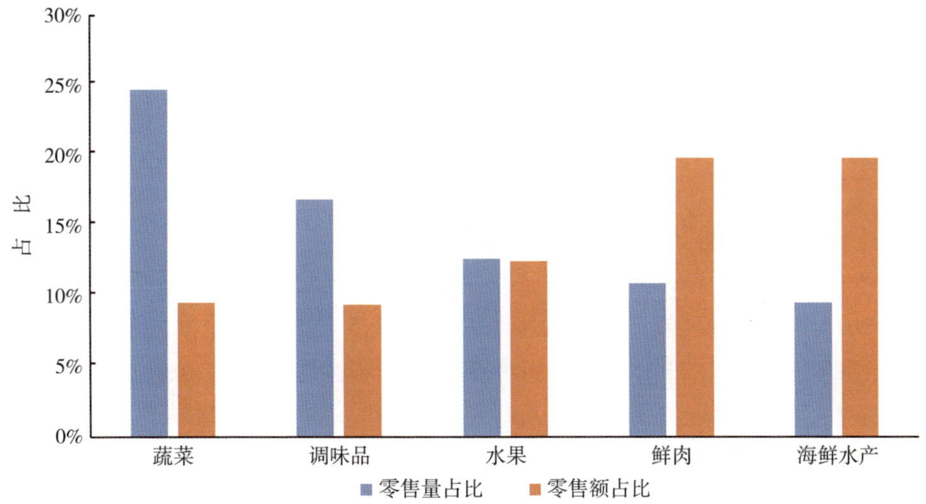

图 32 新零售渠道农产品网络零售二级品类 Top5 占比情况

五、农村地区农产品网络零售分析

2019年中央一号文件指出，要开展“互联网+农产品出村进城工程”，推动农产品上行。发展农产品电商是借助“互联网+”实现农产品出村进城的重要渠道，也是县域农业农村经济发展的重要举措。本章节将县级行政区及下辖乡（镇）、村大致界定为农村地区，监测统计了注册地在县级行政区及以下的电子商务商户销售农产品的情况，以反映农村地区农产品借助“互联网+”出村进城的现状。

（一）农村地区农产品网络零售规模

2018年农村地区农产品电商零售总额约715亿元，占全网农产品电商零售总额的21.4%（图33），占比相对较小。其原因主要在于，农产品的产地虽然在农村，但销售端主要集中在人口密集的城市。在传统流通渠道，大部分农产品还有赖于各级批发市场的集散进入零售端，同样在电商平台，注册在县市以上城市地区的商户也控制了大部分份额的农产品网络零售，农村地区网络商户售出的农产品份额相对较小。尽管如此，电子商务的出现打破了农产品逐级批发的传统流通模式，借助逐渐完善的物流体系，缩短从产到销、从农村到城市的环节与时间，推动农村农产品网络零售市场份额扩大化。

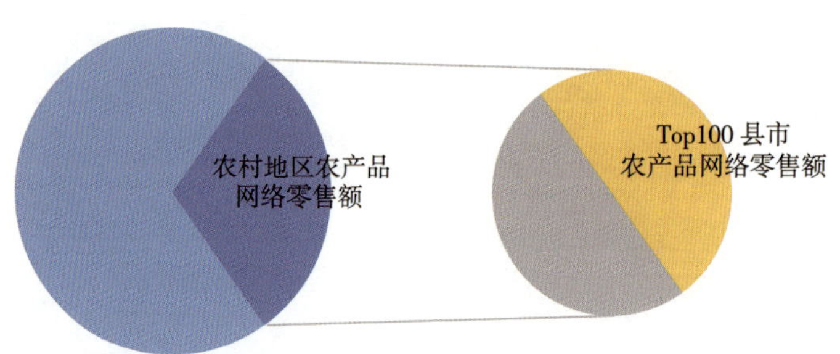

图33　农村地区及Top100县市农产品网络零售额在全国的占比情况

（二）农村地区农产品网络零售区域分析

农村地区的农产品网络销售也存在明显的区域差异。整体而言，东部沿海省份农村地区农产品网销能力较强，其中，排名第一的江苏省零售量占比达31.4%，零售额占比达12.8%，作为农产品重要产区的东北部及西部地区省份的市场份额普遍偏低，其中，西部地区中，仅四川跻身Top10榜单，零售量占比仅为3.1%，零售额占比为4.4%（图34）。

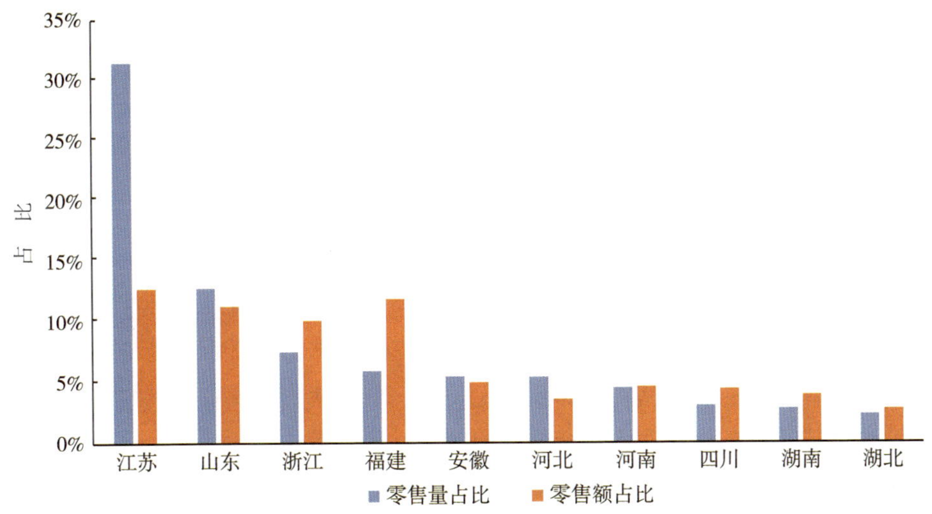

图34　农村地区农产品网络零售量Top10省份零售情况

按照零售额进行统计排序，发现农村地区农产品网络零售额的16.2%来自前10位县（市、区），包括福建安溪县、武夷山市，山东莱阳市，浙江临安区，江苏沭阳县、昆山市、兴化市，云南文山市，以及广西北流市，55.1%来自前100位县（市、区）（图33）。排名前100位的县（市、区）分布在全国23个省（区、市），其中福建、山东、浙江各有12个市、江苏有11个市、安徽有6个市（表2）。

排名靠前的县（市、区）一般都具有竞争力强、独具特色的农业产业和品牌农产品。如福建安溪的铁观音，武夷山的武夷岩茶和红茶，山东莱阳的梨、梨膏、水产品，浙江临安的山核桃、竹笋、天目小香薯，江苏沭阳的花卉苗木，昆山、兴化的大闸蟹，云南文山的三七，广西北流的肉桂、百香果、荔枝，四川浦江的蒲江雀舌、丑柑、猕猴桃等，规模化、产业化的优质特色农产品是农村地区发展电商的重要基础。

表 2　农产品网络零售额列入 Top100 县市的分省情况

地　区	Top100 县市数量（个）
福建，山东、浙江	12
江苏	11
安徽	6
广西，河北，河南，四川	4
云南省，内蒙古，吉林，广东，江西，湖北，湖南	3
辽宁，宁夏，陕西	2
重庆，甘肃，黑龙江，山西	1

交通便利、物流发达也是农产品电商健康发展必不可少的条件。排名靠前的县市主要分布在东部沿海省份，部分内陆地区县市凭借其独特的区位优势发展农产品电商。比如重庆秀山每年超过 3 亿元的农产品网络零售额与其优越的地理位置和发达的农产品物流体系不无关系。陕西武功，既有丰富的农产品资源，也有成规模的冷库库容，交通路网四通八达，是甘肃、宁夏、青海、新疆 4 省区农产品外运的必经之路，成就了“买西北、卖全国”的农产品电商发展模式。河南新郑市、内蒙古呼和浩特市近年来着重打造跨境电子商务试验区，也对农产品电商起到显著的推动作用。

总体而言，农村农产品网络零售方面，区域不均衡问题较明显，而推进后发省份农村农产品网络零售市场建设对于解决当地农产品上行、带动就业、拉动区域经济等方面意义重大。

六、跨境农产品网络零售分析

跨境电子商务是指分属不同关境的交易主体，通过电子商务平台达成交易、进行支付结算，并通过跨境物流送达商品、完成交易的一种国际商业活动。近年来随着跨境电商发展，农产品跨境电商交易规模也持续扩大，天猫国际、淘宝全球购、京东海囤全球等都是农产品跨境交易依托的主要平台。基于对此类跨境电商平台上明确标识为境外商品的交易监测，对农产品跨境电子商务网络零售情况进行了分析。受监测数据所限，本章节只涉及农产品跨境进口电子商务的情况，不包括农产品跨境出口部分。

（一）跨境农产品网络零售概况

2018 年全国农产品跨境电商零售额约 55.5 亿元，约占全网农产品网络零售额的 1.7%。从月度交易数据可以看到（图 35），4 季度农产品跨境电商成

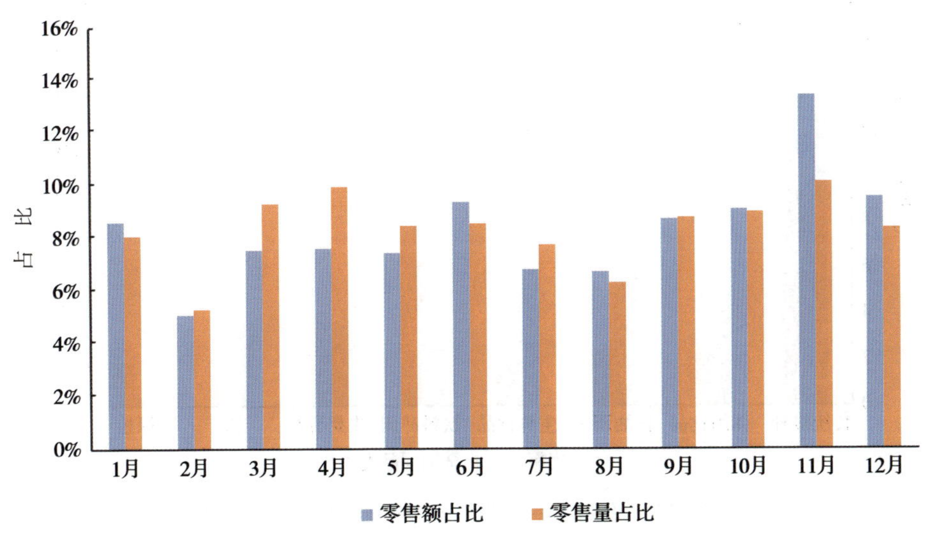

图 35　2018 年跨境农产品网络零售月度占比

交规模整体较高，特别是 11 月交易额最高，元旦前后的 1 月和 12 月以及 6 月交易额均较高，而全年 2 月交易额最少。说明跨境农产品网络零售也具有明显的季节性特点，“双十一”和“6·18”两大电商促销节有明显的带动作用，而春节期间物流不便，成交规模较低。

（二）跨境农产品网络零售品类分析

跨境农产品网络零售产品结构与全网整体情况存在一定的差别。一级品类来看，传统滋补类产品的零售额最大，占跨境农产品网络零售额的 30.8%左右，休闲食品、粮油调味、生鲜产品、饮料冲调的跨境网络零售额接近，分别在占跨境农产品网络零售额的 15.9%、15.2%、12.7%和 11.3%，牛奶饮品和茶占跨境农产品网络零售额的 6%左右，绿植最低，不足 1%。（图 36）。与全网农产品网络零售的产品结构相比，跨境电商中传统滋补和饮料冲调所占比重较大，按零售额计，饮料冲调类产品的网络零售有 7.7%来自跨境电商，传统滋补类产品有 6.0%来自跨境电商，不耐储运和运输成本高的生鲜产品和绿植所占比重较小。

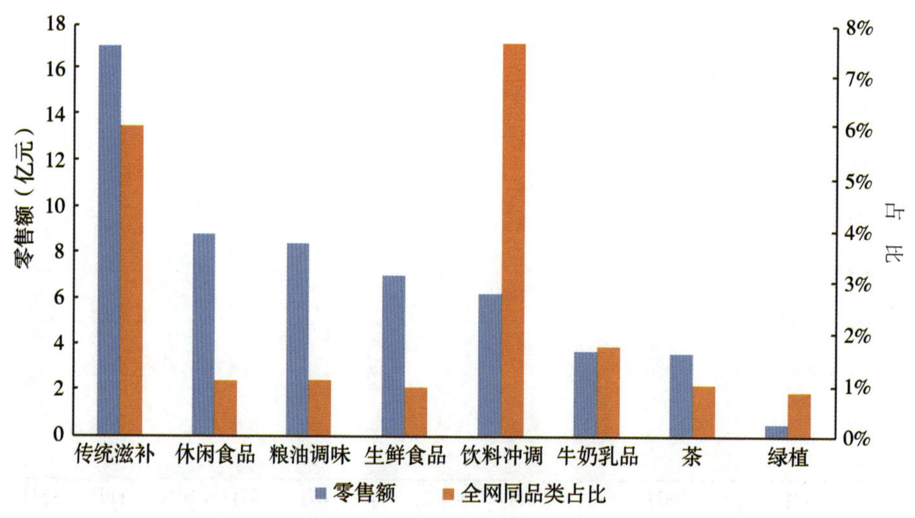

图 36　农产品一级品类跨境网络零售额及在全网同品类的占比

二级品类来看，包括咖啡/咖啡豆和蜂蜜/蜂产品在内的 Top10 品类的跨境网络零售额占跨境农产品网络零售额的 60.7%，品种集中度相对较高（图 37）。咖啡/咖啡豆和蜂蜜/蜂产品的跨境电商在全网所占比重较大，按零售额计，咖啡/咖啡豆的网络零售有 7.6%来自跨境电商，蜂蜜/蜂产品有 4.0%来自跨境电商。另外，液态奶有 2%来自跨境电商液态奶，所占比重也较大。

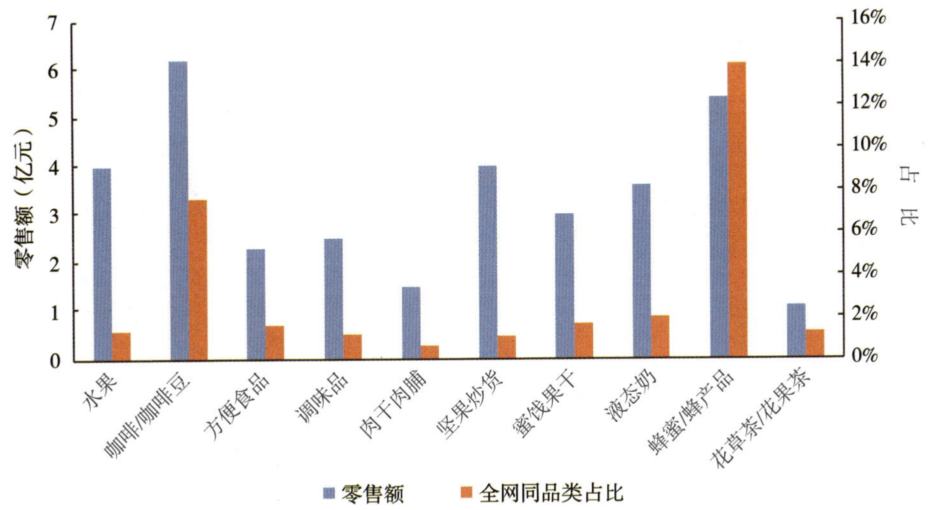

图 37　农产品二级品类 Top10 跨境网络零售额及在全网同品类的占比

除了产品结构不同，跨境电商与境内电商的农产品网络零售单价也存在显著的差异。如零售额最高的传统滋补类产品的跨境电商网络零售均价为每件 183 元，而境内电商仅为 35 元。饮料冲调跨境电商网络零售均价为每件 54 元，也略高于境内电商均价 50 元。休闲食品、粮油调味、牛奶乳品和花卉绿植的网络零售平均单价均表现为跨境电商显著高于境内电商。

（三）跨境农产品网络零售进口来源分析

跨境农产品电商的商家来自多个国家和地区，农产品进口来源多元化。按照零售额排序，跨境农产品电商规模较大的进口国依次是泰国、美国、新西兰、韩国、澳大利亚、日本、越南、马来西亚、英国和俄罗斯，来自这些国家和地区的网络商家成交的农产品零售额占跨境农产品网络零售总额的 63.1%

（图 38）。不同国家和地区的网络商家销售的农产品品类各具特色。44. 4%的咖啡/咖啡豆进口自马来西亚、日本和意大利，81. 1%的水果进口自越南和泰国，55. 5%的方便食品进口自韩国和日本，40. 8%的调味品来自日本、美国和泰国。69. 2%的坚果炒货和 34. 6%的蜜饯果干进口自美国，62. 2%的液态奶来自澳大利亚，69. 4%的蜂蜜/蜂产品来自新西兰。

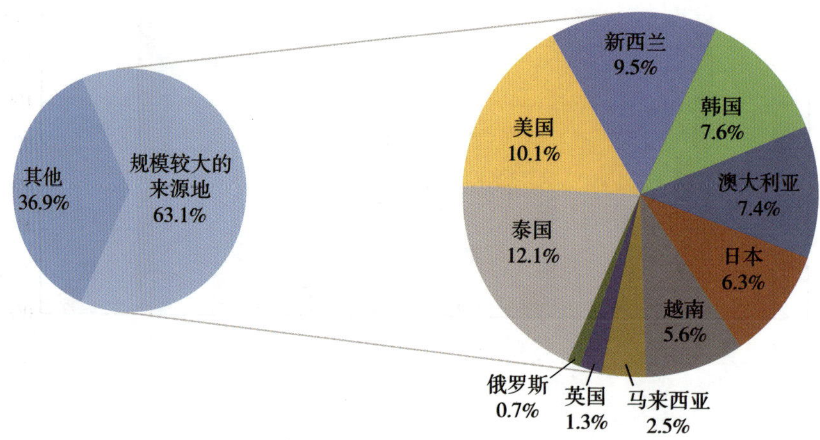

图 38　2018 年跨境农产品网络零售主要来源地

七、农产品单品类网络零售市场分析

（一）鲜苹果网络零售市场分析

我国是苹果生产和消费大国，2018 年全国苹果产量 3 923 万吨，占全国水果总产量的 15.3%，是仅次于柑橘的第二大园林水果。苹果特别是晚熟红富士苹果耐贮性好，近年来随着主产区冷库库容的增大和冷贮条件的改善，基本可以实现“季产年销”，即秋季上市，全年销售，是各地水果市场上不可或缺的当家果品。

苹果因其消费需求大，较耐贮运，网络销售发展较快。2018 年全国苹果网络零售额约 28.1 亿元，占全网农产品零售额的 0.8%，占生鲜产品类的 3.8%。根据监测数据，网络零售量最大的苹果品种为红富士，占苹果总零售额的 85.1%。因为产品特点和商家营销策略的不同，网销红富士又分为冰糖心红富士和普通红富士，其网络零售额分别占总零售额的 52.4%和 32.7%，蛇果销售额仅次于红富士，另外青苹果、红玫瑰、嘎拉、黄元帅等也占一定比例（图 39）。

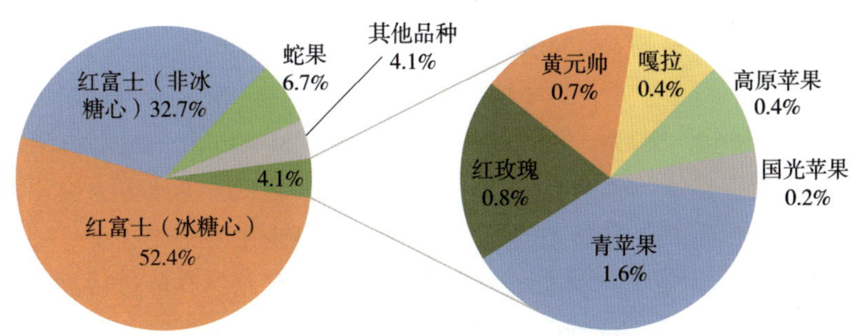

图 39　2018 年苹果主要品种网络零售量占比

苹果网络销售具有明显的季节性，一年内呈现“两头高、中间低”的特点（图40）。1月、11月、12月是苹果网络销售额最高的月份，3个月总占比为44.8%，主要是晚熟富士苹果上市后集中供给冬季市场，加上年节期间消费需求较大。2月、3月、4月和10月的网络销量也较高，单月零售额均占全年的7%~9%，2—4月正是国内水果青黄不接的时候，库存苹果正好填补市场，需求相对旺盛；10月则是新疆、云南等产区晚熟富士苹果上市期间。5—9月销售额相对较低，单月销售额在占比5%以下，其原因主要是苹果库存已相对较低，同时各类时令水果供给充足，对苹果的需求和交易都减少。

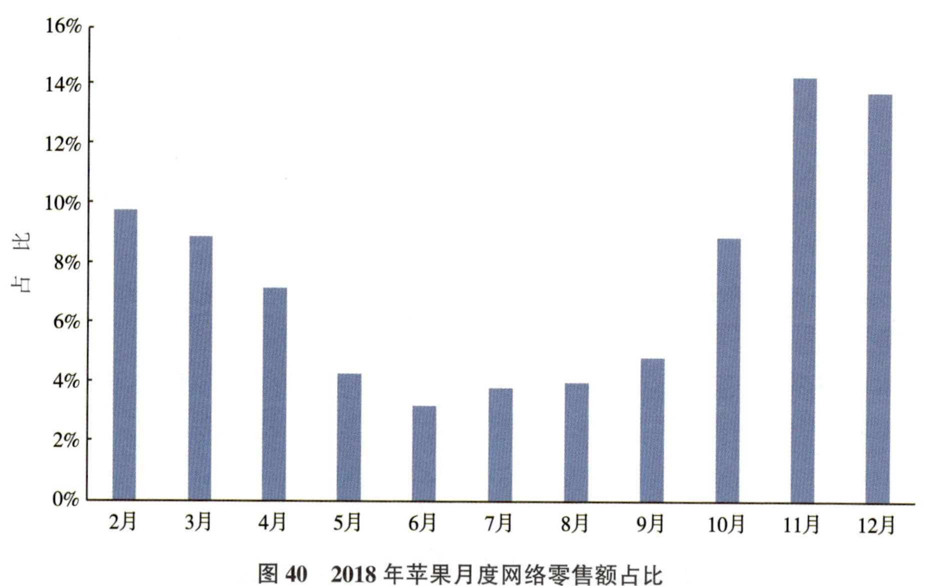

图40　2018年苹果月度网络零售额占比

从销售品种上，红富士苹果占网络零售额的85%以上，蛇果占销售额的6.7%。监测数据显示，冰糖心红富士网络销售的季节性特点更为突出，主要集中在1月、10月、11月和12月，非冰糖心红富士主要集中在1—7月销售，8—12月较少，这主要是“冰糖心”红富士较不耐存储，春节过后品质易发生改变，而在苹果集中上市期间“冰糖心”更容易作为营销卖点。蛇果也主要集中在1—7月销售，8—12月销量较少，蛇果以进口为主，在春夏两季销售有利于避开与“冰糖心”苹果的竞争，并实现更高的售价（图41）。

我国优质苹果产区主要集中在西北黄土高原区、东部渤海湾区、黄土故道

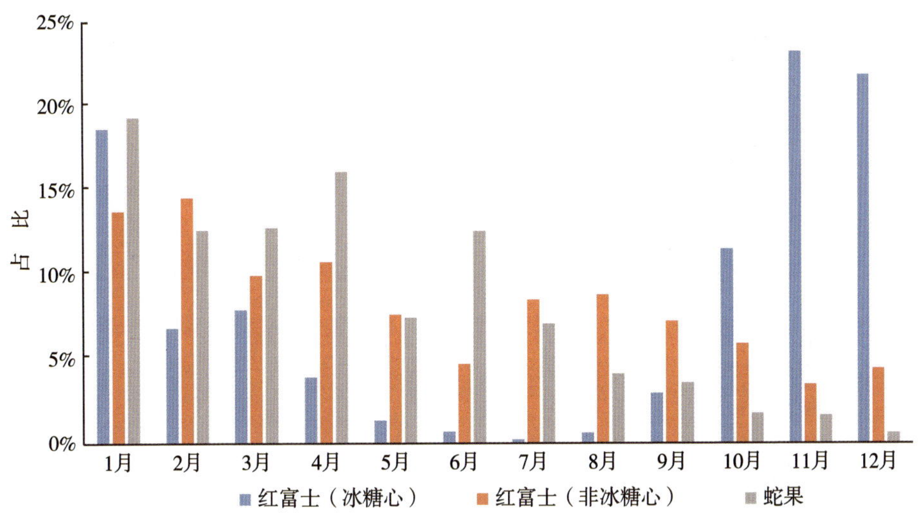

图 41　2018 年苹果月度零售额主要品种占比

区、西南高原区、北部寒冷区，如陕西洛川、山东烟台、新疆阿克苏、甘肃静宁、山西运城、云南昭通、四川盐源等地。分省份来看，苹果网络零售规模较大的省份依次是山东、陕西、新疆、江苏、山西、甘肃等（图 42），与苹果主产区基本重合。苹果电商的区域特点显著，说明农产品优势产区具有发展电商的先天优势，另外也有部分不是优势产区的省份，如江苏，电商规模较大，分析原因，一方面苹果消费需求较大，另一方面是距离主产区较近，许多商户也把苹果作为重点营销果品，利用互联网和现代物流体系起到了苹果集散的作用。

根据苹果零售量统计了网络零售市场上的主要店铺和商家，零售量前 10 名的企业品牌占苹果网络零售量的 40%左右（图 43），品牌集中度较高，说明网络商家在苹果营销中非常重视品牌的塑造，也具有较强的品牌效应。在当前农产品普遍缺乏强大产品品牌的情况下，渠道品牌和企业品牌代表着产品质量、物流速度、售后服务，培育渠道品牌和企业品牌是扩大产品知名度、拓展销售市场的重要选择，而消费者在互联网上也倾向于选择信任的品牌购买到满意的农产品。

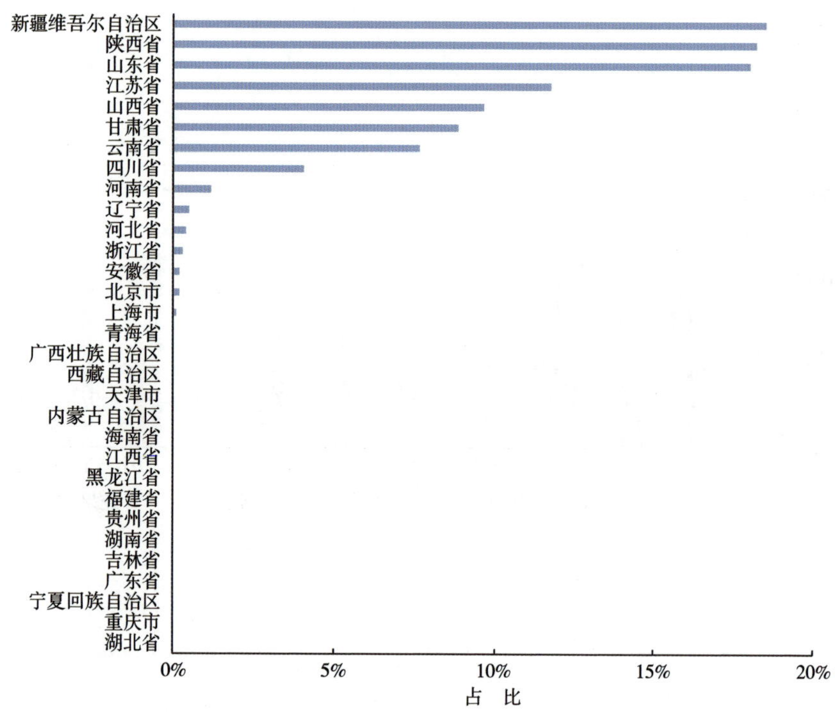

图 42　2018 年苹果网络零售额分省占比情况

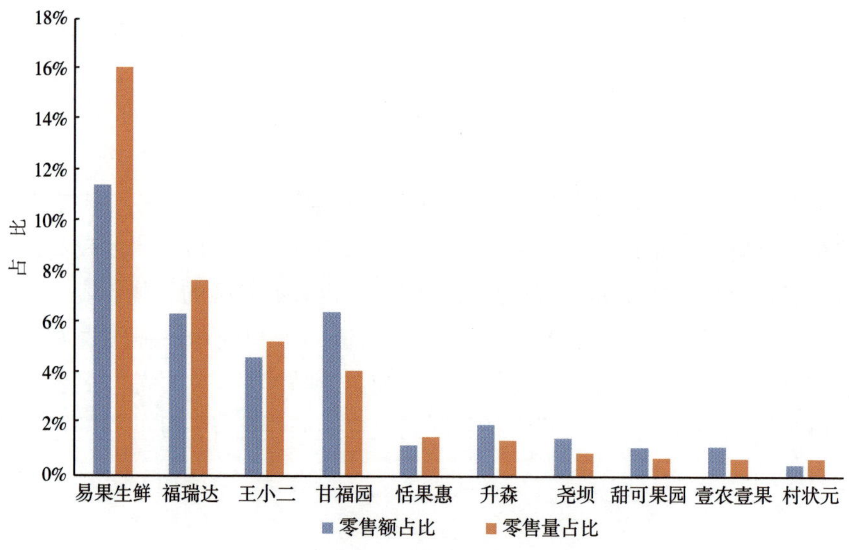

图 43　苹果网络零售量 Top10 品牌市场分布情况

（二）茶叶网络零售市场分析

茶叶是我国重要经济作物，代表着独特的中国农业特色和文化传承，具有极大的社会价值与经济意义。茶叶消费需求大、经济价值高、品牌溢价高、物流运输方便，是较早触网进行网络化交易的农产品，也是电商发展规模非常大的农产品。2018 年全国茶叶总产量 261 万吨，茶叶网络零售额为 364. 8 亿元，占全网农产品网络零售额的 10. 8%左右。

根据监测统计数据，销量较大的 Top10 茶品依次是花茶果茶、普洱、铁观音、红茶、绿茶、乌龙茶、龙井、白茶、黑茶、黄茶，各自占比如图 44 所示。其中，花茶果茶销量占比达 22. 6%，占据榜首，这与互联网消费人群的年龄结构有一定关系。电商主流消费群体多为中青年人，饮茶消费方面喜欢潮流时尚，多元化个性化特点突出，富有寓意的花茶果茶成为许多年轻人的首选。从商家角度，花茶果茶品类丰富，容易推陈出新打造爆款，客户黏性强，适合网络化营销。

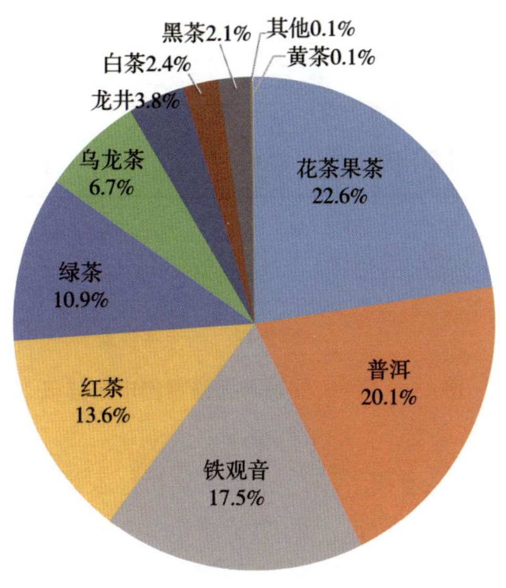

图 44　全国茶叶品类网络零售额占比分布

通过分析茶叶网络零售每笔交易的单价，发现不同价位茶叶的零售量差异显著（图 45）。茶叶网络零售交易以每件 100 元以下为主，单件 100 元以下茶叶占总零售量的 84. 8%以上，销售额占比 50. 6%，其中单件 20 元以下占比

26. 7%，20~40 元占比 30. 0%，高价位茶叶销量相对较少，单件 300 元以上茶叶零售量占 2. 0%，单件 500 元以上茶叶零售量仅占 0. 72%。单价较低的茶叶销量较高，一是与花茶果茶的销量占比高相一致，与传统茶叶相比，花茶果茶的售价较低，二是茶叶网络销售渠道有利于减少不必要的流通环节，降低零售端茶叶价格，许多消费者通过电商购买茶叶，正是受到价格较低的吸引。数据也显示，单件 40 元以下的茶叶销售量占 56. 7%，其销售额占 22. 1%，单件 300 元以上的茶叶销售量仅占约 2%，但其销售额占 17. 5%，说明高价位茶叶在网络零售市场虽然不占据主流，但是其创造的价值非常可观。

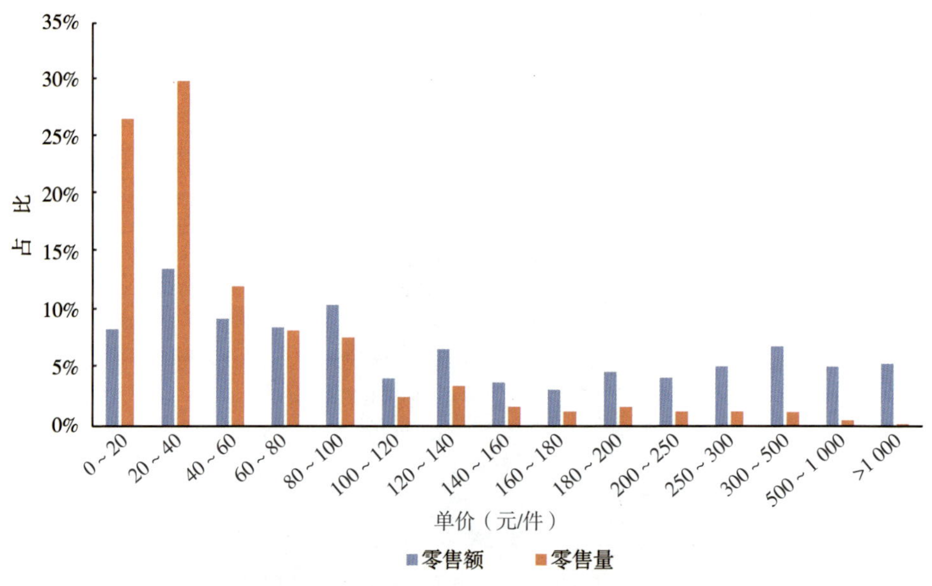

图 45　不同价位茶叶网络零售市场分布

对网络零售茶叶的品牌和区域进行监测分析，发现茶叶电子商务具有品牌集中度低、区域集中度高的特点。网络销量前 10 名的品牌总零售量约 963 万件，占总零售量的 1. 6%左右（图 46），反映出网络零售市场上，茶叶品牌小而散，竞争多元化。但从区域分布看，排在前两位的安徽和福建两省茶叶零售量占总零售量的 42%左右（图 47），排在第三至第八位的浙江、广东、云南、江苏、北京、上海、四川和山东，其零售额占总零售额的 87. 7%。

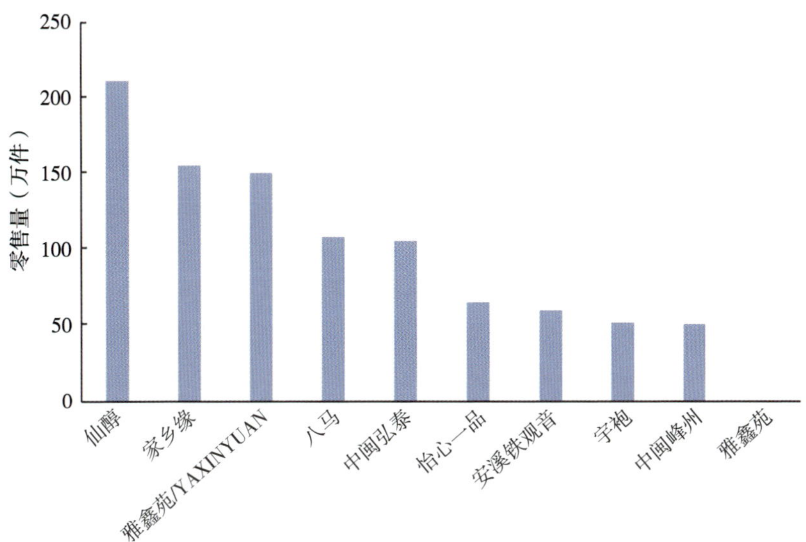

图 46　全国茶叶零售量 Top10 品牌

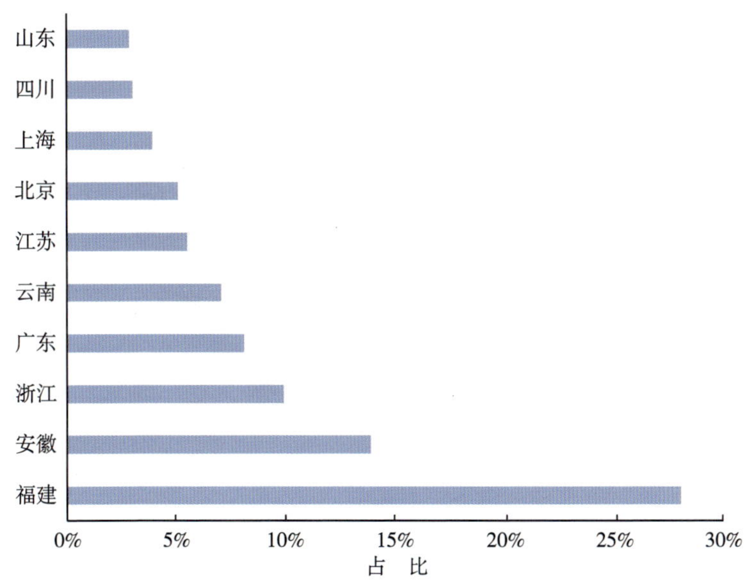

图 47　全国茶叶网络零售量 Top10 省份零售额占比情况

（三）小龙虾网络零售市场分析

近年来小龙虾成为火爆全国的国民美食，小龙虾产业也蓬勃发展。据农业农村部测算[①]，2018 年小龙虾总产量 163.87 万吨，产业总产值达 3 690 亿元，其中养殖业产值 680 亿元，以加工业为主的第二产业产值 284 亿元，以餐饮为主的第三产业产值 2 726 亿元。

监测数据显示，2018 年小龙虾网络零售额 13.4 亿元，占全网农产品的 0.4%，占生鲜产品类的 1.8%。其中，小龙虾冻熟制品占总零售额的 83%，鲜活小龙虾占 7%，冷冻小龙虾占 6%，其他虾仁、虾干、虾尾等占 4%（图 48）。绝大多数小龙虾产品的网络销售都离不开冷链物流，特别是鲜活小龙虾对物流条件和物流效率的要求更高，小龙虾可观的电商规模反映了小龙虾冷链物流配送体系的日益完善。

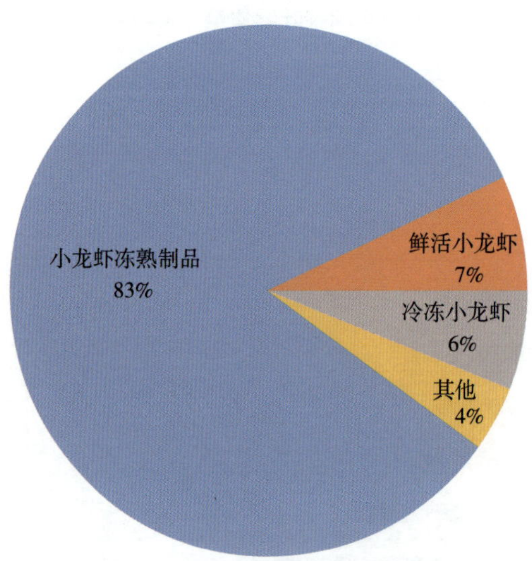

图 48　2018 年小龙虾细分类零售额占比

从月度销售情况来看，小龙虾网络销售具有明显的季节性特点（图 49）。

① 《小龙虾产业发展报告（2019）》，农业农村部 2019 年 8 月发布。

4—7 月为消费旺季，销售额占全年的 70.3%，单月网络零售额均在 1 亿元以上，其中 6 月零售额达 3.94 亿元，占全年的 29.5%。3 月、8 月、9 月也有一定量的网络销售，单月零售额在 0.5 亿~0.9 亿元。1 月、2 月、10 月、11 月和 12 月则为消费淡季，单月网络零售额均在 5 000 万元以下。各地小龙虾在春夏之交集中上市，与小龙虾有关的餐饮业和服务业也具有明显的淡旺季，并一直有“赚四月、平四月、亏四月”的说法，网络零售数据呈现出类似的市场特点。值得一提的是，虽然淡季销售量相对较低，但是并非没有消费需求，数据显示，2 月、3 月的单件网络售价显著高于 10—12 月，4 月小龙虾刚上市时的网络售价为全年最高，说明小龙虾反季节上市和抢先上市可能存在较大的消费需求和盈利空间。

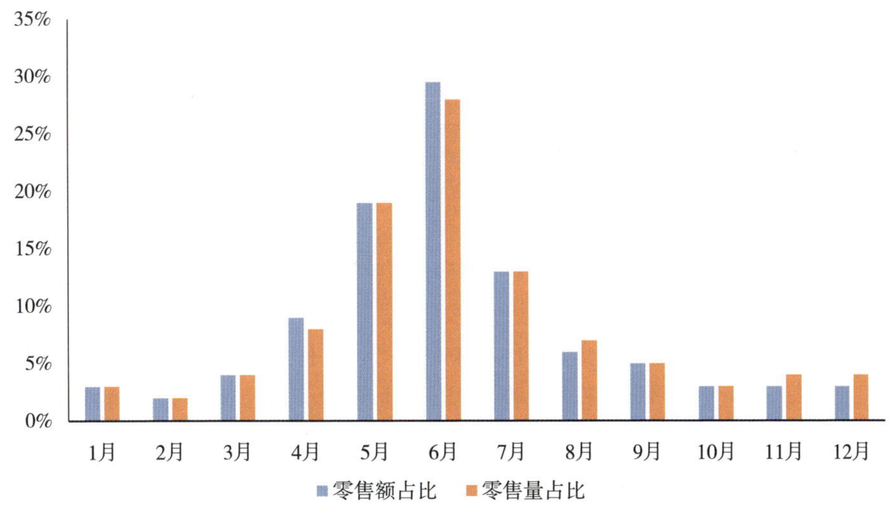

图 49　2018 年小龙虾月度零售额占比

与苹果和茶叶相比，网络销售小龙虾的品牌效应非常明显。在激烈的市场竞争之下，各主产区都非常重视小龙虾品牌的培育。监测数据显示，2018 年小龙虾网络销量前 10 位的品牌其零售额占比达 98%，销量前 5 位的品牌其零售额占比就达 87.9%，品牌集中度非常高（图 50）。

小龙虾网络销售具有明显的区域特点，主要集中在华东、华中地区以及华北、华南和西南地区的部分省份（图 51）。按照零售额来看，65.9%的网络零售额来自小龙虾主产区湖北，18.5%来自江苏；安徽、四川、山东、上海、北

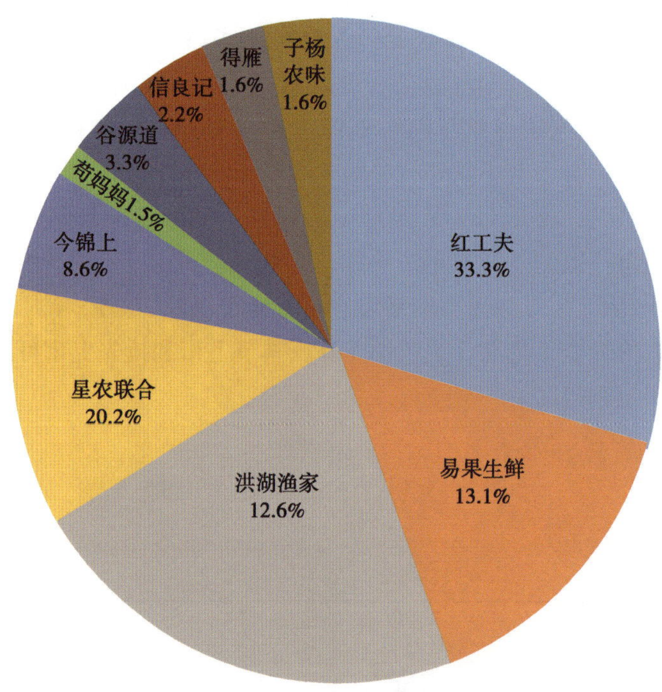

图 50　2018 年小龙虾网络零售品牌零售额 Top10

京、湖南的网络销售额占比均在 1%~4%，其他省份的网络销售额占比均不足 1%，甚至为 0。2018 年湖北小龙虾产量 81.2 万吨，占全国产量的 49.6%，位列全国首位，江苏小龙虾产量 16.7 万吨，占全国产量的 10.2%，位列全国第四位，这两个省份小龙虾网络销量占比均高于小龙虾产量的占比，反映了小龙虾电商化水平相对较高。湖南、安徽、江西的小龙虾产量分别占全国产量的 14.5%、13.2%和 6.7%，其小龙虾网络零售额在全国的占比分别为 3.8%、1.1%和 0.2%，小龙虾网络销售还有很大的增长空间。

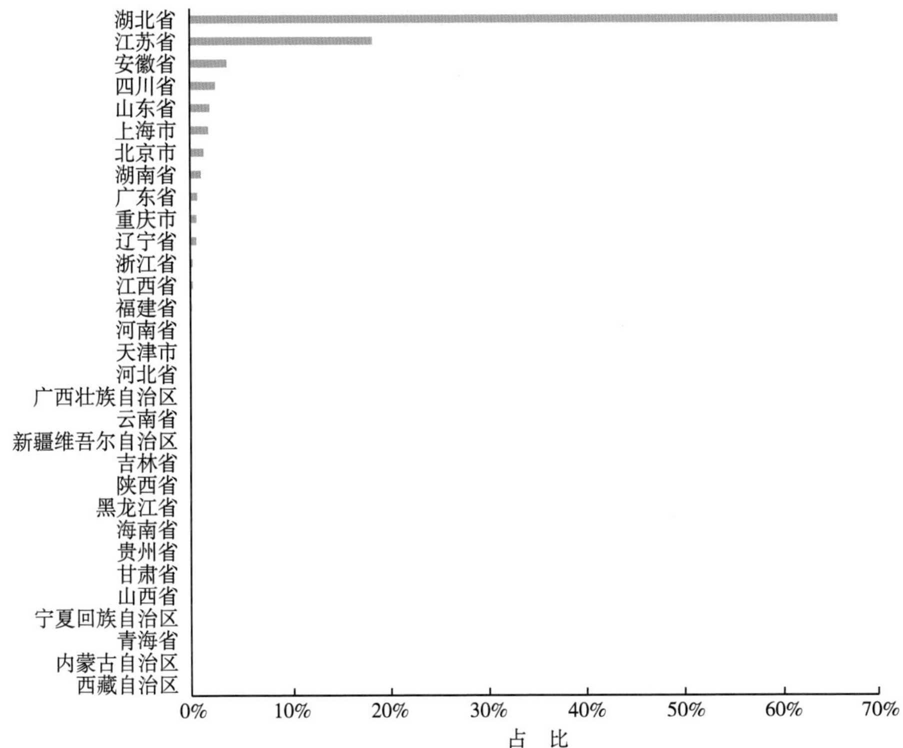

图51 2018年全国分省份小龙虾零售额占比分布

第三章

地方篇

张　晶　于海鹏　侯煜庐

一、吉林省农产品电子商务发展报告

（一）农产品电子商务运作模式

1. 规模化、具有产业潜力的优质特色农产品出村进城模式的建设

吉林省具备一定产业规模的优质特色农产品主要有人参、大米、杂粮杂豆、食用菌等。为了实现好产品卖出好价钱的目标，在采用“政府主导、企业运营”的方式支持开犁网、壹品网等本土电商企业的同时，积极探索与阿里巴巴、京东等大型电商企业合作。省内各地也纷纷通过本地的电商平台销售优质特色农产品。在淘宝网建设吉林大米馆，专营优质特色、绿色、有机大米。同时，利用电商配套服务平台，产前提供专家咨询与指导、测土配方施肥、溯源信息查询等服务，引导农民直购生产资料；产中提供生产过程专家跟踪与远程视频诊疗、物联网监测、灾害预警预报、气象信息等服务，引导农民购买农药、化肥等生产投入品；作物收获后，提供贮藏运输指导、农产品价格信息及市场行情预测、供求信息对接、农产品溯源信息跟踪等服务，帮助企业、合作社、农民通过电商平台销售农产品。

蛟河市黄松甸镇是黑木耳等食用菌产业大镇，主要生产黑木耳、灵芝。2018 年，全镇共有标准化示范园区和规模园区 31 个；黑木耳发展到 3.14 亿袋，干品产量达到 1.2 万吨，产值 8 亿元，人均纯收入 15 000 元；100%的村屯从事食用菌生产，从事该产业的农户占农业总户数的 95%以上，农民 90%以上的经济收入来源于这项产业。产品主要通过黄松甸食用菌大市场对外批发销售。2016 年，蛟河市正式运营电商示范县项目，吉林三个小伙伴电子商务股份有限公司宣布成立，初步探索出“互联网+金融+县域经济发展”的电商模式；众创空间正式对外开放，打造孵化器和“双创”平台；“一镇四村”（黄松甸镇、黄松甸镇长青村、白石山镇白石山村和二道河村、拉法街向阳村）获批吉林省首批电商镇电商村项目，黄松甸村被吉林市列为首批“淘宝村”发展对象。吉林膳蔻食品有限公司等 5 家企业 10 款产品荣获首届“吉林

省百佳好网货”称号，其中1款产品荣获亚军；三个小伙伴公司、森百味公司、插树岭公司3家企业系列产品荣获第22届中国吉林国际雾凇冰雪节“吉林市名优特旅游产品奖”。

柳河县通过“龙头企业+合作社+基地+农户”的方式，提升了柳河大米经营化水平，全县26户通过QS（企业食品生产许可）认证的稻米加工企业。加强大米品牌宣传，申请“柳河大米”地理标志商标，强化品牌建设，近年柳河县以在中央电视台录制节目、推荐企业参加展销会、举办“柳河大米插秧节”活动等方式，政府搭台、企业唱戏，深入挖掘、宣传柳河大米品牌文化内涵。同时，柳河县大力实施“互联网+稻米产业”发展战略，开拓网上销售渠道，柳河大米实现线上线下全网销售。截至2018年年底，国信、柳俐粮油、芳谷等企业在天猫、阿里巴巴、苏宁易购、中粮我买网、1号店等电商平台开设各类网店20余家。

2. 小规模生产、就近消费的生鲜农产品的出村进城模式的建设

小规模的生鲜农产品外运由于存在着运输费用高、产品损耗大、生产规模小、品质不稳定等问题，大部分由生产者——农民销售给批发商或就近当地销售，一部分采用了网络销售方式。网络销售以入驻淘宝、京东等网络平台，以及微信朋友圈销售为主。进入网络销售的大多数个人店铺，产品由于宣传投入少、运营方式单一、产品知名度低、覆盖范围较小等种种原因，销量有待提高。

截至2018年年底，在吉林省开展业务的全国性电商平台企业21户，共建设各类县域电子商务运营服务中心294个，农村电商服务、网上营销、跨境电商遍及全省，在农村已有1.3万多个村级电子商务服务站，服务范围已覆盖70%的县和60%的乡村。全省电商企业达6 000多家，网上活跃卖家12万户以上，电商直接从业者达20多万人，直接劳动就业人数达86万多人。同时，加大了物流冷链体系建设，开辟绿色通道，助推吉林省生鲜产品走出去。

3. 小规模生产、可卖向全国市场的易运耐储农产品、加工农产品、农村产品的出村进城模式

小规模生产、可卖向全国市场的易运耐储农产品销售模式以传统市场为主。如柳河大榛子大部分鲜果批发给经销商，经销商直接在周边地区商超零售，少部分产品初加工后通过电商、自媒体（火山、抖音）销售。

4. 农产品直销中心的建设

依托农村网店（农村信息服务站），在敦化、公主岭、柳河等地实现建立了电商运营中心、农产品展销中心，大力推广当地农产品、培树产品品牌；同时，结合乡村旅游休闲等新兴经济主体，以线下体验展示、线上消费的方式，发展后备厢经济。实践证明大力发展县域电商、微商等有区域特色的网络销售模式，可以促进农产品就近消费、体验式消费，提升产品销量和知名度。如能推进农超对接、农社对接，大规模应用农场管理软件，合理有序安排生产计划，将对农产品电商产生指导性意义。

（二）农产品电子商务的实施主体

1. 机制建立

国家层面制定出台相关政策，地方负责组织实施；各部门按职责分工，各负其责，落实工作任务；农业经营主体具体操作，按要求完成“互联网+”农产品出村进城工程。

2. “互联网+”农产品出村进城模式的实施主体组成与运作

“互联网+”农产品出村进城模式实施主体由政府和企业、个体经销者组成。实践中采用“政府主导、企业运作、市场化运营”的方式，按照国家有关要求，吉林省制定出台适合于本省实际的相关政策与措施，统筹规划工程的总体发展目标，规范生产者、经营者行为；各地相关各部门按职责分工，各负其责，落实工作任务；部分县市电商企业在长春等人才集中的地方设立专门的运营团队，负责网上的推广营销，接单后由本地企业负责打包发货；农户个人主要是以家庭经营为主，本人负责网店的装修、活动的营销和接单发货，出货量大的电商户会雇用当地村民打包发货。

企业和个人单打独斗很难实现农产品产业化，建设农产品销售统一平台，选用电商运营龙头企业作为运营商，整合优质优势农产品资源，进行平台运营、产品组织、品牌打造、渠道建设、产品营销等，进而统一农产品入市标准，避免同行恶性竞争。

3. 监督考核机制和利益分享机制的建立

实施“互联网+”农产品出村进城要依靠市场供需调节，有关部门应建立市场、企业和电商户产品的定期或不定期抽检机制，防止劣质的产品在市场和网上流通，损害主产地的声誉；免费为本地产业进行品牌建设和宣传推广，提高产品品牌价值，使农民收益最大化；建立绩效考核评价机制，奖优罚劣，确保项目实施取得成效。

（三）农产品电子商务的建设内容

1. 吉林省的基本情况

（1）农产品电子商务经营主体基本情况。吉林省以开放、融合与服务为核心，利用信息化手段，依托各类农村经营服务主体，融合现代流通元素，打造产、供、销一体化的现代农产品流通体系。与京东商城、淘宝网等知名电商平台开展战略合作，支持本土电商平台做大做强。截至 2018 年，吉林省网络经销商总数 47 万家，其中应用型网商 451 695 家，服务型网商 22 735 家，平台型网商 13 家。淘宝特色中国・吉林馆入馆商家 756 家，上线 6 大类 3. 5 万余款商品；长春欧亚 E 购电子商务有限公司、吉林省农业综合信息服务有限公司、吉林云飞鹤舞农牧业科技有限公司 3 家企业成为国家级电子商务示范企业。吉林大米网、中国玉米市场网、辽源袜易网等一批本土电子商务平台不断做大，成为吉林省电商发展主力军，电子商务产业聚集效应进一步显现。

（2）网络服务体系基本情况。近年来，吉林省深入实施“互联网+流通”行动，扎实开展信息进村入户工程和电子商务进农村综合示范项目建设，通过政府购买服务、股权投资、市场竞争等方式，着力构建和完善农村电商孵化体系、营销体系、服务体系和政策支撑体系，创建并推广了“互联网+流通+服务”“互联网+社区服务+流通”电子商务城乡“双进”模式，初步形成了政策完善、资源集聚、生态优化的发展环境，展现了广阔的发展前景，培育出了开犁网、颂禾农业、宜家亿惠等典型企业，以及眼镜小猫瓜子、敖东西洋参片、黄松甸黑木耳等热销品牌，2018 年，实现全省农产品网络零售额 170. 9 亿元，其中实物型网络销售额 107 亿元，占比 62. 61%。

（3）益农信息社建设基本情况。截至 2018 年年底，结合农业农村部信息进村入户工程、吉林省委组织部远程教育助力电子商务进万村工程、商务部农村电子商务进农村综合示范工程，共建有村级信息服务站（益农信息社）7 498 个，已经开展农产品网上销售的 5 100 个，遍布吉林省 9 地区 60 个县市区。信息服务站利用省级服务平台、手机、热线电话、电视等手段为当地农民提供公益、便民、电商、培训体验 4 类服务，帮助农民解决了获取有效信息难、购买质真价实的农资难、销售优质特色农产品难等问题。

2. 供应链体系基础设施的需求

需进一步完善如蛟河食用菌大市场等地的监控、路灯、广告牌等基础设施，修复损坏的路面、建筑墙面等，保持一个良好对外宣传形象；建立大型物流仓储基地，满足吉林省农产品对外销售需要；同时，在各地应积极引入建设农产品加工、物流和等大型企业。

3. 农民上网销售农产品的服务需求方面

在网上销售农产品，需要加大企业、合作社、农民等电子商务知识的教育培训力度，提供网络销售的技术和设备支持；建立服务团队，帮助他们解决在生产、经营中遇到的各类问题。将益农信息社作为对农民服务的窗口，增加 12316 热线服务功能，培训社长成为电商服务专家，专门为当地农民服务。

4. 农产品直销中心需求与定位方面

各地应结合自身的发展特色、乡村游发展、地域特点等，与企业合作，联合打造直销中心，企业提供场地，政府组织优质农产品进入中心销售。

（四）农产品电子商务的支持政策

为了促进农业电子商务的发展，近年来，吉林省出台了一系列有利于农村电商发展的利好政策措施。主要包括《吉林省人民政府办公厅关于推动农村电子商务加快发展的实施意见》《吉林省人民政府办公厅关于推进线上线下互动加快商贸流通创新发展转型升级的实施意见》《吉林省人民政府关于大力发展电子商务加快培育经济新动力的实施意见》《吉林省人民政府关于促进互联网经济发展的指导意见》《吉林省人民政府办公厅关于支持“快递下乡”的意见》《中共吉林省委组织部、省农委等六部门共同开展远程教育助力电子商务进万村活动实施方案》《吉林省商务厅、吉林省农委关于开展农商协作大力发展农产品电子商务的实施意见》《吉林省商务厅关于促进电子商务健康快速发展有关工作的通知》等，2016 年吉林省委一号文件明确重点支持打造本省开犁电子商务平台。

（五）农产品电子商务的发展情况

1. 农业生产基本情况

吉林省辖区面积18.74万平方千米，总人口2 753.32万人，其中农村人口1 243万人。全省现辖1个副省级市、7个地级市和延边朝鲜族自治州、长白山管委会，有60个县（市、区）、621个乡镇和9 314个行政村。吉林省农业在全国有着重要的地位和作用，可以概括为“五个基地”。一是全国重要的商品粮生产基地，全省粮食综合生产能力稳定在650亿斤阶段性水平；二是全国重要的畜牧业生产基地，是国家确定的全国生猪、肉牛、肉羊优势产区；三是全国重要的林业生态和产业基地，是国家生态建设试点省份，全国六大林区之一；四是全国重要的特产业生产基地，是享誉国内外的“特产之乡”，东部中药材、经济动物、食用菌和山珍食品独具特色，西部油料、杂粮杂豆和经济作物优势鲜明，中部棚膜蔬菜和露地瓜菜潜力突出；五是全国重要的农产品加工基地，农产品加工业成为继汽车、石化之后的三大支柱产业之一，现有省级以上农业产业化龙头企业521户，其中国家级47户，年产值超50亿元的5户，超亿元的229户，玉米加工能力1 500万吨。

2. 推进农产品电商发展的主要举措

吉林省农产品电子商务起步较晚，存在品牌少、人才少、网商少、渠道少等“短板”，需要克服的困难和问题较多。近年来，通过实施电子商务进农村综合示范、信息进村入户、省级县域农村电子商务试点县、电商村和电商镇培育等项目，引导和支持阿里巴巴、邮政、供销等大型电商企业向农村下沉渠道、拓展市场，总结推广了“互联网+流通+服务”的农村电子商务发展模式，农村电子商务面貌焕然一新。主要做法如下。

（1）抓品牌，把资源禀赋转化为特色优势，着力培育具有核心竞争力的产品体系。吉林省农产品资源丰富，按照“规模化、标准化、品牌化、电商化”思路抓好电商化品牌培育。2016—2017年，通过吉林省云联乡村网络科技有限公司的周密筹划，采取“以评代培”的办法连续举办了两届“吉林好网货”大赛。打造了长有煎饼、单氏苏打小米、膳蔻甄选黑山黑木耳等近200款“吉林好网货”。

（2）抓队伍，把普遍培训转化为创业孵化，着力打造人才发展体系。网商少、网店少，是制约农村电商发展的重要因素，只有采取有效措施促使农村人人开店、户户开店，涉农企业家家开店，才能最终通过“人海战术”来壮大市场主体，扩大农产品上行规模。一是评选培育一批电商镇、电商村。每年筹集 1 300 万元省服务业发展资金评选 10 个电商镇、100 个电商村；一个电商镇奖励 30 万元、电商村奖励 10 万元。计划筹集 6 500 万元、连评 5 年，在全省共评选出 50 个电商镇、500 个电商村。主要做法是鼓励本地中小微电商企业与村镇合作，利用自身“接地气”、懂电商的优势，通过开展为村镇抓人员培训、品牌培育等工作，全面设计参与村、镇电商发展。培育成功、被评选为电商镇、电商村后，中小微电商企业不但开辟了农村“根据地”、有效盘活了农村电商资源，还为村镇注入了市场驱动的长远发展动力，扫除了发展盲点。二是为农村服务站点对接市场资源。由于村级站服务内容单一、利润低，村级站站长流动性大，通过村级站开展金融下乡、外派劳务下乡、汽车及零部件和维修下乡，千方百计丰富村级服务站的服务内容，为站长增收致富找门路，加强村级站站长培养。三是推动传统企业转型升级，把有资金、人才、技术、产品优势传统企业作为培训孵化的重点。

（3）抓渠道，把单向交易转化为市场融合，着力打造开放竞争的营销体系。为建立起示范县相互协作、抱团出海的快捷通道与合作机制，汇聚“做多”农村电子商务的强大力量。吉林省商务厅、省农业农村厅联合开犁网连续举办了两届“全国电子商务进农村综合示范县农产品对接采购大会”，第一届共有 17 个省份、141 个示范县的商务部门领导和农村电子商务企业 500 多人、近 600 款产品参会、参展，签订合作意向协议 183 份。面向省内，按照由“地产地销向地产城销、地产网销”转变的思路，启动了电商进农村、进社区的城乡“双进”计划，支持有关县（市）在县级以上城镇或风景名胜区建设线下体验店，支持吉林省佳邻社区电商平台在原有 300 个社区的基础整体覆盖一批市（州）、县（市），构建城市社区与县域农村互联互通的便捷通道，加快推进“农村淘城市、社区淘农村”的城乡融合步伐。2018 年 8 月 16 日，吉林省与阿里巴巴集团在长春联合举办“电商脱贫・乡村振兴”——阿里巴巴“兴农扶贫”启动仪式，也成为阿里巴巴“兴农扶贫”频道东北地区首个合作省份。截至 2018 年年底，已有 20 个市（州）的 50 多为首批入驻阿里巴巴“兴农扶贫”频道，在“美味中国・舌尖上的东北—吉林站”促销活动中，3 天即实现销售额近 300 万元，成效比较可观。

3. 农产品电子商务发展规模和成效

（1）农产品销售电商化规模日益扩大。吉林大米、蛟河黑木耳、白城杂粮杂豆、长白山珍等特色农林产品已成为网络热销产品。2017 年，“淘宝特色中国吉林馆”上线产品 3.5 万余款，累计成交额突破 20 多亿元，吉林大米线上交易量位居全国第二；蛟河市黄松甸大自然木耳特产店年交易量近 11 万单、销售额达 730 万元；大学生返乡创业典型——洮南市洮之宝电子商务有限公司杂粮杂豆线上线下年交易额近 3 000 万元。

（2）电商龙头企业作用不断增强。阿里巴巴、京东、邮政等市场力量聚焦农村电子商务，进一步拓展农产品上行渠道。其中，邮政邮乐购村级服务站基本实现了行政村全覆盖；阿里农村淘宝项目已在 17 个县（市、区）投入运营，建成村级服务站 380 个、淘帮手站点 320 个，直接帮助 700 名农民就业，吸引了大量优秀知识青年返乡创业。阿里村淘舒兰“产地仓”、延边“中心仓”正式开仓运营，京东“亚洲一号仓”在长春新区启动建设。通过引入政府品控，整合线上推广和销售资源，实现产地农产品“优品优价”，助力农产品流通转型升级。

（3）城乡融合不断深化。依托电子商务进农村和电子商务进社区，推动“工业品下乡与农产品进城”，城乡市场体系融合发展取得了显著成效。支持示范县以 O2O 模式在县以上城镇社区建设线下体验店，着力完善线下体验推广、线上下单支付、网订店取等功能；鼓励各类电子商务主体推动县域电商与社区电商无缝对接，优化相互支撑、相互促进的电子商务服务体系，进一步拓展农村产品销售渠道和半径、强化社区商业服务农村电子商务发展的功能，实现农产品流通由“地产地销”向“地产城销”“地产网销”转变。

（4）物流快递基本实现农村全覆盖。通过深入实施电子商务与物流协同发展、城市共同配送、“快递下乡”“四好农村路”和电子商务进农村等政策和项目建设，支持各地引导物流企业进行市场化整合，对农村交通运力进行升级改造，采取优化配送路线、补贴购置物流车辆、补贴物流快递包裹等办法提高配送效率和覆盖面，较好地克服了物流快递进村入户难的“短板”。

4. 经验总结

（1）政府推动与市场主体相结合。按照政府推动、市场主体的原则，积极培育农业电子商务市场主体。吉林省农委成立了农业电子商务试点工作领导小组，联合吉林省省委组织部、省商务厅，结合远程教育助力电商万村活动、农村电子商务综合示范项目，发挥各自优势，共同协调争取省里出台相关政策措施；吉林省农业综合信息服务股份有限公司牵头负责电商平台的开发建设与运营管理，联合有关市场运营主体、农业生产资料企业，实行实体运营。采用产品互换、产品互促、资源共享的方式，借力发展，推动吉林省农业电商的发展。

（2）省建平台与县级运营相结合。吉林省统一建设电子商务平台——开犁网，县级建设运营中心，负责网点遴选建设与管理、培训组织与管理、本地化产品运营推广、当地电商资源整合与优化及本地物流资源组织与协调。

（3）专业物流与草根物流相结合。结合吉林省出台的《吉林省人民政府办公厅关于支持“快递下乡”的意见》，以及省政府与国家邮政总局签署的加快推进吉林省快递下乡合作协议，探索一家企业建线，多家企业搭载的模式。小包裹以邮政物流为主，大宗农资以企业物流和专业物流为主并结合当地客运、草根物流等本地资源相结合的物流体系。

（4）公益服务与增值服务相结合。围绕电子商务发展需要，整合了12316平台、12582平台，同时，开犁网、物联网应用服务平台、远程视频诊疗服务平台、测土配方施肥指导服务平台、易农宝手机App等为电子商务提供支撑和配套服务，形成以公益服务促进增值服务发展，以增值服务推动信息服务应用的可持续发展模式。

5. 典型案例

（1）省级电子商务综合服务平台——开犁网。开犁网集种子、化肥、农药、农机具等农业生产资料与吉林省优质特色农产品的展示展销、物流配送、溯源查询、跟踪服务等功能于一体，下设农资与日用品下乡、农产品进城、乡村游推广等子平台，满足了农民足不出村乃至不出户鼠标一点，就能直购放心、优质生产资料，直销农产品的需求；形成以开犁农资频道、开犁日用品频道、开犁医药频道为主的农村电商下行渠道，以开犁网农产品频道、淘宝特色中国·吉林馆、京东吉林特产馆等为主的农产品上行电商渠道，实现农村电商上行渠道与下行渠道的并行发展。以产品互换、产品互促的形式与外省合作，开设8个省级馆，整合省内县域农产品，开设15个县级馆，实现开犁电商业务的省外省内拓展。同时，深度融合涉农信息服务，开展农技指导、灾害预警、价格咨询等涉农信息服务，开通手机充值、水电缴费、医疗挂号、网上办事等便民服务功能，形成了农村电商与涉农信息服务融合发展、“互联网（电商）+服务+流通”专属吉林农村电商的发展模式。截至 2018 年 11 月底，累计实现浏览量达到 589.4 万次、访客数 150.2 万人次、入驻商家近 3 700 家、产品数量近 1.8 万款，农产品交易额 23 亿元，农资交易额 2.53 亿元。

（2）电子商务品牌打造——延边州。延边州与神州买卖提（北京）电子商务有限公司合作，搭建和龙市地域特色可追溯系统平台和物联网平台，开展“金达莱丝路”区域品牌注册工作。对“和龙大米”“有机蔬菜”“驴肉系列”3 家企业多种产品进行溯源防伪建设，着力解决农产品标准不一、经营分散、品牌单一、质量安全和产品追溯空白的瓶颈问题。同时注册“金达莱丝路”区域公共品牌，提升品牌对外影响力。2017 年全市电子商务交易额 3.29 亿元，农产品网络零售额突破 1 764 万元。

6. *存在问题和政策需求*

（1）存在问题。一是农产品电子商务发展的政策环境不够完善，支持电商发展的土地、税收、物流等配套政策支撑体系不健全；二是涉农生产、加工企业电商应用水平不高，缺乏龙头企业，致使电子商务交易规模不大；三是农村社会发展电商氛围不浓，互联网发展水平与应用普及程度不高，农民参与电商热情不足，电商人才缺乏；四是完备的物流配送系统仍未形成，单个物流企业的物流配送系统不够健全，覆盖面小，配送成本过高。

（2）政策需求。建议国家在项目和资金上加大对农产品电子商务支持力度。

二、江苏省农产品电子商务发展报告

近年来，江苏省坚决贯彻落实中央有关发展电子商务的决策部署，突出农业供给侧结构性改革、推动农业高质量发展的目标导向，加大扶持力度，汇聚资源要素，不断增强电子商务在培育新业态、发展新经济中的重要支撑作用，使之成为推动广大农民群众创业就业，促进农业农村经济转型发展、创新发展的新动力。2018 年，全省农产品网络销售额达 470 亿元，同比增幅超过 29%，连续多年保持快速发展的良好态势。

（一）农业生产基本情况

1. 农业生产基本情况

党的十八大以来，江苏省坚持把“三农”工作摆在重中之重的位置，完善强农、惠农、富农政策体系，加快发展现代农业，增强农业综合生产能力，全省农业稳定增长、农民持续增收、农村面貌改善，为江苏高水平全面建成小康社会奠定了坚实基础。在粮食增产路径上，稳定面积，主攻单产，优先确保水稻、小麦生产稳定，农业生产持续丰收，取得历史性突破，粮食生产持续运行在历史高位，播种面积保持稳中有增，农业机械化水平全面提升，农业产业化发展取得明显成效。2017 年，全省农作物总播种面积 11 401. 9 万亩①，其中粮食作物播种面积 8 109. 6 万亩，总产量 3 539. 8 万吨；蔬菜播种总面积 2 111 万亩，蔬菜总产量 5 540. 5 万吨，生产规模位于全国前列；果树种植面积 413 万亩，水果总产量 362. 4 万吨；茶园面积 51. 5 万亩，干毛茶总产量 1. 4 万吨，生产总量稳定；花木种植面积 234. 6 万亩，居全国第一；食用菌栽培面积 10 918 万平方米，中药材种植面积 37. 7 万亩，总产量 25. 3 万吨。畜牧业和渔业生产健康发展，畜禽新品种培育数量、禽蛋总产量、畜禽规模养殖水平等居全国前列，渔业综合生产能力不断加强。2017 年，全省肉类总产量 343. 25 万

① 1 亩≈667 平方米，全书同。

吨，水产品产量520.11万吨。

2. 优质特色农产品情况

江苏省拥有大量具有丰富的地理标志农产品，例如雨花茶、碧螺春、宝应荷藕、兴化香葱、阳澄湖大闸蟹、阳山水蜜桃、宜兴茶叶、盱眙龙虾等全国知名的特色农产品，客户接受程度高，具有鲜明的营销优势。2018年的江苏省委一号文件指出，以发展地理标志农产品为重点，培育地方特色农产品品牌，打响一批市场知名度高的“苏”字号农产品。江苏是农业大省，也是品牌强省，在全国百强区域公用品牌中，江苏省射阳大米、高邮鸭蛋、阳澄湖大闸蟹、盱眙龙虾、南京盐水鸭5项入选，此外，还有洞庭山碧螺春、阳山水蜜桃等“全国优秀区域公用品牌”。沭阳苗木、丰县苹果、阳澄湖大闸蟹、阳山水蜜桃、高邮咸鸭蛋、南京盐水鸭等一批地域特色农产品，网上销售规模不断扩大、品牌影响力进一步提升。“连天下”“淮味千年”“无想田园”“射阳大米”等一批区域公用品牌，加大电商营销和品牌推介力度，打造了优质的区域品牌形象。

（二）农产品电子商务发展成效及做法

1. 发展规模和成效

江苏省坚持目标导向，加大扶持力度，农产品电子商务提速增效，各类市场主体通过入驻第三方平台、自建网站以及推广应用微店、微信、手机App等方式，积极开展网上推介和交易，典型经验和创新模式如雨后春笋般不断涌现。

（1）农产品营销渠道加快拓展。淘宝、京东、苏宁易购等知名电商触角向农村延伸，建成村级服务站、直营店和合作点超过2 000个，农村淘宝还成立30个县级服务中心。积极引导市县加强与全国知名电商合作，累计开设地方特产馆85个。云厨1站、食行生鲜、壹家美食荟、淘豆网、蟹库网、乡旮旯网等农产品电商自建平台发展较快，农产品同城配送模式受到城市消费群体广泛欢迎。省供销社、省农垦集团打造的“地平线”“苏垦尚膳”等电商平台，通过整合线上线下资源，为全省优质农产品展示交易增添了新途径。

（2）农业优势特色产业加快提升。通过以县统筹、以镇带村，依托特色产业发展电子商务，已培育江苏休闲观光农业精品村121个，分别创建全国

“一村一品”示范村镇、中国美丽休闲乡村125个和23个，创建全国农业农村信息化示范基地12家、省级农产品电子商务示范基地261家。“一村一品一店”建设进入新阶段，自2015年省政府在宿迁市召开专题会议部署后，2017年又丰富发展内涵、提高标准要求，加大推进力度，累计建成省级示范村456个，计划到2020年达到1 000个。

（3）农民增收致富能力加快增强。农产品电子商务的快速发展，有效解决了信息不对称的问题，扩大了农产品销路，提高了农民收入。尤其苏北经济薄弱地区取得明显成效，形成了一批具有较高知名度的发展模式，例如，以创业创新人才带动网店集群发展的沙集模式，以健全县镇村电商服务体系促进大众创业的宿迁“一村一品一店”模式，以延伸花木产业链条推动淘宝村集聚发展的沭阳模式等，典型经验不断推广，农产品网络营销蔚然成风，直接带动全省逾200万农民就业，农产品淘宝卖家数量位居全国第三。

2. 主要举措

（1）抓组织推动。江苏省委省政府高度重视农产品电子商务发展，省政府先后出台《关于加快推进“互联网+”现代农业发展的意见》《关于加快推进农业农村电商发展的意见》《全省大力发展农业农村电子商务全面推进“一村一品一店”建设行动计划（2017—2020年）》，省农委等部门制定了《江苏省“十三五”“互联网+”农业发展规划》《关于推进农业电子商务发展实施意见》，明确发展思路，加强政策引导。全省各地纷纷出台农产品电子商务扶持政策和推进措施，为推动电子商务引领优势特色农业发展和农产品销售营造了良好的环境。

（2）抓产业发展。坚持以花卉、林果、蔬菜、优质稻米、食用菌、水产、禽畜等产业发展为基础，培育农产品电子商务示范县、示范镇、“一村一品一店”示范村和示范单位，通过以县统筹、以镇带村，促进产业特色化、营销网络化。加快休闲观光农业和乡村旅游发展，支持各类主体开展休闲度假、旅游观光、农耕体验、农展节庆、农家餐饮、民宿预定等线上营销、线下体验。

（3）抓主体培育。以“会开店、懂管理、善经营”为目标，自2015年起每年在全省组织开展农产品电子商务“万人培训”活动，注重技能应用、需培尽培，已累计培训各类新农民新主体4万多人，并带动电商企业、农产品批发市场等一批社会力量开展培训，满足了不同群体的多元化需求。同时，多形式举办创业沙龙、创业大赛等活动，促进电商主体学习先进经验，提升经营理念。

（4）抓基础服务。自2014年以来，江苏省先后成为全国信息进村入户首批试点省、信息进村入户整省推进示范省后，在全省涉农行政村加快建设益农信息社，积极整合各类社会资源，以满足农民生产生活需求为导向，不断拓展包括电商服务在内的“四项服务”。从省里到地方还积极举办各类线上线下结合的农产品交易会、展销会，推动建设电商服务体系、创业服务中心、农产品电商产业园，通过广泛宣传推介和汇聚资源要素，全方位提升电子商务软硬件服务水平。

3. 典型案例

随着农产品电子商务蓬勃发展，江苏省涌现了一批具有较高知名度的典型案例。

（1）以产业培育促进大众创业的宿迁“一村一品一店”模式。宿迁市以村为单位，构建以“一村”培育“一品”（特色产品），以“一品”做响“一店”（网店），以“一店”致富“一片”，促进农村劳动力就地就近创业就业。全市114个乡镇建成电子商务服务中心，1 392个行政村实现网店建设全覆盖，“触网”农产品有4 000余种。

（2）以能人带动网店集群发展的沙集模式。睢宁县沙集镇东风村农户孙寒在淘宝网上开店创业，试销简易拼装家具获得成功，吸引农户纷纷仿效，带动家具制造及其他配套产业发展。目前该镇拥有网店1.6万个，创出了一条农村电商脱贫致富的发展路径。

（3）以农业产业推动淘宝村集聚发展的沭阳模式。当地农民依托花木特色产业发展电子商务，通过创业创新探索出从传统苗木到家庭绿植及配套产业的全产业链发展模式，形成了完整的农产品电子商务生态圈。该县各类花木网店超过2万家，是全国最大的农产品淘宝村集群。

（4）以政府搭台推动县域电商发展的丰县模式。丰县通过建设电子商务园区，打造线上线下平台，促进县镇村三级电商服务体系全覆盖，全县1/3的果品已通过网络销售。徐州丰县大沙河电子商务物流园汇聚30余家电商服务企业及近百家农特产企业，完善营销策划、分级包装、冷链物流等配套链条，全年促成农产品线上线下销售额达8.2亿元。

（5）以平台共建发挥品牌优势的苏宁江苏馆模式。苏宁易购“中华特色馆·江苏馆”是由江苏省农业农村厅牵头组织、全国首个由知名电商企业直接运营的省级地方馆，农业部门择优推荐全省优质特色农产品入驻地方馆，苏宁云商组建专门团队负责江苏馆的具体建设和运营工作，通过聚力聚智、协同推进，开启了政企共建、互利共赢的发展局面。目前，苏宁易购江苏馆已汇集3 000多个具有地域特色、覆盖全省的名特优农产品、食品。

（6）以市场驱动打造网销品牌的都市农产品电商模式。苏南等地依托当地及周边中高端消费市场，利用都市农业、休闲观光农业发展农产品电商。以苏州食行生鲜、常州一号农场、南京云厨1站等为代表的生鲜电商，采取基地直接采供和全程冷链配送，大大提升了流通效率。以苏州优尔、零食工坊为代表的休闲食品电商，打造精品零食开发、加工、销售三位一体的完整产业链，有效提高了网销农产品附加值。

（三）农产品电子商务发展存在的问题

1. 存在的问题

（1）发展水平参差不齐。从地区发展程度看，总体上苏北高于苏南、苏中地区，呈现较明显的不平衡性。从农产品营销看，不少产品的市场认知度还有待提高，卖得好的拳头特色产品少，附加值高的产品比例低。从市场主体看，部分农业经营主体电子商务观念滞后，应用能力不强，在产品包装设计、市场宣传等方面投入不足，使得好产品卖不出好价钱。

（2）资金投入力度不够。虽然很多市县都出台了政策意见，但一些扶持举措针对性不强、财政引导资金明显不足、招商服务不到位等问题较为突出，削弱了对社会资本的吸引力。同时，各地尽管重视发展综合性农产品电商平台载体，但有的园区市场运营、配套服务的成熟度还有待提高，对当地农业产业的带动力需要增强。

（3）配套设施仍然滞后。生鲜农产品受环境、温度影响较大，运输中容易损耗，且配送时间要求高，必须进行严格的全程冷链控制。目前农村地区生鲜农产品仓储保鲜、冷链物流等配套设施还不够完善，一些上规模的农业产业园区缺乏中心冷库和配送中心，加之冷链物流成本高，制约了生鲜农产品电商的发展步伐。

（4）人员素质亟待提高。江苏省从事农业生产的农民绝大多数年龄偏大，受教育程度相对较低，缺乏电子商务业务知识和操作技能。同时，有一定文化基础的年轻人多数在外打拼，农村出去的大学生返乡创业意愿大多不强，致使农村人才缺乏，制约了农产品电子商务的高水平发展。许多农产品电商企业遇到的发展瓶颈，主要是缺乏专业性、复合型人才，尤其是小微企业招人难、培养难、留人难的问题更为突出。

（5）标准规范急需加强。目前农产品电商标准化程度不高，电商经营者难以对产品质量进行准确描述，加大了消费者分辨优劣的难度，还加剧了网店同质化经营现象，导致劣币驱逐良币。同时，农产品的品种类别较多，相应的标准不统一，一些商家借机进行虚假宣传、以次充好，虽获一时之利，却失去市场信誉。

2. 政策需求

（1）强化金融信贷支持。农产品电商企业普遍是“轻资产”企业，融资和担保受到较多限制。需鼓励金融机构进一步研究产业发展变化，在融资授信、快速贷款等方面开发更多适应电商企业发展需求的惠农金融服务产品，切实为农产品电商加快发展提供支持和保障。鼓励农业信贷担保机构积极试点，对具备一定条件的农产品电商企业提供担保业务，帮助企业缓解融资困难，提振企业做大做强信心。

（2）加强财政扶持力度。各级财政资金要加大培育农产品电商市场主体、促进农产品网上营销及开展示范创建等方面的扶持力度，综合运用以奖代补、贷款贴息、减免租金、加强配套设施建设等手段，着力打造农产品电商平台、载体和服务体系，以电商为纽带促进农业生产、经营、流通、服务等各类主体融合发展。

（3）完善人才培育政策。积极开展形式新颖、内容丰富的电商技能培训活动，加大高层次电商人才培养力度，精心培育一批扎根基层、创业农村的电商人才。引导涉农大专院校特别是农林职业技术学院及地方职业学校，开设农产品电子商务课程，鼓励在校学生开展农产品电子商务实践，为农村培养输送电商人才，壮大农业电子商务队伍。

（四）农产品电子商务发展的建议

2019 年，农业农村部发布《2019 年农业农村市场与信息化工作要点》，就夯实农业农村市场化信息化品牌化工作基础，提升体系协同能力，提出 20

条工作要点，其中重点提及推进“互联网+”农产品出村进城工程。农产品滞销卖难近年来一直困扰农业发展和农民增收，“互联网+农业”当务之急是推动农产品出村进城。将农产品电子商务与“互联网+”农产品出村进城工程相结合，对于解决农产品出村难问题，效果非常明显。充分利用农产品电子商务平台，选择一批优质特色农产品上网销售，培育壮大特色农业品牌，同时加强农村网络宽带、冷链物流等基础设施建设，大力提升农产品流通效率，有利于实现农产品优质优价。

1. 推进模式

（1）平台化电商销售模式。最具代表性的平台化电商模式就是淘宝、京东、苏宁易购等大型的电商平台，目前依托此类大型平台进行农产品销售，利用他们的市场影响力和平台优势，可以实现特色优势农产品销售和品牌知名度提升“双促进”。一些易运耐储的农产品、加工农产品比较适合采用平台化销售模式。一些有实力的企业也可以通过自建平台的方式，将农产品的采购、仓储、输送、营销售后服务综合为一体，同时提供质量认证和信誉保障，提高消费者的信任度和满意度。

（2）县域电商销售模式。江苏各地积极探索出的“政府推动+市场运作”的合作建设机制，由政府主导以“一村一品”“一县一品”的方式，选取当地最富特色的农产品进行推广，鼓励运用电子商务的手段进行销售，同时带动周边配套产业的全产业链发展，形成完善的电子商务服务产业链，实现政府、协会、服务商和网商的共同参与，推动整个县域经济的快速发展。目前很多地方的农产品品质优越，但遗憾的是没有较好的销路，没有形成品牌效应，造成农产品销售价格较低，甚至带来滞销的风险。通过政府推广、市场协作、一二三产业融合等方式，利用电商手段驱动产业，可以带动整个县域的农产品销售。

（3）社区+O2O模式。O2O模式，即将线上销售与线下提货相结合的销售模式。目前大多是生鲜农产品电商采用这种销售模式，一些地理位置优越、交通便捷发达、农业适度规模经营比重高，城市的用户群体数量较为广泛的地区，可以优先采用这种模式。企业可以在城市周边设立生鲜冷藏仓库及冷链配送车，并在当地人口居住较为密集的大型社区设立线下体验店、专用提货柜等，通过大规模的基地直采和集约化的冷链配送，将生鲜农产品快速送到消费者手中。由于本地物流速度快、覆盖范围广，既保证了农产品的新鲜度，也提高了消费者的满意度，有利于培养消费者的忠诚度。

（4）体验式营销模式。目前以乡村旅游为代表的休闲旅游项目前景十分广阔，在闲暇的时候，许多城市消费者会选择“农家乐”等乡村旅游来放松心情。在一些生产地方特产的地区，可以通过搭建农村旅游体验平台，在为消费者提供乡村游以及特色农产品体验的同时，推广线上农产品网店，消费者可以当场通过网上下单直接邮寄到家的方式购买线下体验满意的农产品，回去后还可以继续通过网店下单购买，有利于带动旅游地特色农产品的推广与销售。

2. 建议措施

为了更好地探索“互联网+”农产品出村进城模式，建议从以下几个方面着手。

（1）打造农业特色产业支撑发展。全面推广“一村一品一店”模式，立足资源禀赋、产业基础和市场需求，因地制宜发展绿色蔬菜、应时鲜果、食用菌、苗木花卉、名优茶叶、特色畜禽和水产等高品质农产品及深加工农产品、休闲食品。鼓励市场主体发展网上销售、网上批发、订单农业、同城配送、互联网农业众筹等业务，将资源优势转变为产业优势和经济优势。

（2）加强农产品质量安全监管。积极探索和建立农产品质量保障体系，加强对农产品特别是名特优新、“三品一标”等农产品建立质量溯源体系。鼓励经营主体在生产环节设置关键控制点，制定相应的控制标准，从生产环境监测、投入品使用、生产过程、产品检测及认证等全程采集数据，实现信息可追溯、责任可追查。引导电商企业强化源头采购管理，推广应用物流配送全程卫星定位、储藏温湿度实时监控，以及商品条码、射频等识别技术，实现农产品全程可追溯，提升消费者信任度。

（3）培育壮大特色农产品品牌。鼓励各地在大力推进农产品质量建设的同时，突出打造区域公用品牌和企业产品品牌，将农产品品牌与特色优势相融合，深入挖掘历史文化，着力丰富品牌内涵，提升农产品附加值。推动品牌创建与电商发展紧密结合，利用电商平台加大品牌塑造和推介，特别要重视增强地方特产馆在带动产业发展、培育品牌价值上的重要作用，努力实现优势特色农产品销售和品牌知名度提升“双促进”。

（4）推动农产品标准体系建设。鼓励企业、协会、科研单位间加强合作，针对不同类型的农产品单品，从其自身特性入手，制定适合的农产品行业标准，涵盖农产品质量、分等分级、产品包装等内容。鼓励制定企业标准、行业标准、区域特色产品标准，发挥政府部门、行业协会的组织作用，加强标准的宣传推广和使用指导，引导农民和市场主体进行标准化生产、加工、包装、储存和运输。

（5）完善乡镇物流配送体系。鼓励邮政、供销、社会物流企业、涉农电商企业等，结合乡镇村电商服务站点建设，推动物流配送服务网络向农村基层全面覆盖。引导快递、物流企业在农村地区设立快件处理中心，与农产品、农资、农村消费品集散中心有效对接，提升物资配送能力。加快农产品冷链物流配送体系建设，重点以现代农业产业园区、农产品加工集中区等为依托，借助物联网、移动互联、大数据等信息化技术手段，优化物流节点布局，完善冷链仓储设施，解决生鲜农产品物流配送难题。

（6）加大宣传营销推介力度。总结优秀的推动农产品上行的成效、做法、经验，特别是将有利于促进产销对接、农业增效、农民增收等方面的做法，通过电视、报刊、网络等渠道，以及会议、培训、展示等方式，加大宣传力度，拓展农业生产经营者的营销思路。积极利用电商平台、微信、微博、手机 App 等互联网工具，运用社交媒体、网络平台进行推广营销，拓宽宣传推广渠道，提高农产品知名度，丰富农产品营销模式。

三、浙江省农产品电子商务发展报告

（一）农产品电子商务的基本情况

近年来浙江省大力推进农产品出村进城工作，整个农产品电商业务快速增长，2018 年，全省电子商务网络零售额 16 718. 8 亿元，同比增长 25. 4%，其中县及县以下区域 8 184. 2 亿元，占比 49. 0%，拥有活跃的涉农网店 2. 1 万家，形成了一批以淘宝特色馆为典型的第三方农产品电商平台，实现农产品网络零售 667. 6 亿元，同比增长 31. 9%。在阿里巴巴发布的《2018 年中国淘宝村名单》中，共有 1 172 个“淘宝村”和 128 个“淘宝镇”入围，同比增长 54%和 51%，分别占全国总数的 37%和 32%。各项指标均位居全国前列。

1. 主导产业“上网”

近年来，浙江省逐步建立以蔬菜、水果、茶叶、林产品、蚕茧、食用菌、道地中药材、花卉苗木、畜产品、水产品十大主导产业为核心的产品体系，并着力推动农产品“上网”。在全省 12 个市、县（市、区）开展“农产品网上销售体系建设”试点，以重点项目为载体，以完善农产品销售体系为目标，有效畅通农产品上行渠道，提高农产品流通效率，取得明显成效。如“互联网+”成为拉动杨梅销售的新模式，依托淘宝、微信、顺丰速递、邮政 EMS 等电商平台，杨梅的销售半径进一步扩大，梅农的销售观念已经从“等上门收购”转换为“主动推销”。2018 年，浙江省枇杷的电商销售呈增长趋势，塘栖枇杷线上销售快递单量突破 12 万单，销售额达 2 552 万元，取得了爆发式增长；丽水枇杷也通过电商销往杭州、上海、北京等全国各城市；奉化水蜜桃上网销售一周售出 10 万斤，线上销售额占到了核心产区销售总额的 15%。

2. 龙头企业“上线”

截至 2018 年年底，全省共有县级以上农业龙头企业 5 300 多家，约有 76%的企业开展电商活动。龙头企业一般都建立有自己的品牌，有自己的企业文化，大多企业都自建营销网络，涵盖各个销售模式，电子商务销售额度占企业总销售额比例呈逐渐上升的趋势。传统农业企业积极“上线”，如嘉兴三珍斋食品有限公司近年来电子商务发展迅速，2014 年的电商销售额为 4 000 万元，只占公司销售总额的 10%左右，2018 年电商销售额已达 1.3 亿元，占公司销售总额的近 1/4，还涌现了一批纯电商的农业龙头企业，如休闲食品电商企业百草味，2018 年电商销售额超过了 50 亿元；健康茶电商企业艺福堂，2018 年零售额突破了 20 亿元。

3. 千方百计“触电”

各类企业、各种产品千方百计融入“互联网+”。如湖州市开设淘宝网“特色中国·湖州馆”，全市农产品、土特产、湖笔、丝绸、老字号、旅游线路等多个地方特色产品和知名品牌入驻。桐乡市建立网上展示线下体验的 O2O 模式，集养殖、餐饮、休闲、电商于一体，实现线上线下协同发展。南浔区与阿里巴巴集团农村电商事业部合作建设的农村淘宝电商公共服务中心，自 2017 年 6 月“村淘”项目落地以来，农村淘宝实现线上销售近 500 万元，村级电商服务站推动农产品上行已初见成效。义乌市利用 B2B 网店销售模式、微商形式、线下传统流通渠道进行红糖系列产品销售，全民皆商。

（二）推动农产品电子商务发展的主要做法

1. 政策引领，强化政府出村进城工程的主导作用

（1）制订政策。为加快农村电子商务发展，方便农村居民日常消费和农产品流通，浙江省陆续出台了《浙江省“互联网+”现代农业“十三五”规划》《浙江省电子商务产业发展“十三五”规划》《浙江省农村电子商务工作实施方案》等文件，专门成立电子商务工作领导小组，制订电商扶持政策，完善配套建设，健全服务体系，以推进全省农业农村电子商务发展。

（2）搭建平台。发挥天猫、淘宝、京东平台优势，与相关平台签订战略合作，鼓励有条件的市、县（市、区）设立特色馆，如杭州市临安区在淘宝开设特色馆，主打山核桃及衍生产品销售；桐乡在淘宝网开设“特色中国·桐乡馆”和乌镇景区大型 O2O 农副特色产品体验店，为全市特色产品、优质农副产品提供线上线下集中展示平台。义乌设立“淘宝特色义乌馆”，打造以义乌本地农副土特产品为中心，集农产品线上展销、乡村文化、本地服务为一体的“义乌之窗”。

（3）夯实网络。借助全国信息进村入户工程整省示范创建工作，浙江省各级农业部门以百万农民信箱工程为抓手，加强基层信息化建设，在省、市、县、乡、村五级设立农民信箱总站、分站、支站、联络站和联络点，建立起纵向到底的信息服务体系。截至2018年年底，已建成22 173个村级信息服务站（益农信息社），覆盖全省83.5%的行政村。依托村级社提供语音咨询服务870.5万人次，发送服务短信7.85亿条，提供便民服务5 045.4万人次、涉及金额7.62亿元，网上商品代购、农产品网上营销等电商服务成交金额达16.03亿元。

（4）提升服务。人才培训方面，在广泛普及、高层次专业人才和党政管理人员等多个层面，开展不同形式、不同规模的培训。全省通过各种途径，开展培训超3 000场，培训人数超35万；服务体系方面，通过建设农村电子商务服务点和县级公共服务中心，开展网络代购、农产品销售和农村青年创业服务，突破农村网络基础设施、电子商务操作和物流配送等瓶颈制约，建立健全农村电子商务服务体系。

2. 因地制宜，探索多种出村进城模式

相比传统的个人利用第三方平台开展农产品出村进城，近年来，浙江省涌现出越来越多的“互联网+”农产品模式。

（1）农业综合服务模式。2005年建立集通信联系、电子商务、农技服务于一体的——浙江农民信箱。已有实名注册用户286.5万个，农民信箱App活跃用户达17.39万个。近年来平均每年发送农产品买卖信息20余万条，年交易额均超过10亿元。同时，从2008年开始开通农民信箱“网上农博会”，鼓励农户设立网上摊位，现有摊位1.8万个，展示农产品5.1万种。

（2）企业+网店模式。农业龙头企业大多自建商务网站，或利用第三方大型电商平台开设网店开展网上交易，普遍效应明显，业务增长迅速。如义乌市森宇控股集团有限公司，不仅有自己的电商平台，还在天猫、1号店、京东上开设店铺，配有几十人电子商务运行团队，网上销售额逐年增长。

（3）农户+协会（公司）+平台模式。2010年3月，遂昌县政府推动成立遂昌网店协会（遂网电子商务有限公司）。该协会向上整合资源，实现农副产品集约化营销；向下号召网上创业，提供免费培训，实现零成本开店，农产品分销集中。遂昌县打造了一个较好的农村电子商务生态链，并形成了独特的遂昌模式，近年来整体年销售总额保持1亿元以上。衢江区百特汇电子商务有限公司从农户手中收购各类农产品，然后通过各类平台外销，有效联结了市场和基地，2018 年仅柑橘一项销售就达 400 余吨。

（4）农企+委托运营商+平台模式。农业企业委托有经验的第三方运营商代理其产品的电子商务业务，第三方电子商务运营商通过收取委托服务费、交易提成等方式获得相应利润。如丽水市六江源绿色食品有限公司委托浙江赛农电子商务有限公司，做电子商务外包服务，于 2012 年 11 月开设天猫六江源食品旗舰店，有效促进企业营销。

（5）“电商+养殖+加工+旅游”全产业链模式。桐乡市华腾牧业公司是一家集饲料加工、原料贸易、养殖机械供应、生猪养殖、生鲜配送、肉制品加工、品牌门店销售、文化旅游等于一体的综合性企业，建立生猪基地直供中心，配套修建冷藏库和冷冻库，与顺丰快递合作在市区开展配送上门服务，线上建立微信商城店铺、淘宝小店，线下开设“桐香”猪肉专营店，2018 年实现猪肉产品网络销售收入 1 800 万元。

3. 资源集聚，强化出村进城主体实力

（1）建服务中心。有条件的地区，在已有特色小镇、现代农业园区等基础上通过整合或融入的方式成立农产品出村进城公共服务中心。如义乌市整合知名农产品电商平台及本地优质农产品电商企业共同入驻市农创园，构建农产品展销、电商运营、创意研发、农特微商体系、风投对接等为主要内容的产业集群。桐乡本地皮草、蚕丝被等特色优势产业，在相关镇建立特色产业电子商务集聚区，建设崇福皮草、洲泉蚕丝馆等电子商务集聚区，全面提升线上产业带集聚功能，扩大桐乡产业影响力。

（2）强电商平台。全省各地大多已有形式多样的电商平台，包括政府主导、企业自主、第三方合作等，一直以省市县三级共同努力，推动平台不断完善壮大。如义乌将农产品电商“绿禾网”与优质果蔬合作联社基地、火腿、红糖等本地特色优质农产品合作社建立原产基地直供合作，为义乌、金华两地家庭会员和行业客户提供专业化生鲜产品整体解决方案。

（3）创公共品牌。充分发挥区域公共品牌作用，推进区域优势农产品信息平台建设，畅通品牌农产品直供直销、线上线下等多种销售渠道。如 2016 年以来，丽水市推广“丽水山耕”区域公用品牌以来，龙泉有近 80 家农业主体与“丽水山耕”开展品牌合作，相当一部分农产品实行运用了“丽水山耕+龙泉子品牌”的模式。龙泉市对这类主体在品牌创建、农产品包装设计、质量检测、展销平台搭建等方面提供优惠政策及补贴，进一步拓宽优质特色农产品的产品品质和销售渠道。桐乡市成立了由农业、供销部门组建承办，依托东兴商厦股份有限公司开展业务运作的特色农产品展销中心，汇聚了桐乡特产杭白菊制品、桐乡榨菜、蚕丝被床上用品、蓝印花布、禽蛋制品、水产品、时鲜水果、特色糕点、优质大米九大类上百个品种，全市农业龙头企业、农民专业合作社和种养殖基地的特色农产品全部进场，同时还引进了省内外名、特、优农产品进场设展销售，展销品种达 1 000 多种。

4. 多措并举，提升农产品出村进城质量

（1）整合资源抱团作战。建设浙江省名特优农产品旗舰店，组织全省农业系统会同有关单位在天猫、京东商城、一号店等平台打造名特优农产品网上展示展销平台，抱团开拓网上市场。如义乌市将特色馆与供销集团、农村经济发展有限公司等义乌农产品优质资源拥有者紧密合作，对本地农商农企特别是农村合作社进行摸底，整合了华统、敲糖帮、森山、江南村、西楼红、黄培记、年年青等义乌知名品牌，保证产品最正宗、质量最优质。同时，加大人才培训，每年各地开展多期电商知识培训，并联合科技、商务等部门加强农产品电子商务人才培训，努力打造一支既懂电商又懂农业的专业队伍。

（2）搭建展示展销平台。每年召开农商对接大会，组织农产品电子商务企业、农产品物流配送企业、农业龙头企业、农民专业合作社代表与农产品电子商务第三方平台、农产品物流配送企业采购负责人，省内外超市、餐饮商贸企业采购负责人等进行现场推介、对接和签约活动。用好中国国际茶叶博览会、浙江农博会等平台展示推广农产品电子商务模式，抓好多功能综合性服务平台建设，为特色馆、产业馆、农民信箱网上农博会等综合性服务平台建设提供服务，着力打造名特优农产品网上示范性展示展销平台，壮大农产品电子商务经营主体。

（3）落实标准规范发展。一是贯彻落实地方标准。按照《农村电子商务服务站（点）管理与服务规范》地方标准，开展提升改造工程，通过全面拓展农村电商服务网点功能，提升改造全省 3 000 个农村电商服务站。二是探索建立农产品电商标准。浙江从 2016 年下半年开始研究制订农产品电商流通技术规范，于 2017 年 11 月由中国农业科学院农业信息研究所联合杭州安厨电子商务有限公司共同编制完成并发布了全国首个鲜活农产品电子商务流通标准。该标准包括四大类 28 项生鲜农产品电商流通标准，涉及质量基本要求、等级规格、安全检测、包装与标识、产品要求、贮藏保鲜和运输管理等方面内容，有力推动农产品统一包装、统一采购、标准化生产等电商化改造，把“农家土货”变成“精品网货”。三是完善站点供应链管理水平。整省推进信息进村入户工程，鼓励服务站运营商通过大数据技术对接服务网点，加强信息流、产品流和物流“三流合一”，推动不同市场主体加强合作，整合现有农村电商服务体系在物流、人才、培训、标准和金融服务等方面的资源，优化站点供应链管理。

（三）农产品电子商务存在的问题

浙江省农产品出村进城还处于发展的初始阶段，由于农村信息化设施建设的相对滞后，加上农产品生产和品质管控的特殊性，还面临不少问题。

（1）物流配套培育不足。农产品与工业品不同，是有生命的动植物产品，具有季节性，易腐性、品种多、级差大、保鲜难等特点，在物流过程中对包装、装卸、运输、仓储有特定的要求，尤其是冷链物流能力不够，物流经营难度大。农产品的“生产—流通”成本结构在发生新变化，表现出低附加值商品的生产成本下降，流通成本上升，在产品最终销售价格中，流通成本超过生产成本。大宗类蔬菜生产成本低于运输成本，若采用B2C交易模式，农产品运输将由规模化运输转为单件快递，物流成本明显增加，势必让这一问题更为突出。目前生鲜农产品只限于在高端消费人群和团购单位做配送，虽然生鲜水果、生鲜水产网上销售有所突破，但大多集中在城区范围配送。

（2）电商专业人才紧缺。绝大多数农户文化水平有限，做电子商务主要靠周边能人传帮带，或请专业人员有偿服务，一定程度上制约了电子商务的发展。特别是农村电商，需要懂电商、会运营、能美工的复合型人才，但由于年轻人不愿回农村、农村待遇低、条件相对较差等原因，使得农村企业招不到人、留不住人，专业人才匮乏成为农村电商的一个难点与痛点，急需培养新一代“电农”。

（3）农产品标准化程度不高。大部分农产品相对分散，没有形成集群效应，各个农商农企没有形成联盟，单个企业势单力薄，严重影响线上销售进程，既不利于农产品标准化，又使农产品的推广成本过高。在农产品质量、包装、物流、专业人才、涉农平台管理等方面的电商标准不够完善，致使农产品品质难以保障。加上冷藏保鲜技术、设施等不到位，影响产品的质量。缺乏有影响力的农产品品牌，缺少拿得出手、喊得响的农特产品，不利于产品的推广和销售。

（4）诚信问题始终存在。上网销售的农产品都有自己的品牌，但很难保证都是由原品牌生产业主生产，正牌销售与冒牌销售很难区分；农产品口感、颜色、形状、大小等不同，即便相同产品也有差异，很难有具体的标准来控制，造成了农产品售卖难度增加，用户体验不佳，以次充好的现象时有发生，引起差评、投诉和纠纷。各电商平台对一般商品有相对比较强的控制力，可以解决信任度的问题，买家确认支付，如果买到假货可以由淘宝先赔钱等，但对于农产品，平台也很难解决诚信问题，消费者维权成本过高。

（四）发展农产品电子商务的思考与对策

1. 构建“互联网+”农产品出村进城产业体系

（1）培育市场主体。支持第三方涉农平台做强做大，有序发展区域性涉农电商平台；鼓励农产品经营企业、农村合作社、专业经纪人等开展电商业务，引导更多传统涉农企业开展电商服务；引导更多农民依托第三方平台开设网店，培育多层次的市场主体。

（2）完善服务体系。采取引进和培育相结合的方式发展农产品出村进城服务业。鼓励电商服务企业拓展农村市场，在乡镇设立分公司、办事处等机构，为农产品出村进城发展提供服务；支持有条件的农村培训发展一批本地专业化的服务企业；支持有条件的乡镇和村建设电子商务公共服务中心，提供网店建设、管理、运营和人才培训等服务，提升电商服务水平。

（3）健全供应体系。强化基础设施建设，完善农产品供应链。合理规划农村物流基础设施，有序建立农村电商物流配送中心。鼓励快递企业在乡镇设立分支机构；发展产地预冷、冷冻运输、冷库仓储、定制配送等全冷链物流；整合农村现有物流资源，鼓励供销、邮政等发挥优势参与农村电商物流。积极打造由县域冷链物流、仓配系统、溯源体系、检验检测系统和数据库等组成的完整供应链体系。

（4）建设产业平台。重点支持乡镇和电商发展较好的村，利用闲置厂房建设创业园，为当地电子商务企业、创业青年提供低成本的发展平台，推动一批基础较好的县建设电商产业基地。

2. 营造“互联网+”农产品出村进城发展环境

（1）完善政策体系。加大各级资金对农产品出村进城工程、农村电商主体培育、电商配套基础设施、农村电商人才培训等农村电子商务方面的扶持力度和政策支持。

（2）建立有力的推进机制。加强政府与市场之间、中央与地方之间、政府各部门之间协调配合，整合已有“互联网+”农产品出村进城工程资源，形成政府引导，市场为主，电商平台、农业企业、农民合作社、技术服务商、物流、金融等多方参与的运行方式。

（3）健全服务体系。全力提升网络、物流、支付等服务水平；加强金融服务，为农村青年电商创业提供资金支持；加大农村电子商务公共服务中心建设，在平台上建设共享信息、知识和业务的“社区”，打造运营良好、各方参与的农村电子商务服务体系。

（4）制定流通标准。继续开展农产品电商全产业链服务省级标准化试点工作，以 2017 年 11 月中国农业科学院发布的全国首个鲜活农产品电子商务流通标准为支撑，推进农产品统一选品、统一包装、统一采购、统一检测、标准化生产等电商化改造，促进农产品上行，并减少因运行管理不当和流通环节复杂而造成农产品损耗和污染，提升农产品流通效率，建立健全农产品流通标准和数据库。

3. 推进“互联网+”农产品出村进城创业和人才培育

（1）鼓励农村青年进行电商创业。鼓励返乡大学生、退役军人等参与电子商务发展；鼓励涉农电商企业吸纳登记失业人员、就业困难人员和高校毕业生就业，对符合条件的企业和个人，给予担保、贴息和补助等支持。

（2）加大农村电商人才培训。鼓励大学生村官电商创业带头人通过宣讲、培训和辅导等形式，为涉农企业、农户传授电商技能，积极带动农村电商创业。

（3）积极引导高端人才。鼓励具有实践经验的电商从业者回乡创业，对申报相关人才项目和工程适当放宽条件。

4. 加强“互联网+”农产品出村进城产业监督管理

（1）加强行业管理，建立农村电商主体信用档案，推进信息公开，完善守信激励、失信惩戒机制，鼓励行业组织建立行业公约，规范发展。

（2）规范农村电商市场秩序，强化部门合作，严厉打击制假行为。

（3）保障农产品质量，从生产、加工和流通环节的质量管控，制定产品标准，完善农产品溯源机制，从源头加强对产品品质的把控。

（4）强化品牌意识，鼓励申请注册商标，创立和培育农产品自主品牌。用好区域公共品牌，打造“爆款”网红产品，以“爆款”特色产品销售为突破口，提升品牌知名度、强化消费者黏性，推动“区域公共品牌”在各大电商平台拓展、运行正常化。

四、湖北省农产品电子商务发展报告

近年来，湖北省积极推动农产品电商发展，不断加强顶层设计和规划。2018 年，湖北省农业农村厅印发《湖北省“互联网+”现代农业实施方案》，并会同省委农工部、省商务厅，分别联合印发了《湖北省农村电商工程三年（2018—2020 年）行动方案》《湖北省农产品电商出村试点工作方案》，明确提出了开展农产品电商出村试点和信息进村入户等重点项目工程，目前已取得了积极进展。

（一）农产品电子商务发展概况

根据商务部门数据，湖北省有 79 个县（市、区）开展电子商务进农村综合示范，其中 29 个国家级示范县建成县级电子商务服务中心 37 个，镇级服务站 325 个，村级服务网点 5 431 个，累计网络零售额 245 亿元，累计网购金额 407 亿元。据武汉市农委调查，2018 年全市农产品网上销售额估计为 187. 9 亿元，农村网购金额估计为 320 亿元，涉农电子商务主体数量 400 个，在网上销售的农产品品种数量达 562 种。鲜活农产品网销势头发展迅猛，秭归脐橙网上销售过 10 亿元、潜江龙虾网上销售约 5 亿元，潜江成为农业供给侧结构性改革的突出亮点。

（二）典型做法

1. 积极推进信息进村入户

经过多年努力，全省已初步形成了省—市—县—乡—村“五级联动”的农业信息服务体系。根据农业农村部部署安排，湖北省已在 14 个市州的 47 个县市区开展信息进村入户试点，着力打通信息惠农“最后一公里”。到 2018 年年底，已建益农信息社 4 217 个，聘请益农社信息员 4 775 人、益农社专家 1 177 人，覆盖行政村数量 3 689 个，辐射带动农户 100 万户，培训农户和新型经营主体人员 14 万人次，实施便民服务 23 万人次，带动休闲农业和乡村旅游 40 万人次，实现农村电子商务交易额 15 亿元。

2. 积极引导新农民创新创业

近几年，湖北省一批农民工、大学生、退役士兵、农业科技人员等返乡下乡创业创新，经过不断的发展，农村创业创新呈现出人数越来越多、领域越来越宽、起点越来越高、成效越来越好的可喜局面。目前全省共有农村创业创新园区 200 多个，农村创业创新经营主体 7.5 万个，农村创业创新人员 36 万人。返乡下乡创业的“大别山牧羊女”刘锦绣创办湖北名羊农业科技公司，服务带动养羊农户 7 700 多户，年销售收入 1.2 亿元，闯出了一条适合贫困山区经济发展的产业扶贫之路。广水旗峰电子商务公司是返乡创业企业，专门线上销售特色优质农产品，成立不到两年，2018 年农产品销售额突破 1 亿元大关，同比增长 2 倍，“双十一”单日成交额超过 1 200 万元，生成 28 万笔订单，成为湖北省新农民创业创新的典范。

3. 大力推进农产品品牌建设

制定了品牌提升行动方案，明确省级重点品牌打造名单。2018 年，新认证“三品一标”产品 946 个，增幅同比增加 22%，超目标任务 170%。有效期内“三品一标”企业达 2 025 家，品牌总数达 4 516 个，同比增加 3.7%，总量规模位居全国前五位，其中农产品地理标志数（143 个）居全国第二位。以武汉农博会为平台，通过现场推介、网络投票、专家评审共评选出武当道茶、房县香菇、公安葡萄、随州香菇等 20 个品牌为湖北省二十强农产品区域公用品牌。委托湖北长江垄上传媒集团、垄上行信息科技公司走进特优区开展“寻味大湖北”系列宣传报道。借助全国对农传播与服务品牌栏目《垄上行》、移动惠农综合服务平台掌上垄上行 App 等平台，通过电视宣传、网络直播、专题报道等方式进行全方位、多角度宣传报道，从全省 33 个省级特优区和潜江小龙虾国家级特优区中选择随州食用菌、洪湖水生蔬菜、宜昌蜜橘、罗田黑山羊等进行首批重点宣传，充分展示农产品优势区的品牌发展建设情况，扩大特色品牌影响力。

4. 利用展会经济促进农产品营销

（1）组织协调第十五届中国武汉农业博览会相关工作，本届农博会省内外参展城市及地区达 45 个，参展企业达 3 000 余家，参展产品达 1 万余种，参会专业观众 2.3 万人，普通观众 15 万人，签订贸易协议 79 个，现场签约金额达 140 亿元。

(2) 积极组织参加第十六届中国国际农产品交易会，组织参加综合展、扶贫展、地理标志展、渔业展和乡村振兴展等展示展销活动，共 130 多家农业企业、新型经营主体的 340 多种农产品参展，集中展示湖北特色农产品和现代农业发展成效。

(3) 积极参加贫困地区农产品产销对接活动，组织秦巴山区、武陵山区和大别山区 3 个集中连片地区的 26 个贫困县、70 多家企业、90 个特色农产品参展，现场签约和意向签约总金额 4 亿多元。

5. 增加冷链物流产地基础设施建设

指导新型农业经营主体建好用好果蔬等农产品产地贮藏、保鲜、烘干等初加工设施，支持 835 个新型农业经营主体新建 869 座冷库，新增冷藏库容 5. 1 万吨，提升产地初加工水平，减损提质，增效增收。组织实施现代农业园区产业链建设项目，支持企业提升技术、装备和工艺水平，开展稻米、茶叶、蔬菜、食用菌、魔芋、小龙虾、蛋品等精深加工和副产物利用。

（三）重点工作安排

1. 依托“互联网+”，加快农业新旧动能转换

统筹推进乡村振兴战略，继续实施农产品加工业“四个一批”工程，做大做强一批农产品区域公共品牌、企业品牌、特色品牌。大力推动发展种养共生、采摘观赏、科普体验等“农业+”新经济、新业态，推进农业与旅游、文化、康养等产业深度融合。充分应用现代信息技术手段和物流资源，引进“盒马鲜生”等电商平台，扩大优质农产品销售范围。

2. 大力发展农业电子商务

以“农产品上行”为重点，积极推进电子商务进农村，力争到 2020 年，实现全省农产品网络销售额翻一番，建成千亿级产业。联合湖北省商务厅开展农产品电商出村、农产品电子商务标准化建设等重点工作，力争到 2020 年，电商服务站点的行政村覆盖率达到 50%以上，电商扶贫工作取得积极进展。着力培育农业电商品牌，以“互联网+公用品牌”为核心，构建区域公用品牌、企业自用品牌等多层次品牌发展体系，形成“资源共享、品牌公用、多方同赢”的发展格局。分层分类培育发展农业电商主体，依托新型职业农民培育

工程开展电商人才培训。支持建设与农业电子商务相适应的专业冷链物流体系，发展农产品产地冷藏、净化、晒干、分类等初加工，减少农产品转运过程中的损失。协调新型经营主体对接电商平台，让农户分享“互联网+”的增值利润，逐步形成“以销定产”的发展格局。

3. 扩大信息进村入户试点

根据农业农村部部署安排，扩大信息进村入户工程的试点范围，着力打造“互联网+”在农村落地的示范工程，力争 2020 年年底实现全覆盖。统筹“农业公益服务、农村社会化服务”两类资源，整合“公益、便民、电子商务、培训体验”四类服务，建设覆盖全省的 12316 益农信息社网络体系，重点推进县级运营中心、乡镇标准站、新型经营主体专业站、村级简易站（移动社）4 种类别 12316 益农信息社的建设。

五、四川省农产品电子商务发展报告

近年来，四川省委省政府大力实施乡村振兴战略，用心谋划、加强领导，把发展农业农村电商作为促农增收的重要途径，以整省推进信息进村入户工程为抓手，扎实推进“互联网+”现代农业和农业供给侧结构性改革，促进农产品出村进城取得了积极成效。

（一）以益农信息社助力农产品电子商务发展

2017年四川省被确定为全国首批5个信息进村入户工程整省推进示范省之一，把信息进村入户工程作为实施乡村振兴战略的重要举措、推进“互联网+”现代农业发展的重要抓手，强化组织领导、做好顶层设计，加强机制创新、加快工程建设、加大监督管理，整省推进信息进村入户工程建设如期完成，运营有序。

1. 高效建设，打通农村信息“最后一公里”

2018年，四川省建成37 002个村级益农信息社，覆盖全省80%的行政村，其中全省88个贫困县建成17 121个村级益农信息社，通过提供规范、便捷、高效的公益服务、便民服务、电子商务、培训体验服务，提高农民利用信息发展生产、改善生活、增收致富的能力。

2. 依托益农信息社，助力农产品出村进城

创造了“农户（农企）+信息员+益农社+益农服务网+全国各大电商”的电商新模式，构建了“开店+农产品组织+品牌包装+物流+销售”的产业运营体系，有效对接京东、天猫、天虎云商等电商平台，打通农产品上行和工业品下行销售渠道，促进特色农产品、农业生产资料、生活用品网上交易规模增长，形成农产品进城与工业品下乡双向流通格局，打造了一批“标杆电商益农社”。目前已在天虎云商电商平台开店的益农信息社达2 380个，依托益农信息社平台的电子商务累计成交额达10 065万元，有效解决广大农村零散农产品销售难的问题，帮助农民脱贫致富。

（二）农业电子商务发展情况

1. 农产品上行渠道有效对接

各地依托四川省粮油、茶叶、特色水果、蔬菜、畜牧、食用菌、中药材等优势产业和丰富的生态、旅游、文化资源，因地制宜，大力发展特色农产品、乡村旅游，培育特色农产品电商品牌和区域品牌，建立“线上线下融合”的农产品产销对接机制，促进农产品上行，扩大农产品市场辐射半径。2018 年，全省农村网络零售额实现 926.22 亿元，其中，全省农产品网络零售额实现 167.75 亿元。

2. 积极培育农业电商经营主体

通过农博会、农交会、品牌推介会、知名电商平台等，积极培育新型经营主体拓展农村电商，加强政策和信息引导，加快推进农村种养大户、家庭农场、农民合作社、涉农生产流通企业“入网触电”，扶持新型农业经营主体对接各类电商平台和电商信息公共服务平台，不断提升新型农业经营主体电商应用能力，构建“农户+新型农业经营主体+电商平台”电商模式，有效衔接产需信息，促进农产品网上销售，推动农业电商发展。2018 年，累计培育涉农电商企业超 5 000 家，参与农村电商的农民专业合作社累计达 4 500 余个。

（三）农产品电子商务存在的问题

1. 农产品流通组织化程度较低

农产品流通模式还处于现货交易的传统集散阶段，农民网上销售的意识不够强，农民专业合作社等新型农业经营主体受资金、技术、人才、信息等因素制约，难以有效组织农民参与到流通环节中，农产品流通组织化程度较低。

2. 农村冷链物流体系建设滞后

冷链物流是农产品出村进城的瓶颈，目前全省冷链物流体系建设较缓慢。县乡村三级物流体系仍处于起步阶段，主要农产品生产基地预冷设施及冷链配送缺乏，在很大程度上影响了农产品上行。

3. 农产品商品化处理水平不高

现在农村很多农产品是在田头卖，在马路边卖，是“披头散发”地在卖，没有经过“梳妆打扮”再进入市场，农产品的分级、包装、储藏、运输整个体系还比较落后，农产品商品化处理能力极待提升。

4. 农业经营主体电子商务应用能力不强

涉农企业、专合社和种养大户等新型农业经营主体在应用电商平台发展现代农业的意识不强，开拓市场的能力不够，与电商平台对接不够，电子商务应用能力较低，农村电商专业人才匮乏。

（四）发展农产品电子商务的建议

1. 完善服务体系，加大扶持力度

国家要进一步加大项目资金支持力度，继续实施电子商务进农村综合示范项目，加快乡村两级服务站点建设，完善以县城为中心、乡镇村为骨干、辐射全县的农村电子商务综合服务体系，为农村电商发展提供服务和引导。采取奖励、补贴、减免税费等方式对创业电商进行扶持，进一步优化电商发展环境。

2. 夯实发展基础，构建流通平台

实施“快递下乡”工程，加强农村流通基础设施建设，有效整合交通运输、商贸流通、农业、供销、邮政等部门及电商、快递企业等物流配送资源，加快完善县级物流分拨中心为龙头、乡镇物流分中心为节点、村级服务站为基础的县乡村三级物流配送体系，并逐步建立农特产品冷链物流体系。

3. 加大人才培养，培育市场主体

加强对电商创业群体、从业人员和农民专业合作社、协会等电子商务技能、运营管理知识培训，努力培养一批既懂理论又知晓业务、会经营、带头致富的复合型人才。鼓励专业大户、家庭农场、农民合作社、农业经纪人、涉农企业等新型经营主体主动融入农业农村电商工作，加大对本地电商企业的扶持，培育一批有影响力的“全国知名”电商企业。

4. 整合各类资源，促进深度融合

继续推进信息进村入户工程可持续发展，加快各类信息资源在益农信息社集聚，促进涉农电商与信息进村入户深度融合，拓展提升益农信息社公益、便民、电商、培训 4 类服务，有效解决农业生产资料及工业品下乡、农产品进城“最后一公里”。

5. 加强行业监管，维护市场秩序

加强网络市场监管，打击制假售假、虚假宣传、不正当竞争和侵犯知识产权等违法行为，净化网络空间，规范电商经营行为。督促第三方平台加强内部管理，规范主体准入，强化农产品安全和质量要求，提升品质信誉，促进守法诚信经营，维护电商市场秩序。

六、新疆维吾尔自治区农产品电子商务发展报告

近年来新疆维吾尔自治区农业农村电子商务得到较快发展，特别是南疆四地州的深度贫困地区，农产品电子商务开始崭露头角，取得了积极成效，未来一个时期，随着产业扶贫力度不断加大，以及国家推动实施“互联网+”农产品出村进城工程的辐射带动作用，新疆农业农村电商发展具备较好的基础和较大的空间。

（一）农产品电子商务发展情况

近两年，在国家有关政策支持下，南疆四地州农产品电子商务呈现快速发展的态势，在产业扶贫中发挥了积极作用。主要做法和成效有 4 个方面。

1. 建设县域电商中心，探索联农带农新模式

喀什市和阿克陶县均建成了县级农村电子商务公共服务中心，完成了 O2O 体验馆的建设和运营。在体验馆内，主要展示本地区的特色产品，包括林果、畜禽、饮料、手工、民族服饰等，并在产品包装上附有二维码，可以线上下单购买。阿克陶县电商中心的运营主体西域传奇电子商务有限公司，联合了加工企业和慕士塔格巴仁杏合作社，通过合作社组织农户进行标准化生产，加工企业定制加工，并依托电商平台开展网络销售。这一模式集聚了合作社组织农户标准化生产、加工企业精深加工和电商平台销售渠道等各方优势，不仅提高了果农收益的稳定性，也带动了品牌培育和产品后端销售。

2. 建设乡村服务站点，促进乡村就业和消费

目前，喀什地区和克孜勒苏柯尔克孜自治州农村电子商务服务站点覆盖了所有乡镇（场）和大部分行政村。乡村服务站点既销售村民常用的日用品和农资，还可以为村民提供网上下单、话费充值、缴水电费、买车票机票、收发快递等便民服务。每个乡村服务站点由一名站长负责，经过培训和遴选，阿克陶县已有 35 名建档立卡贫困户成为站长，月收入一般在 2 000 元以上，最多时月收入近万元。同时，乡村电商服务站点的开通，也促进了乡村居民消费，

农民足不出村就可以购买大部分用品，包括电视机、冰箱等大件产品。

3. 开展技能培训，带动农民素质的提升

县、乡政府积极推动农村电商发展，组织乡村青壮年、农村致富带头人以及基层党员领导干部等，开展培训电商实践操作和技能提升。越来越多的年轻人逐渐了解电商、接受电商，投身电商事业。疏勒县库木西力克乡电商服务中心，由当地一名高中毕业生买买提经营，通过淘宝销售当地自产的土蜂蜜、铜器和大枣，销量可观。库木西力克乡“网红”阿西木·纳麦提十几年前就开始养蜂，每年有几百千克的产量。2018 年 7 月，在“访惠聚”（访民情、惠民生、聚民心）工作队和广东轻工职业技术学院的帮助下，开始通过电商平台销售土蜂蜜。上线当天，网上订单达到 20 多个，两天时间销售土蜂蜜 160 千克，每月收入可达到 4 000 元。

4. 整合物流资源，构建村级物流体系

阿克陶县建成了县级快递物流园并投入使用，顺丰、申通、韵达、百世、京东等快递公司集中入驻快递物流园，并与物流快递企业达成合作协议，降低农产品上行成本。利用乡村服务站点代收代发快递，实现了乡镇每天送、村两三天送一次的配送频率，解决了从县（市）到乡（镇）到村庄的“最初一公里”“最后一公里”的物流瓶颈问题，提高物流效率、降低物流成本，为农村电商发展奠定了基础。

（二）发展农产品电子商务面临的现实制约

受产业规模较小、配套基础设施滞后、专业人才奇缺及龙头企业严重不足等因素制约，南疆地区农产品电子商务发展比内地甚至北疆地区都还有不小差距。

1. 物流设施配套比较落后

南疆地区远离内陆市场，距北疆主要市场也需要翻越天山山脉，距离超过 1 000 千米。产品运输距离长、损耗大，物流成本高，导致成本居高不下，影响市场竞争力。由于各类公路上安装的减速带过多，并有大量关卡检查，即便是本地销售，也给生产者带来诸多困难。以蔬菜为例，从种植基地到批发市场短短 40 千米路程，三轮车运输要 3 个多小时，销售非常不便。此外，冷链设施条件也不完善，虽然近两年在财政支撑下各乡镇建设了保温库，但规模不大、利用率不高。

2. 产品深加工与品牌化水平不高

制约南疆特色农产品外销的另一个重要原因是加工水平落后，产品知名度有限。目前喀什市和克孜勒苏柯尔克孜自治州的蔬菜、水果产品多以鲜食为主，畜禽产品也多为本地消费，加工比例低。农民对农产品加工技术、市场信息等了解有限，由于盲目种养引起部分产品出现过滞销卖难、丰产不丰收的情况。农户、合作社迫切需要加工技术，但技术上的对接渠道尚不畅通。产品标准规范缺失，品牌建设能力弱，缺乏现代营销手段，特色产品的市场影响力不强。此外，只有鲜活农产品可享受绿色通道政策，对加工农产品的市场拓展产生了不利影响。

3. 优质特色农产品品种多，但规模有限

南疆光照条件好，昼夜温差大，尤其是克孜勒苏柯尔克孜自治州和喀什地区水资源较好，病虫害较少，利于果菜产业发展。当地特色农产品品种很多，包括核桃、灰枣、葡萄、甜瓜等，但规模都不大。林果与小麦、棉花套种的比例较高，成林面积少。蔬菜种植也是近两年在脱贫攻坚任务下才开始加快起步，通过稳粮减棉增菜优果，逐渐发展经济作物，但规模化种植尚未形成。畜牧业发展也是类似情况，牛、羊、驴等牲畜养殖主要满足本地需要，并未能形成大规模加工和出疆的专业养殖格局。量上不去，影响了内地企业前来投资建厂的积极性，制约了精深加工和品牌化发展。

4. 缺乏电商专业人才

南疆经济社会近年来得到快速发展，一些新事物、新观念也在农村逐渐普及，但是专业人才仍然是发展电商的明显短板。农村中有较高文化程度的青壮劳动力多数外出务工，在农村做农产品电商的年轻人严重缺乏，当地农民总体素质还不高，缺乏发展农产品电商的经验。同时由于农村市场发展慢，空间有限，外地电商企业派驻专业人员的积极性不高。这就导致既懂电子商务又懂农业的复合型人才严重不足，制约了农村电商的发展。

（三）发展农产品电子商务的建议

南疆地区总体还处于脱贫攻坚向乡村振兴转变的过渡阶段，与北疆和内地相比，在基础设施、人才资源等软硬件各方面差距还比较大。发展农业农村电商，应充分尊重南疆实际，充分利用现有条件，实事求是，因地制宜，有序推进，一步一个脚印地干下去。

1. 打造县域农产品直销中心，整合基础设施，汇聚各方资源

目前南疆四地州全部启动了县级农村电子商务公共服务中心的项目建设，具备了特色产品展示展销的条件。可以充分利用现有的县级电商服务中心基础，加强农产品产地储藏、保鲜、烘干、预冷等流通基础设施建设，整合物流资源，降低流通损耗，打造县域农产品直供直销中心，并吸引各类龙头企业、合作社等新型农业经营主体进驻，整合各方资源，把贫困户连接起来，减少中间环节，更好地带动贫困地区农户对接大市场。通过建设农产品电商产业园区，把市场体系、物流体系和配套服务延伸进村，把内地投资和人才吸引到村，推动特色产品品牌化、南疆农牧民现代化和特色产业提质增效。

2. 充分利用已有乡村电商服务站点建设益农信息社，助力信息进村入户工程的推进

南疆信息进村入户工作目前差距较大，应充分依托现有乡村电商服务站点，完善公益性服务内容，提升站点功能，强化信息采集和发布，在此基础上建设一批益农信息社。如阿克陶县皮拉勒乡英阿尔帕村电商服务站，目前还没有农技服务、惠农政策宣传、信息发布等公益性智能，但益农信息社工作人员有能力承担起村里作物产量、面积等基本信息调查工作。现在的服务站运行环境和人员配备，具备农村电商与益农信息社结合打造的条件。

3. 加强电商人才培训和农民互联网应用技能培训

立足南疆农村的实际情况，在努力引进电商人才的同时，要注重从高中文化程度的农村居民中培养乡土人才。加强农业农村信息化和农业农村电商课程设计和教材开发，构建农业农村电子商务培训体系。充分利用农村实用人才带头人、新型职业农民培育工程等现有培训资源和平台，加强农村电商人才培训。引导相关企业和社会主体在贫困地区开展农民手机应用技能培训，让手机成为广大贫困农户的“新农具”。

4. 通过“互联网+”行动，助力乡村消费

近两年来，南疆地区通过庭院整治项目，极大地改善了农村居民的生活条件和思想观念。农民生活习惯的改变，增加了各类洗衣粉、洗发水等快速消费品的需求。庭院整治项目本身也带动了建材等建筑市场消费。建议借助“互联网+”行动，为农民提供更充分的消费信息和便捷的消费渠道，并在落后地

区开展家电、汽车、快消品等电商下乡工程，通过财政补贴，进一步打开农村消费市场，改善贫困地区农民生活质量。

5. 加强产销衔接，打造优势特色区域品牌

积极支持当地特色资源走出去，举办展销会、推介会，定期发布各类展会信息，对贫困地区参加各类产销活动给予交通住宿摊位费等减免或补助，打通特色农产品外销的渠道，逐步在内地打响区域优势特色品牌。南疆很多地区农产品量小、质优、有特色，适合通过游客“蚂蚁搬家”式销售，建议依托区域生态资源以及区位交通优势，以县为单位全域打造乡村旅游，借助“边防游”“高原游”“雪山游”的热度，提炼形成具有一定辨识度的旅游文化品牌，让游客愿意来、住得下、能消费。

七、三门峡市农产品电子商务发展报告

2018年以来，“互联网+”上升为国家战略，“互联网+”成为发展的新增长点。河南省三门峡市从契合特色农业发展出发，以“互联网+现代特色农业”为创新驱动力，紧扣转变农业发展方式这条主线，紧盯农民持续增收这个核心，紧抓一二三产业融合这条路径，牢牢扭住农业电子商务和信息进村入户这个载体、平台，充分发挥农业电子商务带动市场化、倒逼标准化、促进规模化、提升品牌化的作用，加强领导、多策并举，推动农业电子商务蓬勃发展。截至2018年年底，全市农业电子商务网店达到2 067家，上网销售苹果、核桃、香菇、大枣、蜂蜜、陕州糟蛋、杜仲等300多种农产品品种，农产品通过电商已经销售到北京、上海、广州等全国31个省（区市），电商交易额超过9亿元。

（一）创新理念，强化领导

把发展农业电子商务作为建设特色农业强市的新引擎，坚持市场主体、政府引导、典型示范、产业带动、融合发展的原则，按照市级主导、县级主抓、乡村实施的要求，以产业为基、品牌为根、生态为源、电商为桥、增收为要，牢固树立起“一村培育一品、一品叫响一店、一店致富一片”的发展理念。成立了三门峡市“互联网+农业电子商务”工作领导小组；制定印发了《三门峡市“互联网+农业电子商务”发展三年（2016—2018年）行动计划》《关于在全市“互联网+农业电子商务”发展中深入实施“百店示范、千店提升、万户受益”工程的意见》，出台了有关扶持政策。先后召开了“全市电商扶贫动员会”和“全市农业电子商务发展暨信息进村入户陕县现场会”等会议，全面动员安排部署，充分调动各级发展农业电子商务的积极性，促进特色产业经营模式转型升级、跨越发展。

（二）突出结合，整体推进

把发展农业电子商务与大众创业万众创新、农业信息化进村入户、特色农业专业村、美丽乡村建设、扶贫村和新型农业经营主体等结合起来，以被农业农村部认定为全国农业农村信息化综合示范基地为契机，以信息进村入户为抓手，以大学生创业、返乡青年为带头人，以“一村一品”专业村、美丽乡村、省级贫困村和市级以上的龙头企业、农民专业合作社示范社、家庭农场为建设重点，全方位、多途径推动农业电子商务发展。截至 2018 年年底，陕县、义马市、湖滨区、产业集聚区和开发区 5 个县（市）、区的所有行政村，实现信息进村入户及农业电子商务建设全覆盖。全市 1 363 个行政村，已建成村级网店 1 326 个，其中 138 个市级以上的美丽乡村、255 个省级以上的贫困村实现全覆盖。市级以上 129 家农业龙头企业，已建成 117 个网店；市级以上 152 家农民专业合作社，已建成 104 个网店；市级以上 20 家家庭农场，已建成 22 个网店。另外，还有 498 家个体涉农网店。

（三）搭建平台，培育主体

充分发挥市场在资源配置中的决定作用，加大政府支持引导力度，与腾讯、阿里巴巴、京东、1 号店、农信通、淘宝、企汇网等 16 家电商平台进行对接，初步形成了“个人+网店”“企业+网店”“实体店+网店”“品牌+网店”等电商运行模式，初步形成了以新型农业经营者为主体，以村级信息站、农村有志青年等为补充的农业电子商务市场主力军。截至 2018 年年底，全市已培育出老醋男、山果演义、山生有杏等 212 家典型电商企业。

（四）强化培训，注重宣传

组织农业、人社、职业技术学院等部门 60 余名技术人员，分别负责 8 个县市区，深入到基层涉农网店，开展业务指导服务，提升操作技能，推动电商运营，实现线上销售。在《三门峡日报》、三门峡市电视台等开设《讲述电商故事，展现创业者风采》专栏，对涌现出来的典型企业、典型人物、典型事例同步报道、同步播发，介绍好做法、好经验，充分发挥电视、报纸的宣传优势，营造出宣传氛围。截至 2018 年年底，市县两级已组织培训班 36 期，培训人员 4 700 人次，指导电商门店 6 300 余次。在三门峡广播电视台播出农业电商公益广告 188 条次，讲述了 10 家企业发展电商的创业风采，在三门峡日报编发农业电商故事 14 期，播出电商政策解读和动态消息 9 条，制作《记者观察》专题电视节目 3 期。

（五）加强督导，开展交流

组织市委督查室、组织部、农业局、扶贫办等市直 17 个单位组成 19 个督导组，逐一对美丽乡村、省级贫困村、市级以上龙头企业、示范合作社、家庭农场的农业电子商务暨信息进村入户工作进行全面检查和督导，先后召开了 4 次督导工作座谈会，共梳理问题 150 条，提出建议 147 条。同时，本着相互学习、相互交流的原则，还在全市组织开展了农业电子商务相互观摩学习活动，取长补短、完善提高，推动农业电商发展水平全面提升。据统计，全市共有 345 人参加了观摩学习活动，实地参观了 36 个农业电商示范点。

（六）加大投入，项目带动

2015 年，三门峡市被省农业厅、省财政厅确定为河南省农村一二三产业融合试点，争取资金 1 000 万元。2015 年 7 月，卢氏县被商务部、财政部确定为全国第二批电子商务进农村综合示范县，争取资金 2 000 万元，建成了卢氏县电子商务创业园。卢氏县、灵宝市、陕州区启动了阿里巴巴农村淘宝项目；市供销社启动了“E+网”平台电商项目，在灵宝市发展电商；灵宝市杨家村、渑池县柳庄村等 14 个村加入腾讯“为村计划”。另外，全市各级共整合涉农资金 3 000 余万元，主要用于农业电子商务发展。

下一步，三门峡市将以建设特色农业强市为目标，以供给侧结构性改革和“互联网+农业电子商务”为动力，着力打造“种—加—销”一体化发展，推进一二三产业融合，建设电商人才和配套服务体系，提升电商运营效益，构建农业大数据，推动特色农业转型升级，确保全市农业农村经济健康发展。

八、武汉市农产品电子商务发展报告

2018 年以来，湖北省武汉市紧扣农业供给侧结构性改革等新时代“三农”工作主题，大力发展农村电子商务，2018 年，全市农产品网络零售额达到 187. 9 亿元。

（一）农业生产基本情况

据武汉市统计部门数据，2018 年全市农业产值 420. 25 亿元，同比增长 7. 13%，其中，蔬菜为 265. 9 亿元，同比增长 5. 69%；粮食作物总产量 108. 11 万吨，同比减少了 1. 73%，蔬菜及食用菌总产量 797. 99 万吨，同比增长了 2. 98%。蔬菜日交易量达到 8 000 吨，鲜菜价格指数在全国 36 个大中城市居中下游。

（二）推进农产品电子商务发展的主要举措

1. 强化工作谋划

2018 年 1 月，武汉市人民政府印发《武汉市农村电子商务发展三年行动计划（2018—2020 年）》，实施电商产业倍增、电商创业就业培训、电商富民脱贫三大计划，成为未来 3 年武汉市农村电子商务发展行动纲领。联合市农委、市商务局、市财政局、市供销总社、市邮政公司 5 家共同印发了《2018 年农村电商工作实施方案》，同时出台了项目建设配套意见，指导各新城区依照执行。

2. 实施培训计划

印发了《2018 年武汉市农村电商创业就业培训计划实施方案》，重点开展专业型、引导型及普及型三类培训，招募认定了 12 家培训机构承担各新城区农村电商培训项目任务。截至 2018 年年底，全市已开展培训 88 场，培训人数达到 10 829 人。

3. 实施项目奖补

会同市农业电商协会组织了农村电商公司、汉购农商、楼兰蜜语、鲜天下等全市 20 多家农村电商应用、运营、服务类代表性企业及 50 多个农产品爆款网货参加了由武汉市人民政府、湖北省商务厅主办的 2018 第四届武汉国际电商暨“互联网+”产业博览会。同时出台政策对农村电商企业销售进行奖励，对互联网商旅小镇、智慧休闲农庄、农村电商专业村、扶贫示范网店、农村电商综合服务站等建设项目进行补贴。

4. 打造电商龙头

武汉市供销总社下属的武汉农村电商公司市级运营中心建成并投入使用，与武汉市邮政管理局、华中师范大学信息学院建立合作关系，京东武汉特产馆、供销 e 家武汉特产馆及微店公众号全面启动运营，启动了农产品“四进”（进机关、企业、学校、社区）工作，截至 2018 年年底，完成大宗采购 77 家，销售总计近 500 万元，并与博州市供销社联手，依托线上平台共同推进两地农特产品网上零售。火凤凰云计算公司的蔡甸区农商互联产业基地项目启动，目前正在打造“汉美特”“农谷鲜”等自营农产品网络品牌，涉及 10 多款农特产品，自 2014 年起，截至 2018 年年底，累计网销金额超 4 亿元。云彩智农公司运营的天猫湖北原产地商品官方旗舰店已上架农产品 28 款，全店销售额 430 万元。鑫太阳公司运营的苏宁易购中华特色馆武汉馆，以及环球农业网，在线运营农产品 100 多款，销售额达到 1 300 万元。此外，生鲜垂直电商企业入驻武汉助推生鲜电商在武汉市破题。盒马鲜生、本来生活、易果生鲜、美菜等国内知名新零售及电商企业在武汉开店或设置前置仓。优质生鲜垂直电商企业在武汉布局生鲜流通市场，增强了市民的生鲜电商的体验感，也为本地农产品生产企业寻求了更多供应链渠道。

5. 推进互联网商旅小镇建设

黄陂区选址木兰天池景区所在的官田村建设互联网商旅小镇并投入运营，设置有农产品展销中心、运营支撑中心等功能区，集“创、学、游、玩、购、看”等服务于一体，为游客和周边乡游经营主体提供服务支撑。同时，优选 100 家农家乐进行信息化改造，与农家乐签订运营合作协议，推动农家乐服务智慧化、管理在线化、经营信息化。截至 2018 年年底，已与 8 家服务机构签订合作协议，打造了 15 条乡村休闲游精品线路，开展乡村休闲游和各类公司拓展、培训、夏令营等活动 150 场次，吸引游客和各类服务团体约 3 万人次，实现乡村休闲游收入达 780 万元，甄选 30 多个黄陂特色农产品打造“乡聚珍品”，实现线上线下销售 6 000 余万元。2018 年年底，蔡甸区互联网商旅小镇选址花博汇，也已建成并投入运营。

6. 健全农村电商服务体系

引导武汉市供销总社、武汉市邮政公司、乡聚信息产业公司等优质战略合作运营商在蔡甸、黄陂、江夏、新洲、汉南 5 个新城区开展村级电商服务站（点）建设工作。2018 年共建设（升级）255 个站（点）。经过 3 年时间，基本实现农村（含 271 个贫困村）电商服务站全覆盖，农民实现购物、销售、生活、金融、创业“五不出村”。

（三）农产品电子商务发展规模和成效

2018 年，全市农产品网上销售额估计为 187.9 亿元，农村网购金额估计为 320 亿元，涉农电子商务主体数量 400 个，在网上销售的农产品品种数量达 562 种。2019 年，全市农产品网络零售额目标 250 亿元。主要成效和特点如下。

1. 食品类全渠道电商企业成为农村电子商务发展新龙头

良品铺子、周黑鸭、楼兰蜜语 3 家武汉本土品牌农业企业稳居全网平台休闲食品类销售规模全国前十位。其全渠道电商年销售额分别达到 10 亿元、4 亿元、4 亿元。其中良品铺子、楼兰蜜语被评为国家级电商示范企业。蔡甸区的零点食品、三镇食品，汉南区的阿卜食品，大汉口热干面等农产品深加工企业通过网络全渠道营销，线上销售规模也过千万元。特别是良品铺子以 OEM 形式把休闲食品“买全国、卖全国”，并打通门店和主流外卖服务平台，实现了线上线下综合营销，经营规模不断扩大，成为全国休闲食品网络销售龙头企业。

2. 电商服务基地和地方特色馆成为农村电子商务发展新平台

2018 年，蔡甸区引进武汉火凤凰云计算公司，建成了农商互联产业基地，一期规模 9 000 平方米，集农产品展示、运营代运营、创业孵化、培训及服务于一体，对接了淘宝、天猫、苏宁易购、拼多多等 10 多家主流电商平台。此外，武汉市比较优秀的地方特色馆天猫湖北原产地商品官方旗舰店、京东武汉特产馆、苏宁易购中华特色武汉馆，分别由云彩智农公司、武汉农村电商公司和鑫太阳公司运营，三公司以全省特色农产品线上展示展销为抓手，以地方政府推荐、特色馆运营企业专业打造推介的方式，深入推进优质原产地农产品线上销售。特别是天猫湖北原产地商品官方旗舰店是湖北省商务厅与阿里巴巴公司于 2017 年年底启动项目，线上销售农产品必须具有“中国地理标志保护”“农产品地理标志”“中国生态原产地保护”“中国森林食品认证标识产品”和“中华老字号”6 种标识，成为湖北省原产地商品重要上行渠道和县域重要公共品牌宣传窗口。

3. 新型农业经营主体拓展线上渠道成为农村电子商务发展新动力

随着电商思维的影响，武汉市新城区农产品生产和深加工企业在保持传统线下销售渠道的同时，也通过组建线上销售团队或代运营的方式，开拓线上渠道。梁子湖水产公司参股鲜天下电商公司，打造以小龙虾、螃蟹等为代表的品牌形象，蜂之巢、思维特、乐神三宝、武食食品等蜂产品企业逐渐将销售重心从商超渠道转为线上渠道。专业合作社、家庭农场等中小型农业经营主体越来越多地通过微信这一主流传播媒介，开展微营销和社群营销，接受线上预订和团购。如黄陂区明卉源公司通过微信营销，展示土鸡、土鸡蛋等自营产品，实现线上销售 235 万元。

4. 生鲜垂直电商企业入驻武汉成为农村电子商务发展新亮点

从 2017 年起，武汉市委、市政府强抓“招商引资”“招财引智”工作，营造优越的营商环境，武汉“新一线”城市吸引力凸显，阿里巴巴、京东等 10 余家国内知名互联网企业已落户武汉，带动了各类农村电商，特别是生鲜垂直电商企业快速发展。阿里旗下的盒马鲜生自 2018 年 4 月进驻武汉后，实施新零售理念，实现门店线上同时销售，生鲜产品 3 千米内 1 小时免费配送；本来生活于 2017 年在武汉注册成立本来鲜公司，近 1 年时间在汉以加盟形式开设 40 多家社区生鲜店，每个生鲜店均开设微信群，辐射周边小区居民；北京美菜公司通过 F2B 的模式，服务于农产品源地和城市餐厅、蔬菜商铺之间；每日优鲜于 2018 年 8 月进驻武汉，提出生鲜“一小时达”的会员营销理念，迅速吸引年轻群体；上海易果生鲜公司租赁蔡甸世林福幸冷库基地作为前置仓，通过自建冷链配送团队，依托天猫超市、苏宁超市等优质平台导流，实现生鲜产品“次日达”。优质生鲜垂直电商企业在武汉布局生鲜流通市场，增强了市民的生鲜电商的体验感，也为本地农产品生产企业寻求了更多供应链渠道。

5. 休闲农业电商模式成为农村电子商务发展新增长点

武汉市结合“三乡”工程和赏花经济，积极发展农旅结合的休闲农业电商，“木兰八景”、梁子湖旅游带、花博汇等大型景区和特色小镇相继入驻携程、同程等国内知名旅游平台，实现旅游综合收入近140亿元。2017年，武汉市引进社会资本，在多个新城区依托特色村湾建立了互联网乡游小镇，探索“互联网+乡村休闲游+农特产品电商”的运营模式。

（四）经验总结

1. 注重电商人才培养

电子商务的技术门槛高，在传统企业向电商销售发展时面临的首要问题就是缺乏相关经验知识和专业人才。在电子商务发展初期，仅靠企业自身实力运营电商存在诸多困难和挑战，公司通过采用和专业代运营合作的发展模式，一方面逐步发展了电商销售渠道，扩大销售额，另一方面也可以逐渐学习积累电商运营相关经验，组建电商团队。

2. 互联网思维观念的培养

网上销售平台与线下有着很大的区别，电商渠道客户主要通过互联网来了解产品信息，这就要求产品质量在网络能更好地被展现。企业要用专业的运营团队，可聘请专业设计人员对产品外包装进行全新的设计，以更好地满足网上售卖的需求，增强客户体验。同时也积极开通微信、微博等新媒体渠道宣传公司形象，拉近与客户距离。

3. 强有力的运营平台软硬件保障

在发展电商业务的过程中，企业要高度重视各种软硬件设施的建设，建设物流仓储、农产品展示区域、办公区域、加工车间生产线各种软硬件设施等，以提升运营的效率，推动企业电子商务业务的进一步发展。

（五）典型案例

1. 电商龙头企业发展迅猛

（1）汉购网（B2C）：连接60家分销渠道的自营电商平台，服务于千万消费者。

（2）农猫（B2B）：移动互联技术打造的餐饮食材供应链服务平台，自营“农猫速达”配送网络，产地及销地农贸市场合作，供应链稳定可靠。

（3）汉贸网（跨境电商）：农产品跨境电商服务平台，自主研发的“跨境电商人工智能大数据云服务平台”，面向东南亚市场，服务于农产品进出口企业。

（4）思维特：采用“自运营+代运营”模式。国内销售渠道，主要选择了与专业的电商运营机构合作的模式发展电子商务；国外销售渠道，主要依托阿里巴巴国际站，自主运营国外电商业务，全年电商销售额达到2 000万元以上。建成黄陂区电商运营平台，以蜂产品为切入点，构建电商产业链，通过产品交叉推广，带动其他农产品销售。

2. 社区生鲜电商崭露头角

（1）本来鲜：武汉本来鲜生商贸有限公司专注于生鲜领域，围绕三端织网（生鲜供应链网、城市共配网、线上加门店混网）创造价值，实现消费者、供应商、员工、股东、社会等所有利益相关者共赢。其业务模式已由B2C延伸到Store（社区生鲜连锁）+Online（线上生鲜连锁平台）的新零售模式，打造更好更鲜、便利实惠的社区市集，梳理中国生鲜S2F（供应链TO家庭）品牌。

（2）天鲜配：为武汉壮壮农业科技有限公司旗下生鲜连锁品牌，以集团统一采购、冷链物流配送，为顾客创造便利、新鲜、低价的体验。通过社区生鲜零售渠道，基于数据驱动选品，以生鲜为核心，以水产为特色建立差异化商品优势，采用“专业采购+全程冷链+门店保鲜”的供应链模式，“合伙人+目标量化管理+体系化培养店长”的运营模式确保商品新鲜、低价。

（3）火品生鲜：专注于优质生鲜的电商平台。针对国内外高品质优质生鲜，采用直采、落地配和社区配送方式，为社区用户提供一站式食材购买服务。目前服务覆盖武汉市超过100个社区120家企业，近5万名用户。

（六）存在的问题和政策需求

1. 物流瓶颈问题亟待解决

目前武汉市农村物流配送水平发展程度不高，偏远地区老龄化人口严重且数量少，农产品通过电商销售总量偏低，生鲜农产品物流损耗大，鲜活农产品冷藏运输率一般只有 10%～20%，直接导致了通过网络渠道预订的鲜活农产品运输损耗率高达 20%～30%。“最后一公里”的物流成本过高，造成物流成本难以降低，物流不畅，阻碍了利用电商实现农产品的产地直销和解决偏远乡镇农产品“卖难”问题，也削弱了生产者通过缩短流通环节获取增值收益的空间。

2. 电商品牌化程度不高

武汉市本地知名农产品品牌缺乏，叫得出名字的农产品品牌数量相对较少，在真正的初级农产品领域，特别是在生鲜领域，虽然有部分地域品牌，但缺乏企业主导的市场品牌，很难形成爆款。农产品受自然条件的影响较大，其生产具有不确定性、不可预知性，无法进行统一加工与销售，标准化程度较低，不能形成规模生产和销售，严重制约了电商在特色农产品上的应用。涉农企业大多产品单一，也不利于开展电子商务。

3. 电商专业人才匮乏

电商企业仍然存在人才缺口。在农村地区受经济社会发展水平所限，农民意识相对比较落后，缺乏对农村电商的了解，当前农村许多年轻人选择外出打工，留在农村的从事传统农作的多为老年人，他们中的许多人甚至都没有使用过智能手机，依靠这部分人从事农村电商工作显然不现实。而由于认识上的偏差，知识人群不愿到农企就业，涉农企业严重缺乏具有电商操作能力的专业人才，影响农村电商的发展。

（七）对发展农产品电商的思考和建议

1. 发挥产业集聚效应

建议政府加大招商引资力度，引进本地优质电子商务运营商，依托辖区内现有产业园，建立区域性的农村电商产业园，产业园要集产品展示、物流配送、创业孵化、就业培训、融资支持等为一体，吸引电商企业、电商配套企业和电商创业群体入驻，形成电商产业的集聚效应。政府对电商产业园入驻经营主体在展示厅装修、电商数据应用、办公租金、仓储费用、培训孵化等方面予以政策支持。

2. 创新电商运营模式

（1）结合武汉市都市农业特点，继续推广休闲农业带动农特产品电商。

通过本地休闲农业运营商深耕武汉市乡村休闲游市场，实施乡村旅游后备厢工程，形成稳定的顾客群体，并通过电商，带动农特产品持续销售。

（2）依托信息进村入户工程，利用信息员队伍挖掘农特产品，并进行分拣包装，以区域公共品牌或网络品牌进行销售。

（3）在实行农业标准化的过程中挖掘农产品，依托农产品质量安全追溯平台运营商对接各专业农村电商企业，形成合作机制，推广销售农产品。

（4）依托目前极速扩张的生鲜连锁店，对接本地优质生鲜产品，开展社群营销。

3. 完善电商扶持政策

（1）建议设置物流补贴。农产品较之工业品，产品标准化难，物流费用占产品价格比重高，且运输损耗大，包装要求高，在市场起步阶段，对农村电商运营企业与本地初级农产品（生鲜产品）和农特产品生产企业签订认购协议，并通过 B2C 模式实现线上销售的，进行物流补贴。对农村电商运营企业租赁常温或冷链仓库销售本地农产品达到一定规模的，予以补贴。物流、邮政管理等多部门也要制定切实效、管长远的优惠政策。

（2）设置电商奖励。对于开展初级农产品、深加工农产品、乡村休闲游的电商企业分别设立销售奖励机制，对获得国家、省级电商示范企业的农村电商企业予以奖励，营造电商企业赶超争先的氛围。

4. 加大电商人才培养

依托各类院校、培训机构、电商园区、创业基地、优秀电商企业等主体，整合集成再就业和创业培训、新型职业农民培训、青年创业培训、妇女就业培训等资源开展农村电商培训。建议政府的农村电商培训资金要重点用于对农村电商从业人员、创业人员、农村致富带头人开展多层次的电商培训。通过举办电商创业大赛，本地农产品网络营销等活动，发现和培养一批本地电商人才，努力营造良好的创业环境。

5. 注重电商品牌创建

加大本地农产品“三品一标”品牌的培育力度，强化公用品牌的营运管理，讲好品牌故事。对成为国家级“名优特”“中华老字号”、原产地保护、“三品一标”的予以奖励，对收储零散农产品进行标准化包装，并形成有一定市场知名度和竞争力产品的企业予以奖励。鼓励优质农村电商运营推进标准化工作，研究电商单品爆款农产品生产标准、质量标准、包装标准、配送标准，并予以推广。积极引导协调有地方特色的农产品入驻天猫、京东、苏宁武汉特色馆，发挥电商行业协会的自律作用，进一步提高农村电商规范化程度，避免出现恶性低成本和同质化竞争。加强农村电商市场监管，对虚假网络广告、网络价格欺诈等行为予以严厉打击，共同维护品牌权益。

九、益阳市农产品电子商务发展报告

（一）农产品电子商务发展情况

2018 年 1—9 月湖南省益阳市特色农产品网络售销额 50 亿元以上，带动贫困村农副产品实现上网销售 507 个，培育发展农村电子商务服务站 1 267 个。

1. 稳步推进电子商务公共服务站点建设

桃江县积极构建县、乡、村三级电子商务公共服务站点建设。目前已建成县级电商公共服务中心 1 个——桃江县电子商务产业园，乡镇电商公共服务中心 15 个，村级电商公共服务站 250 个，实现行政村电子商务公共服务站点覆盖率 100%，各电商服务站点与建档立卡贫困户签订《农产品收购合同》，切实为农民解决农产品“买难”“卖难”问题。电商服务站完善的服务功能不仅能让留守老人和儿童通过淘宝、京东、苏宁易购、邮乐网、供销 e 家等各大电商平台选择农资和各类消费品，还能让农村居民足不出户享受缴费、取款、车险、票务等各类便民服务，有效拉动了农村消费需求。据统计，该县 2018 年 1—9 月电商公共服务站点实现便民服务代收代缴达 10 011 万元，网络代购额达 9 404 万元，网络代销额达 3 041 万元。其中，43 个贫困村电商站点网络代购总额为 1 504 万元，网络代销总额为 510 万元。

安化县建成县级电商公共服务中心 1 个、乡镇电商服务中心 23 个、村级（社区）综合服务站 220 个，实现了电商服务站贫困村全覆盖，对接贫困户 14 364 人，其中解决就业 316 人。赫山区农人公社电子商务公司护农商城以农机合作社与农机需求者对接为切入点，全方位实现“农户+合作社+生产企业+电商”的模式，开设网店 186 个，其中贫困村网店 17 个。湘域电商企业已在该区建设村级电商服务及物流站点 145 个，其中贫困村建设电商服务站及物流服务站点全部到位。

沅江市通过全民 O2O 管理服务系统搭建“工业品下乡农产品进城”的电子商务平台，启动“电子商务进乡村”系统工程，为实体企业实现移动互联网电子商务 O2O 转型提供技术支持和人才培养服务。

2. 加快农村电商物流配送建设

桃江县在贫困村建立快递服务点，开展集中收购、集中配送，降低物流成本，实现了县到村包裹邮件双向当日配送，县内乡镇实现当日达，90%行政村实现次日达。县邮政公司还开通了桃江—长沙、益阳—广州的直达邮路，全力提升全网传递全程时限。通过整合发展，使发往全国的快递平均资费下降至 3~3.5 元，县城区上行快递价格比市场价下降 30%，乡镇村下降 20%，确保了电商企业网上销售的资费，日益完善的农村物流配送体系，打通了服务群众“最后一公里”。2018 年 1—9 月邮件进港数量达 763.21 万件，同比增加 53.37%，出港数量达 237.18 万件，同比增加 7.28%。

南县通过与阿里巴巴合作，采用“菜鸟”物流模式并整合全县快递物流企业和电商平台自有物流，建成了农村淘宝、湘域电商、雨后电商 3 个物流配送中心，增加进村配送线路 4 条，实现了从县到村 1 次/天的配送，彻底打通了南县工业品下乡和农产品进城“最后一公里”，真正实现了快递进村入户。

3. 拓展农产品网路网销

（1）打造网销品牌。由南县雨后电子商务有限公司统一开发南县特色网上农产品，编制成《南县重点产品网上名录库》，打造网销品牌，助推农特产品推广销售和品牌化，截至 2018 年 9 月已经录入第二批 30 个网销品牌，录入南县及洞庭湖区特色农产品达 275 个，其中收纳贫困户产品 30 余款。全县现有 3 家电商企业在供销 e 家、淘实惠、雨后电商等全国性知名电商平台开设南县特色馆，重点推广稻虾、龟鳖等特色产品，将稻虾产品作为南县的区域公共品牌，打造为南县“一品”。同时，电商办鼓励支持农村电商、专业合作社、家庭农场和经纪人网上销售本地农产品，通过“供销 e 家”网上销售小龙虾、藕根、鸡蛋等本地特色产品。

（2）引入知名电商平台帮扶。安化县与京东集团签订战略合作协议，委托电商企业在京东商城开办中国特产·安化扶贫馆，专销南县农特产品，已有 20 余家茶企、农牧企业 50 多个品类产品入驻，截至 2018 年 9 月底销售额达 111 万元，利润的 3%将返回南县企业用于精准扶贫。推介安化永泰福茶号进入京东商城“京东·湖南老字号旗舰店”，“安化礼物”成为全国电商扶贫重点扶持农特产品，“高马二溪”成为全国电商扶贫优秀农特产品，白沙溪等茶企产品入驻阿里巴巴扶贫兴农频道。指导贫困户在省商务厅、省扶贫办建设的微商平台上零门槛开设电商扶贫小店 863 家，其中贫困户（包括贫困村的非贫困户）488 家，形成非标农产品上行销售额 150 多万元。

（3）电商企业帮扶贫困户种养殖。桃江县由电商种养殖基地或农场免费发放鸡苗、猪苗或农作物幼苗，并指导建档立卡贫困户按标准进行种养殖，再按市场价格回收产品进行销售，目前尖角佬生态农庄已免费提供了 1 800 只鸡苗给 89 名贫困户进行养殖，土鸡散养长大后，按市场价收购，每只能卖近 200 元；源益农业种养殖合作社于 2017 年 7 月与本村 120 户农户签订《土地流转协议》，其中贫困户有 12 户，承包村民的土地后，安置 25 位贫困户就业，再免费发放种植种子和养殖幼苗，再由合作社收购其产品，通过电商平台销售，获得的利润用于合作社员工发放工资和分红；清泉生物科技有限公司安置 18 户贫困户就业，公司统一培训、统一提供原材料配方、协议收购半成品。南县采取企业与贫困户签订协议的方式，直接认领帮扶贫困户，建立结对帮扶关系，落实具体帮扶措施，帮助贫困户脱贫。浪拔湖镇诰封嘴村有多个生态养殖场，鸡蛋日产 4 000 多枚，受 2018 年禽流感影响，该村鸡蛋大量滞销。与诰封嘴村结对的微雨后电子商务有限公司，策划了一场“家乡扶贫土鸡蛋，需要您助力”的活动，发表文章《家乡爱心扶贫土鸡蛋》，传播到微信朋友圈、QQ 空间以及各大新闻网站，阅读量急速增长。通过广泛传播，累计帮助诰封嘴村销售土鸡蛋 158 000 枚。资阳区依托现有产业优势，通过阿里巴巴、京东、淘实惠、邮乐网、益村、顺联动力、兴盛优选、百优益百等大型电商平台，将休闲食品、小龙虾、黑斑蛙、无公害蔬菜、翠冠梨等主要产品及贫困户自产的土特产打造成适合网销的产品，为资阳农产品进城进一步搭建“市场直通车”。2018 年 1—9 月全区利用阿里巴巴、京东等各大电商平台销售本地农特产品实现年交易额近 1.52 亿元，全区利用电商平台销售贫困村农特产品的年交易额达数百万余元。

4. 支持电商企业开展业务知识培训

安化县举办电商知识技能培训 38 场 7 000 余人次，其中贫困人口 2 000 余人次。开发培育网销扶贫农特产品 61 个，指导开办扶贫网店 863 家，帮助贫困对象销售和收购贫困对象农特产品 2 000 多万元，为贫困户人均增收 1 392 元，全县借助电商脱贫人口累计达 3 000 余人。

桃江县自电商产业园开园以来，开展各类电商人才培训达 15 755 人次，其中开展党政干部培训 5 场，培训学员 477 人；电商创业者培训班 18 期，包括 1 期建档立卡贫困户，共培训 780 人；高级美工培训、高级运营培训 7 期，并带动学员成立了美工团队和营销运营团队，负责指导电商企业的营销运营，共培训学员 111 人；对村镇干部、党员及村民开展电商理念普及培训，开展电商下乡培训 18 次，共培训 3 408 人。

赫山区农人公社电子商务有限公司联合赫山区扶贫办、妇联制定帮助贫困家庭主妇 430 人进行了创业致富实用技术培训。赫山区商务局联合区妇联、农人公社电子商务有限公司，在会龙山、金银山街道、赫山街道、桃花仑街道举办了以“法治护航，巾帼创业”为主题的“赫山网姐”电子商务社区团购联动项目培训会，主要针对辖区内的低保妇女、失业妇女及各类创业女性，共计 240 余人参加培训。

南县组织南县创城、宽道互联网、淘宝大学等公司、培训机构，由政府相应补贴，深入 12 个乡镇为全县扶贫对象包括残疾人、就业困难的妇女等弱势群体免费开展电子商务普及运用培训和就业技能培训，全年计划培训 10 场、培训贫困对象或残疾人士 200 余人次。

资阳区会同区扶贫办等部门，从全区每个村遴选 1~2 名有一定文化基础、从事电子商务意愿较为强烈的贫困人口免费进行电子商务实务操作专项培训，截至 2018 年年底，共开展电商扶贫实操培训专场 7 次，培训农村电商人才近 1 000 人。同时，积极支持贫困村大中专毕业生、初高中毕业或外出务工返乡青年通过电子商务创业或在电商扶贫产业链实现就业。

（二）存在的问题

1. 农村软硬件条件不够，相对落后

不少地区物流和网络等基础服务设施缺失，如安化县物流只送到乡镇级，没有下村，部分村还存在网络设施缺失或者设施等级较低的情况，无法为农产品上行提供有效支撑。

2. 产品的非标准化，难以解决品牌化

农产品生产总体上仍处于一家一户的生产模式，生产规模小，生产个体多，缺乏标准化生产应有的规模基础和大规模生产规范化管理整齐划一的必要条件，农产品生产者主要凭传统农耕经验、种养技艺，缺乏通过市场销路的倒逼机制来确定下一个生产周期生产的品种和生产过程中拟采取的管控措施。一家一户的个体或农户仅从本身利益出发，缺乏标准化生产的外围激励机制和自我约束机制，难以形成标准化农产品，更难实现品牌化。

3. 电商人才缺乏，招聘难度大

现在农村电商人才结构的主要问题是，懂电商的人不熟悉农村，熟悉农村的人不懂电商，既熟悉农村又懂电商的人缺乏；而从能力看，即使已经开始从事电商创业的人才，也面临能力不足的问题。主要原因，一是农村经济比较落后、对外开放度不高、能提供的件条件不足，无法吸引年轻人回家乡发展。二是自主培训难度大，电子商务技术含量高，不仅需要受训者具有较高理解和掌握能力，还需要具有实践操作经验，难以通过短时间培训获得合格的农村电商人才，人才质量提升难。三是真正懂电商的人不会留在农村发展，会选择去大城市、县城等经济条件较好的地方创业就业。

（三）下一步工作计划

1. 进一步加快推进电子商务进农村

（1）进一步深化电子商务进农村试点工程。结合桃江、安化成功申报全国电子商务进农村综合示范县，南县和阿里巴巴合作建设农村淘宝，其他区县市也依据本地电子商务发展计划，新建 400 个农村电子商务服务网店，重点依托当地产业优势，新建 1~2 个电子商务配送服务中心。在发展村级网店的同时，通过广泛培训，着力提高村级网店运作质量，进一步加强厂店合作、厂商合作，推动网店实行标准化、规范化管理。

（2）加强电子商务扶贫。进一步帮助“益村”平台与各地农村电商平台对接，整合资源，把电子商务纳入扶贫开发工作体系，积极培育农村电子商务市场主体，继续开展电子商务进农村综合示范，提高扶贫效率和精准度，提升贫困户运用电子商务创业增收的能力。

（3）加大农村电子商务创新创业扶持力度。加强与批发市场、超市、电子商务企业的合作，建立农产品采购商数据库，办好农产品网上购销对接会。建立标准化的物流配送体系，保证农产品电子商务的顺利进行。打造城乡之间鲜活农产品和生活服务业供求对接“直通车”，提升居民生活品质。

2. 建立农产品产地准出制度和网销标准化体系

建立农产品溯源体系，探索“农户+合作社+网商”的质量控制模式。建立和实施农产品质量例行监测制度，将农产品市场准入性检验从生产或经营者委托检验形式变成为政府出资的例行检查方式，有效地发挥政府的监督作用，降低农产品生产者和经营者的成本，提高农产品的市场竞争力。

3. 推动特色农产品品牌建设

坚持品牌培育、品牌树立和品牌发展，充分发挥农业龙头企业、农民专业合作社、家庭农场等新型农业经营主体在农产品品牌建设中的主体作用，引导企业提高品牌化发展意识，扩大品牌农产品生产规模。进一步拓展特色产品的销售渠道，重点打造适合网络销售的本地农特产品，推动“一县一品”“一县多品”产业发展。

4. 进一步推进农业生产性服务业的发展

积极探索“农户+专业合作社+企业+公司+电商平台”模式，推动互联网与“三农”融合发展。充分发挥龙头企业的示范作用，大力发展多元化多层次多类型的农业生产性服务，推动服务链条横向拓展、纵向延伸，促进各主体多元互动、功能互补、融合发展。如促进赫山区农田谋士现代农业服务有限公司建设的“护农商城”的推广。

5. 进一步加强农村电子商务人才的培养

在农村专业合作社和规模企业，选送电子商务专业人员到高校和知名网商企业进行高端培训，有计划地培养电子商务领军人才和高层次人才，并通过他们在电子商务人才队伍中的引领作用，建设一支具有高素质和丰富电子商务运营经验的队伍。以短期培训班形式和利用其他农村培训时间开展电子商务培训，通过多种形式提高农村电子商务实际操作水平。

6. 进一步完善物流仓储配送体系

一是统筹城乡物流规划。将农村物流基础设施纳入城乡建设规划，加强交通运输、农业、供销、邮政快递等农村物流基础设施的规划衔接，实现统筹布局、资源互补、共同开发。二是建立以县城为中转，农村电子商务点为基础的农村物流配送体系。在县城建立下乡网货和进城农产品的物流中转仓储，构建起以县城为中转、农村淘宝村级服务站或邮乐购或淘实惠合作网点为基础、到户配送为终端的完整体系。支持规模大、基础好的第三方物流企业延伸农村服务网络，保证农产品网销和农村网购物流配送。

十、成都市农产品电子商务发展报告

（一）农产品产销情况

1. 特色产业生产基本情况

近年来，四川省成都市按照新发展理念，全面深化农业供给侧结构性改革，大力推进绿色发展，促进种养业转型升级，形成了粮油、蔬菜、水果、茶叶、食用菌、中药材、花卉苗木、畜禽等优势特色产业。2018 年，全市农产品产值达 884 亿元。

（1）粮油产业。成都是我国重要的商品粮食生产基地、杂交水稻种子生产基地和双低油菜优势产业带，被誉为“川西粮仓”，粮食作物以水稻、玉米、小麦为主，油料作物以油菜为主。全市粮食作物种植面积 574. 6 万亩，总产量 230. 3 万吨。其中，水稻面积 231 万亩，总产量 123. 1 万吨；玉米面积 146. 5 万亩，总产量 57. 7 万吨；油菜面积 198. 22 万亩，总产量 37. 3 万吨。粮油加工产品主要有富硒大米、黄菜籽油、紫色玉米、紫色甘薯、“得益绿色”方便米饭等。

（2）蔬菜产业。成都是全国闻名的冬春蔬菜生产基地，四季以露地栽培的“大地蔬菜”为主，冬季蔬菜种植面积较大。2018 年，全市蔬菜复种面积 244 万亩（其中，常年蔬菜基地面积为 40 万亩，复种面积 120 万亩；轮作蔬菜基地面积 110 万亩，复种面积 158 万亩），总产量 534 万吨，总产值达 120 亿元以上，约占全市种植业产值的 30%。

（3）水果产业。水果是成都市继粮油、蔬菜之后的第三大特色产业。果树品种资源丰富，种植面积大，四季都有鲜果上市。成都是全国水蜜桃主产区、优质枇杷主产区、南方冬草莓生产区、优质晚熟杂柑主产区、优质猕猴桃主产区，尤其是龙门山脉一带是世界公认的猕猴桃最佳种植区，所产红心、绿心、黄心猕猴桃分别于 8 月、9 月、10 月下旬成熟，为世界上罕见的“三色齐聚区”。2018 年，全市果树栽培面积 150 万亩，总产量 153 万吨，总产值超

100 亿元，其中，桃、梨、枇杷、葡萄、草莓等伏季水果面积 65 万亩，产量 70 万吨；柑橘 54 万亩，产量 68 万吨；猕猴桃 31 万亩，产量 15 万吨。

（4）茶叶产业。成都是中国茶叶原产地之一，也是全国名优绿茶和出口绿茶优势区域。成都具有良好的茶叶栽种生态条件，开发早茶、名优茶优势突出，比江浙等主产区提早近 1 个月上市。2018 年，成都市有茶园总面积 33. 72 万亩，总产量 2. 01 万吨，茶叶（鲜叶）产值 15. 43 亿元。

（5）食用菌产业。成都是全国食用菌生产特别适宜区之一，食用菌种植以姬菇、双孢蘑菇、金针菇和羊肚菌等珍稀食用菌为主，2018 年，全市食用菌总产量达到 87. 8 万吨，产值超过 55 亿元，占四川省总产量的 60%以上。

（6）中药材产业。成都野生中药材种类多、分布广、蕴藏量大，素有“中药之库”之美誉，是全国著名的川药和南药的集散中心。主要有川芎、郁金、黄连等道地药材品种，其中川芎占国内 90%以上的市场份额。2017 年，全市中药材（道地药材）面积达 19. 96 万亩，产量 5. 96 万吨，产值 15 亿元。

（7）花卉苗木产业。成都花卉主要以园林苗木、鲜切花、盆花、盆景、观叶植物为主，是川派盆景的发源地。2018 年，全市花卉销售额达到 30 亿元，其中，鲜切花销售量 9 445 万枝，盆栽观赏植物（包括盆景）销售量 10 817 万盆，观赏苗木种植面积销售量 3 570 万株。

（8）畜牧产业。2018 年，成都市肉类总产量 59. 9 万吨。其中猪肉 42. 1 万吨，生猪存栏 390. 68 万头，出栏 574. 3 万头；牛存栏 7. 84 万头，产量 0. 48 万吨；羊存栏数 58. 73 万头，产量 1. 61 万吨；禽肉产量 12. 49 万吨；禽蛋产量 15. 20 万吨；牛奶产量 8. 64 万吨。全市水产品总产量 14. 25 万吨，渔业经济总产值 91. 7 亿，居于四川省前列。

2. 农产品营销流通情况

成都市农产品主要依托批发市场、农贸市场、超市、零售市场、社区网点等实体市场以及电商进行销售，形成了“批发市场逐级分销+经销商收购+基地（合作社）”“互联网+”“龙头企业+合作社+农户”“农批农超+基地（合作社）”等传统和新型营销模式。

按照《成都食用农产品市场规划（2006—2020）》和《成都市现代农业物流业发展规划》，合理布局并推进农产品流通体系建设。全市形成了以濛阳、白家 2 个大型批发市场为核心，17 个区域性、专业性批发市场为枢纽，840 多个农贸市场、5 000 多家零售及超市门店、500 多家生鲜便民菜店为支撑的农产品市场流通体系。2018 年，濛阳、白家 2 个大型批发市场交易量达到 800 余万吨、交易额 570 亿元，已成为西部地区农产品交易重要集散中心。

（二）推进农产品电子商务发展的主要举措

为加快推进农业农村电子商务发展，拓宽农产品销售渠道，成都市委、市政府先后出台了《关于加快推进都市现代农业信息化的意见（试行）》（成办发〔2013〕44 号）、《关于加强农业标准化品牌化建设的意见》（成办发〔2015〕33 号）、《关于加快农业农村电子商务发展的实施意见》（成办函〔2015〕172 号）、《成都市实施乡村振兴战略若干政策措施（试行）的通知》（成委发〔2017〕179 号）等多个指导性文件。其中，《关于加快农业农村电子商务发展的实施意见》专门就支持农产品电子商务平台建设、支持农村经营主体开拓农业农村电子商务市场、健全农业农村电子商务物流配送体系、加强农业农村电子商务人才队伍建设、大力发展农村电子商务相关现代服务业、开展农村电子商务示范建设、加强农业电子商务品牌建设、加快推进“互联网+休闲农业和乡村旅游”发展、着力创建农业农村电子商务产业基地、鼓励开展农业农村电子商务创新创业等多个方面制定了一系列的政策扶持措施。

加大财政资金扶持力度。2015—2018 年，仅成都市农业农村局就安排市级财政资金 8 000 多万元，用于支持农产品电子商务示范镇、孵化园、品牌营销等项目建设，以及农产品电子商务销售奖励、生鲜农产品电子商务进社区配送示范点补助等。通过财政资金引导撬动更多社会资本参与农业农村电子商务建设。

（三）农产品电子商务发展规模、成效和典型案例

1. 成都市农产品电商现状和成效

（1）电子商务发展势头迅猛。2018 年，全市农产品电子商务经营者超过 3 000 家，农产品电子商务零售交易额达到 87. 8 亿元，同比增长 48. 13%。其中，果蔬、畜禽水产等生鲜类占比超过 40%。电子商务已成为成都市农业产业化龙头企业、农民专业合作社等新型经营主体扩大销售收入和实现品牌推广的重要渠道。

（2）电商体系日益完善。抓住全国首批“国家电子商务示范城市”、国家级“农村电子商务示范县”等有利机遇，积极推动电子商务进农村重点县和电子商务村建设，建成蒲江、简阳2个国家级农村电子商务示范县，金堂1个省级农村电子商务示范县，新都、邛崃、崇州3个市级农村电子商务示范县，47个特色农产品电子商务示范镇，60个市级农村电子商务试点村，8个农产品电子商务孵化园，初步健全完善了县、镇、村三级农业农村电商服务体系。

（3）积极引进和培育电商主体。目前，阿里巴巴、京东等超过30家全国电子商务行业领军企业在蓉设立区域总部，80%的全国网络零售100强企业完成以成都为中枢的西部市场布局。同时，本土企业快速成长，以农业产业化龙头企业为代表的成都农产品企业、行业协会通过自建电商平台（含企业门户网站）等方式，全市已拥有中药材天地网、温江中国花木网、买够网、田岭涧、快健康、源本生鲜等30余家农产品电商平台企业。其中，中药材天地网创立的全国“中药材价格指数”成为全国农产品电子商务标杆企业，温江中国花木网成为全国花卉苗木交易的风向标。依托淘宝、天猫、京东等电商平台，大力建设“特色中国·成都馆”，与京东开展农业农村电商合作，与阿里共建淘宝镇、淘宝村。成立了成都农村电子商务协会、成都市现代农业电子商务协会。

（4）营销模式不断创新。强化与淘宝、京东等国内知名电商的深度合作，整合资源、培育网络市场，农产品电商销售品种丰富，特别是生鲜农产品电子商务发展强劲，开创了成都农产品电商“百花齐放”的创新发展新局面。重点在全国范围开展成都猕猴桃、成都水蜜桃、蒲江丑柑等特色品牌电子商务营销推广，打造了农产品电商的“成都品牌”和“成都模式”，形成了综合性生鲜电商、垂直生鲜电商、O2O电商、智能店新业态、体验店、无人店等新型农产品电子商务发展模式。

（5）产品供给转型升级。成都农产品电商以农产品加工品和高品质的生鲜农产品为主，特别是丑柑、猕猴桃、水蜜桃等需求旺盛，促使生产经营主体在品质控制、质量保障、分选分级、保鲜物流储运等方面执行更高标准。成都特色农产品境外旺盛的市场需求推动特色优质农产品生产经营主体积极提高农产品质量安全标准。此外，随着消费者不断追求高端丰富多元的物质文化生活，农村休闲产品、旅游产品、乡土文化产品、特色农产品速食产品大量触网上线，不断推动成都农产品供给升级。

（6）助力农民增收致富。充分发挥农产品电商缩短农产品流通环节优势，通过“统一包装+品牌营销”，有效提高农产品附加值，助力农民增收。龙泉驿区通过全国近50家分销平台，线上线下互动，在海内外推介销售龙泉驿水蜜桃，实现了价量齐增。2018年，龙泉驿水蜜桃收购均价每千克提升1.8元以上，带动基地果农人均增收2 160元。同时，成都市将“电商扶贫”正式纳入了精准扶贫工程，电子商务企业积极探索电子商务村、产业扶贫、创业扶贫、用工扶贫等“电商扶贫”方式，促进贫困农户就业增收。

2. 典型案例

蒲江县依托优势产业，不断深化“互联互通、开放共享、线上线下融合”的农业农村电子商务发展模式。一是加快主体培育。充分发挥电子商务产业园的带动作用，集成公共服务、企业孵化、人才培育、物流配送四大功能，创新设立提供管理咨询、法律咨询等“十服务”，免房租、中转仓储费等“八免”，补贴物流包装、贷款贴息等“四补”的扶持政策，建成电商示范镇4个，村级电商服务站及物流配送服务站134个，电商公共服务覆盖全县所有行政村。二是强化运营管理。开设天猫蒲江猕猴桃官方旗舰店、京东蒲江特产馆、苏宁易购中华特色蒲江馆，积极打造本土“鲜农纷享”“水口红”等农产品电商交易平台，举办“京东·蒲江猕猴桃节”“蒲江猕猴桃电商标准发布会”等线上线下推广活动。引进菜鸟网络、顺丰等物流企业20余家，建成蒲江现代农业水果物流中心、新发地仓储物流中心等配套服务基础设施，全县分选、包装、冷链物流等设施完善，冷链仓储达8.5万吨，农产品商品化处理率达80%。三是助力贫困地区农产品销售。蒲江率先构建川藏农产品营销版块，聚集攀枝花芒果、西昌大樱桃、汶川车厘子、泸定水蜜桃及松茸等10余类产品，初步形成“买四川卖全球”产供销网络，2018年，销售县外农产品逾1亿斤。

蒲江县被评为国家级电子商务进农村综合示范县、全国农业农村信息化示范基地，先后被京东集团授予“京东农村电商推广示范区”、入选阿里研究院公布的“中国农产品电商50强县”、荣获天猫“消费者最喜爱原产地”称号、上榜2018年度阿里农产品电商十强。2018年，全县农产品电商销售收入达10.26亿元，其中水果7.36亿元。

(四) 存在的问题和工作建议

1. 存在的问题

(1) 农产品电商物流成本高企。虽然互联网销售能够缩短流通环节，降低农产品流通成本，但因农产品生产基地多在远郊农村地区，物流体系不健全，基础设施不完善，导致农产品电商尤其是生鲜农产品电商的物流成本居高不下。就成都地区而言，本地生鲜农产品电商物流成本占销售额的35%~50%。

(2) 农产品电商人才缺口大。农产品电子商务发展离不开一大批熟谙农业生产经营管理和互联网知识的复合型专业人才。目前，成都农产品电商管理、运营等方面的人才缺乏，尤其是跨界创新型专业人才缺口大，专业化运营和服务团队缺乏。

(3) 本土农产品电商品牌价值有待提升。近年来，成都大力培育和发展农产品品牌，形成了成都中药材天地网、温江花木网、买够网、田岭涧、快健康、云图生活、尚作有机等一批农产品电子商务平台品牌，集聚了新希望、通威、得益、丹丹等一批消费者耳熟能详的农产品品牌。但总体上，农产品电商品牌相对较弱且趋同严重，品牌价值还较低，知名品牌数量较少。

(4) 农产品电商总体盈利难度还较大。一方面，农产品价值与高企的物流成本、销售成本还不相称。多数成都本地电商销售的农产品商品价值偏低，其中不少生鲜农产品的物流成本甚至超过了商品价值本身。另一方面，电商平台维护更新推广成本高，电商企业对当地农户、专合组织等生产主体带动能力还不强，无法形成规模集聚效应，从而进一步增加了平台营运成本。

2. 工作建议

目前，成都在农产品电商人才、品牌等方面还较为缺乏，特别是农产品电商基础配套设施支撑能力还有很多不足。建议下一步就农业农村电商政策、资金、人才等方面出台扶持意见。

一是加大对农产品电商服务体系和农产品产业链大数据建设的支持力度。二是给予农产品电商用地政策支持。对国家、省和市级的重点电子商务项目，优先保障项目用地；将分级包装、冷链物流等设施用地纳入城乡规划。三是对农产品电子商务生产、销售、配送、服务等全产业链建设给予政策扶持。四是加大融资支持力度。支持农产品电子商务企业与银行加强融资合作，鼓励金融机构探索建立电子商务融资担保、抵押及风险补偿等机制，支持符合条件的电子商务企业上市融资。五是优化电子商务人才引进政策。重点引进农产品冷链物流、大数据分析等方面的人才，鼓励大学生到农村发展农产品电子商务。六是支持以市县公共品牌和地理标志产品为主的农产品电商品牌营销，提升电商运营水平。

十一、绵阳市农产品电子商务发展报告

（一）农业生产基本情况

2018年四川省绵阳市农业经济运行主要表现为“稳中有进”，农业经济发展的韧性不断增强。一是粮食生产保持总体稳定。全市粮食总产229.65万吨，较2017年230.57万吨（“三农普”调整后数据）减0.4%。完成31.7万亩高标准农田建设，农作物种子基地建设4.85万亩。二是养殖业稳定增长。全市生猪出栏353.8万头、同比增长1.7%，牛出栏11.16万头、同比增长2.0%，羊出栏97万只、同比减少1.8%，家禽出栏6 269.21万只、同比增长2.4%，肉类总产8.81万吨、同比增长2.7%。全年水产品总产11.68万吨，同比增长2.9%。三是主要“菜篮子”产品量价保持稳定。生猪业顶住价格下行压力，禽蛋恢复性增长，水产品价格稳定。蔬菜生产克服暴雨洪涝影响，价格增长明显。全市农林牧渔业增加值309.27亿元、增长3.9%，其中，农业增加值301.27亿元、增长3.7%。

（二）农业电子商务发展基本情况

出台了《关于推进农业标准化品牌化建设实施意见》（绵府办发〔2017〕6号）等文件，深入实施品牌建设“五大工程”，加快推进电子商务和“互联网+”现代农业建设。2018年，绵阳市农产品网络交易额达30亿元，农产品网络销售额占农业总产值比重达到7.2%。

1. 壮大农业品牌体系规模

已初步建立“区域品牌+企业品牌+产品品牌”的农业品牌体系。培育拥有国家地理标志认证的区域公用品牌21个，其中，平武中蜂被列为2018年“四川省10个农产品优秀区域公用品牌”。全市获得“三名商标”的企业达50家，有四川省农业电子商务示范企业3家。“三品一标”农产品总数达到657

个。全市具有较高知名度的产品品牌达 15 个，其中获得“四川省 50 个优质品牌农产品”称号的农产品达 6 个。

2. 实施“互联网+农产品”行动

（1）鼓励支持电子商务发展。全市新型农业经营主体触网率达到 100%，9 家县级电商运营中心运转良好，全市村级电商服务店达到 1 635 家（村淘），电商经营主体达 4 644 家。

（2）加大农业品牌网络宣传力度。借助 CCTV7《农业金品牌》栏目、人民网《人民健康》栏目、《蜀你最美》栏目等媒体，大力宣传“绵阳造”农特产品，其中平武中蜂蜜等产品成为“人民优选”的候选产品，拍摄了《俏山货走出大山》宣传片，开通“平武一点通”微信公众号等新媒体账号。指导“绵阳新农网”加强与镇村、经营主体和龙头企业等的信息共享，加大农产品宣传。持续与绵阳电视台、绵阳日报等市内主流媒体合作，与绵阳电视台已联合主办了 200 余期绵阳特色农业节目《乡韵绵州》，全方位、多层次、多视角传递农业信息，反映绵阳“三农”工作亮点。

（3）加强农产品质量安全监管。以农业产业化龙头企业、“三品一标”、规模生产主体为重点，鼓励支持开展在线追溯和主体追溯。截至 2018 年年底，全市入驻省平台开展追溯达 331 家，生猪追溯实现全覆盖，继续保持重大农产品质量安全事件零发生的纪录。

（4）全面实施农业信息进村入户工程。已完成全市 2 762 个益农信息社的建设，覆盖全市 80%的行政村。2018 年聘请了业内资深培训师，以开展电商服务等内容为重点对 300 余名信息员进行了业务提升培训。

3. 大力发展农产品加工业

2018 年，建成农产品产地初加工设施 745 座，实现农产品商品化处理能力 963 万吨、农产品产地初加工产值突破 40 亿元。组织申报国家农产品加工先导区 2 个，2018 年度国家农产品加工技术研发专业中心 3 个。

（三）典型案例

“平武中蜂+”出村进城模式

2018 年，全县养殖平武中蜂 10 万群，“平武中蜂+产业”（蜂产品+蜜源植物）产值 3 亿元。

一是构建农产品质量追溯机制。建立“六大体系”，实现“平武中蜂”系列产品的质量可追溯，建设生态信息农业示范点 38 个。

二是培育优质农业品牌。大力推进“品牌创建年”活动，鼓励“三品一标”发展。协议授权“平武中蜂”区域品牌使用，创建“食药同源 · 平武原生”区域品牌。2018 年平武中蜂蜜被授予“四川一城一品品牌”“四川省 10 大农产品优秀区域公用品牌”，“平武中蜂—大山老槽蜜”荣获第 16 届中国农交会金奖。

三是积极申请出口资质。引导企业积极开展“欧美标准”认证，着力开拓中东、欧美等国外市场。“大山老槽蜜”在中东地区曾卖出每斤 700 元人民币的价格，“大山老槽蜜”“羌家蜜”“百花蜜”等品牌已陆续成功进入国内外高端市场。

四是实施“互联网+农产品”行动。坚持政府主导、企业主体，积极开拓农产品市场。鼓励龙头企业加入天猫、京东等大型电商平台。创建平武一点通、平武生态农特馆、润生众品等特色电商平台。加强农村电商、微商建设和培育，开发平武县智慧农旅大数据平台。与人民网“人民优选”开展深度合作，推介平武中蜂蜜；与阿里巴巴建立生态扶贫合作，推行网络预售，创造“第一批次 10 000 斤 1 小时售罄、第二批次 10 000 斤 1 分钟抢光”的销售纪录，2019 年采收的“白露蜂蜜”已在 2018 年“双十一”提前预售。

五是开拓线下渠道市场。坚持线上线下同步拓展，优化平武中蜂产品线下销售体验网点布局。引导和扶持龙头企业在全国一二三线城市建立平武生态农产品体验店，在北京、上海、广州等一线城市建立平武生态农产品展示展销厅 18 家。

六是大力开展品牌推介。积极组织县域企业参与“川货北京行”“新春购物节”“糖酒会”“农博会”“全国农交会”等各种展会活动。在绵阳市区主办首届“农民丰收节暨第一书记代言”大型公益活动，吸引上万人参加。

（四）存在的主要问题

1. 缺乏龙头电商品牌

绵阳市农产品网络销售规模逐渐扩大，各类电商服务平台、经营主体不断涌现，但还缺乏一批在国内外具有影响力的农产品电商品牌，利用微信、抖音等新媒体平台开展营销不够，缺乏强有力的网络营销团队。

2. 农产品深加工不足

农产品规模化经营程度仍然偏低，深加工产品较少，品牌附加值较低。

3. 产品开发力度不够

品种资源开发、新产品研发投入存在短板，农产品仍以传统销售模式为主，产学研深度融合不够。如梓潼蜜柚仍以鲜销为主，需要引进具有较强科研和营销能力的食品开发企业。三台县麦冬种植面积已达 56 142 亩，麦冬原料已进入全国 17 个大中药材市场，麦冬制品已进入全国各大城市医院及药店销售，但由于麦冬还未纳入新资源食品目录，新食品开发和市场拓展严重受限。

十二、德阳市农产品电子商务发展报告

（一）农业生产基本情况及农产品电子商务发展规模

2018 年，四川省德阳市农作物总播面积 689 万亩，增加 0.6 万亩。其中，粮食总播面 451.75 万亩，扩大 0.13 万亩；粮食总产 196 万吨，增产 0.47 万吨，增 0.24%；油料总产 20.2 万吨；各类经济作物总面积 192.25 万亩，增加 3.38 万亩，总产量 376.27 万吨，总产值达到 91.6 亿元，增长 1.26%。畜牧业产值 196 亿元，其中，生猪出栏 336.37 万头，小家禽出栏 6 530.5 万只，肉牛出栏 11.1 万头，肉羊出栏 26.14 万只，肉类总产量 37.6 万吨，同比增长 0.5%；禽蛋产量 11.2 万吨，奶类产量 1.08 万吨。实现渔业总产值 15.6 亿元，水产品总产量 6.2 万吨。

德阳全市农产品电商有较快发展。以旌阳区为例，2018 年，旌阳区网络零售额实现 22.52 亿元，在德阳排名居第一位，农产品网络零售额实现 0.38 亿元，相对靠前的行业分别为茶饮、蔬菜、粮油，分别实现 0.13 亿元、0.06 亿元、0.05 亿元。旌阳区茶饮在农产品网络零售额中占比 34.01%，在农产品网络零售额排名中居第一位；旌阳区蔬菜在农产品网络零售额中占比 15.77%，在农产品网络零售额排名中居第二位；旌阳区粮油在农产品网络零售额中占比 14.58%，在农产品网络零售额排名中居第三位。

（二）推进农产品电子商务发展的主要举措

1. 支持电子商务服务形式多样化

通过建立健全网络支撑服务，加快进行网络基础设施建设，为电子商务发展提供良好的网络支撑为基础，大力支持快递物流服务、电子商务外包并拓宽电商交易平台。以电子商务客服外包为代表的外包服务业发展迅速，全市大部分企业均在淘宝、京东、1 号店、天猫、百度等综合类第三方电子商务平台上进行产品销售；川芎、黄连等中草药种植合作社还通过与中药材天地网等行业垂直平台合作，开展网上批发零售；随着信息进村入户工程的建设与推进，针对农产品网络销售，现在又增加了天虎云商平台。

2. 夯实电子商务基础建设，建构电商网络系统

自 2017 年年底，随着整市推进信息进村入户工程的落地实施，经过 2018 年的基础设施设备建设，以及网络试运行，截至 2018 年年底，已经初步建成以 1 423 个益农信息社为基础的农村电子商务网络体系。其中，一类社 417 个，二类社 551 个，三类社 455 个。2018 年全面完成益农信息社设施设备及网络安装调试后，启动了益农社“一村一品”建设工作，建成了销售川芎、川芎鸡的什邡隐丰镇万和村益农社，以及销售黄菊的什邡马祖镇马祖村益农社等代表益农社。

3. 强化电子商务人才建设与培育

随着电商在各个行业应用的不断深入，市政府加大了电商人才的培育力度，引入外部专业培训机构开展电商实务培训活动，并组织本地学员到省内外地区参加培训班。自 2017 年年底启动整市推进信息进村入户工程以来，已经对全市益农社信息员开展了 2 次全覆盖的业务培训，每次培训都对信息员进行了现场考核和检测，以确保他们切实掌握培训所要求的基本技能技术。

4. 加强业务指导，加快推进电子商务运营

随着各村益农信息社的建成并投入使用，对信息员的业务指导，网络维护等工作就成为农村电商正常运营所必需的基本保障。2017 年 11 月初成立了德阳市整体推进信息进村入户工程领导小组，领导小组办公室设在市农业局。由市农业局牵头，协同领导小组成员单位，与信息进村入户工程运营商合作伙伴什邡电信公司紧密合作，切实推进农村电子商务工作。

（三）经验总结和典型案例

根据不同类型农产品的不同产销模式，在生产、流通和销售方面开拓了不同模式。

1. “电商企业+村委会+农户”订单农业模式

由电商平台进行预售及后期销售、包装、物流等服务，村委会组织农户种植生产，并监管产品质量，既大大减轻农户的后顾之忧，同时还有效提高了村

民种养的积极性。以旌阳区黄许镇朝阳村为例，为便于宣传推广和网上销售朝阳村菜籽油、优质水稻产品等农产品，对其进行了深度包装。由金商客公司为朝阳村注册了“how are 油”菜籽油品牌商标、“香甜软米”大米品牌商标，设计了 5 千克/桶的菜籽油包装和 5 千克/袋的大米礼品盒包装，并通过“金商客”平台对所有用户进行订单式预售，组织平台粉丝于每年 3 月在朝阳村举办菜花节，引导用户一边观赏美丽的油菜花，一边体验朝阳村淳朴的风土人情，一边预售“how are 油”菜籽油等农产品。区内其他电商企业和电商平台也大力向各自的用户和粉丝进行宣传报道、推广分销，并通过社区 O2O 线下体验店提供体验消费、物流配送等售后服务。经多方合力，每年鲜榨菜籽油还未上市就已预售一空。同样的方式使得“香甜软米”销量也比平时增长 40%以上。通过电商销售的菜籽油和大米，价格比原来高出 20%，村民人均增收可达 200 余元。

2. “电商+农户代养”模式

2018 年，旌阳区区商务局开始实施“电商+农户代养”模式，向村民提供优质畜禽种苗供其饲养，由电商企业负责在网上进行订单销售，既扩大电商企业的供货渠道，又带动村民增收。

3. “农企对接、错时销售”等贮藏配送销售模式

广汉市在北京、上海、广州、重庆、成都、西安等地都建立农产品营销中心；广汉绿丰蔬菜专业合作社新建农产品产地集配中心，扩大蔬菜基地规模，实现“旺储淡售、错时销售、错峰销售”，有效延长销售时间；广汉篱邦农业技术创新示范园组建配送中心，包括 500 立方米冷库，物流冷链车 4 台，完善了预冷、冷链物流，积极开展知晓模式。

4. “线上线下融合发展”模式

呀买云商电子商务云平台是由德阳市政府引进的电子商务重点项目，由市级财政在商贸流通服务业、工业、农业产业发展资金中分别安排 100 万元、共计 300 万元作为项目专项资金，支持该项目落户旌阳区并在旌阳区进行应用推广试点，旨在通过与广大商贸流通企业、工业企业、农产品企业开展互联互通、创新融合，利用呀买云商电子商务云平台，为线下企业提供方便、实用的移动商城系统，实现一键式开店和管理、线上线下店融合发展，从而扩大企业销售规模，提升信息化应用能力。

（四）存在的问题

目前，德阳市农产品电子商务发展虽稳步向前，但总体规模小，发展缓慢，主要存在以下问题。

1. 农村电商基础薄弱

农村电商网点基本是由传统网点进行改造，网点的电商敏感度不高，运用电商的主动意愿不强，导致网点的电商服务能力不强，物流体系尚不发达，尚未达到预期的目标。

2. 农产品上行难

农产品电子商务发展的优势在于量大，量小导致物流成本增加，竞争力减弱，而德阳市成规模种植养殖还需继续发展，导致农产品电商销售额不足。

3. 电商平台水平不高，同质化竞争严重

本地专业的电商平台较少，规模不大，且存在同质化竞争，平台之间缺少资源互补，各平台的产品少、渠道少、销售量小。

4. 电商专业人才缺乏

尽管近年来加大了对电商人才的培训培养，但培训的多是电商基础应用知识，产品设计优化、品牌运营推广等专业电商人才仍然欠缺，与高速发展的电子商务产业尚不匹配。

5. 优势电商产业没有形成

区域电商的发展离不开强大的产业支撑，德阳市电子商务与产业的结合深度不够，产量也不足以支持大范围的电商推广。

6. 政策支持力度不够

德阳市农产品电子商务工作由商务部门具体负责，农业部门无专门机构开展农业电商工作，导致农业部门缺乏资金和政策，对整市电商开展情况和运行方式把握不足，缺乏作为方式。

（五）发展农产品电子商务思考和建议

电子商务是“大鱼吃小鱼”，更是“快鱼吃慢鱼”。当前，若能抢抓机遇，通过快速精准发力，把电子商务做大做强，必将有利于加快产品标准化生产、市场化销售、品牌化经营步伐，推动经济转型升级；必将有利于优化产业结构调整，加快一二三产业融合发展，实现转型发展；必将有利于加快推进精准扶贫，早日打赢“脱贫攻坚战”。

1. 形成一个“眼光长远”的共识

电子商务是最有发展前景的新兴产业和朝阳产业。全市各级应高度重视电子商务产业的发展，应把电子商务作为转型发展的“新引擎”来培育，坚持“市场主导、政府推动”原则，以建设“国家级电子商务示范县”为目标，大力推进电子商务产业。制定相关政策，加速电子商务产业与经济社会融合创新，促进电子商务产业规模化、品牌化、品质化发展，促使电子商务成为经济增长和新旧动能转换的关键动力。全市各级各部门要形成共识，为电子商务发展营造良好环境。

2. 出台一套“精准到位”的措施

政府要统筹协调，整合资源，进一步完善相关机制、政策和办法。一是强化领导。“点面结合、多级联动”，形成强大的工作推进体系。二是强化扶持。出台含市场准入、国土规划、财政支持、人才培养等一揽子扶持政策。设立电子商务发展专项资金，强化对物流配送体系、网点和质量保障体系、宣传培训体系、品牌重塑和培育体系以及人才引进体系的扶持，为电子商务发展注入强大动力。

3. 培育一批“全国知名”的电商企业

深入实施“大众创业、万众创新”，加大对德阳科技创新孵化园和万达科技创业孵化园的扶持和指导力度，精心打造集项目、研讨、评估、路演、孵化、创投、创业、展示、培训、销售、仓储、物流于一体的电子商务产业园，力争用3~5年时间将其打造为一流的电商产业园，加大对本地电商企业的扶持，培育一批有影响力的“全国知名”电商企业。

4. 搭建一个“服务一流”的电商服务平台

以市场为导向，促进线下产业发展与线上电商交易平台相结合，走抱团发展、融合发展之路。依托电商平台和益农信息社，加快对服务站（点）改造升级，加强对电商企业的转型升级，走品牌化、规模化电商销售之路。强化“借船出海”意识，加快与京东商城、阿里巴巴等知名电商的合作，搭建区域对外电商平台，实现低成本快速发展。

5. 创建一批“驰名全国”的农产品网销品牌

“让好产品卖上好价钱”，生产“好产品”是基础，打造“好品牌”是关键。要通过发展农村电子商务，以销促产，倒逼农产品提质增效。一是做优产品。主动适应市场多元化、消费升级趋势，加快区域公共品牌建设，通过统一建设标准化示范基地，统一引进和推广新品种、新技术，做到产前、产中、产后各环节都有技术标准和操作规范，实现标准化、规模化生产，打造产业集群，提高德阳市特色农产品核心竞争力。二是打造品牌。顺应“品牌电商化，电商品牌化”趋势，坚持“企业主体，市场主导，政府推动”，强化区域品牌的培育和推广。加快农业产业转型升级、推动现代农业提质增效和实现农民就业增收。

6. 营造一个“公平竞争”的市场环境

优化公共服务是加快供给侧结构性改革的重要内容，也是构筑电商良好生态环境的关键。一是减少干预。深化行政审批制度改革，简化审批事项，最大限度减少行政干预。二是优化服务。推动电子商务资源整合优化，形成发展规模效应。培育、引进第三方服务企业，为电商提供软件开发、业务咨询、数据分析、网店建设、产品包装、市场推广、委托运营等专业化服务，组建具有社会公信力的电子商务认证、信用、安全等中介机构，拉长电商产业链、价值链和创新链。完善纠纷处理、争议调解、法律咨询等综合服务体系，促进电商有序发展。三是强化监管。通过完善网络经营主体数据库、制定“电子商务产品质量监督管理办法”、推动电商领域诚信体系建设等，探索建立风险监测、网上抽查、源头追溯的监督机制。发挥好公安、市场监管、商务等职能，依法打击网络虚假宣传、生产销售假冒伪劣产品、不正当竞争等行为。

十三、广元市农产品电子商务发展报告

四川省广元市紧紧抓住国家推进信息化和“互联网+”现代农业发展机遇，编制了智慧农业发展规划，印发了贯彻全省“互联网+”现代农业工作推进会精神的工作任务清单，多举措、全方位推进广元市“互联网+”现代农业发展与深度融合，并取得显著成效。全市现代农业园区建成产业基地 104 万亩，其中红心猕猴桃 20.1 万亩，茶叶烟叶 15.2 万亩，蔬菜 15.5 万亩，核桃 11 万亩，特色山珍 11.5 万亩，其他 30.7 万亩。以园区为核心，辐射建成了中国最大的红心猕猴桃、黄茶生产基地，中国西部重要的木本油料、绿茶生产基地，四川重要的高山露地绿色蔬菜、土鸡、中药材、肉牛羊生产基地，农产品电商快速发展。

（一）基本情况

1. “互联网+”销售加速发展，促进了农产品销售快捷化

广元市高度重视互联网等新媒体在农产品的宣传和销售上的应用。通过大力培育本土电商企业和引进知名电商平台等方式，推动了农产品网络宣传和销售，农业网络品牌知名度得到持续提升。2018 年 5 月 22 日，以“营销之道因智而能”为主题的广元市第二届涉农中小企业网络培训会召开，200 多家涉农企业代表参会。广元七绝、剑门关土鸡、广元高山露地蔬菜、广元纯黄茶等特色鲜明的区域公共品牌正式向互联网品牌延伸。全市发展各类涉农电商企业近 2 500 家，其中，七绝商城、逢集网、广供天下、京东广元馆、苍溪馆、淘宝青川馆、青川王氏蜂业、海伶山珍、广元千禾、四川土农民、苍溪红欣源、四川香味传奇、剑阁三分田、旺苍春蕾等一批电商领军代表示范带动作用明显。2018 年农产品电商销售 7.69 亿元。青川海伶山珍商贸有限责任公司被四川省农业农村厅评为 2017 年度全省农业电子商务示范企业。

2. 信息进村入户工程快速推进，促进城乡信息化发展均衡化

按照四川省政府统一部署，广元市加快推进信息进村入户工程实施步伐，

制定了信息进村入户工程实施方案，全市累计共完成益农社建设 1 997 个，约占行政村的 82%。其中贫困村建有益农信息社 555 个，占全市 739 个贫困村的 75.1%。平均每社投资约 1 万元，共计 1 997 万元；2018 年电信公司营运补贴资金 120 万元，争取市财政益农信息员培训经费 5 万元。为提升营运能力，以信息进村入户领导小组办公室名义召开了三次营运座谈会，对进一步加快电商、金融、保险、远程诊疗、缴费等业务上线与有关部门和行业负责人进行了沟通。目前，部分业务已陆续入驻益农平台。为进一步激活营运潜力，稳定信息员队伍，市电信分公司向省公司争取补贴政策，将对全市 600 个达标示范社信息员进行现金补贴。随着市、县区党委、政府对益农社建设的重视，各县区加大了益农信息社的提升和完善工作。据统计，全市已打造省级标杆社 2 个，市级标杆社 9 个，县级达标社 86 个，开展揭牌仪式 130 余场，开展电商、金融、缴费、远程诊疗服务等营运业务的益农社超过 600 个，实现电商交易订单 3 万余单，电商销售额 2 100 万元，代理金融业务、快递业务、缴费充值业务上万笔。益农信息社典型示范带动作用明显。例如，受到习近平总书记接见的苍溪县岫云村益农社信息员李君，受到四川省委书记视察指导的朝天区蒲家乡罗圈岩村益农社、剑阁县汉阳镇中心村益农社，受到副省长远程视频连线的昭化区明觉乡帽壳村信息员王奕秀，受到副省长远程视频连线的剑阁县银溪村益农社信息员魏小凤等。剑阁县银溪村益农社还受到泰国驻华大使馆、泰国公主、四川省扶贫移民局等远程视频连线关注。其中，李君、王奕秀入选农业农村部信息进村入户村级信息员典型案例。充分利用赵海伶、王淑娟、李君等优秀网商代表人物的影响力和引领作用，引导和鼓励农村的有志青年、特别是农村大学生村官、返乡大学生和农民工投入到农村电商事业中，整合发展资源。

3. 大力推进农产品产销对接

创新开展农产品网络展销活动，深入推进农村地区农产品产销对接，着力提高农产品流通效率。围绕市场品牌创立，扶贫产品认定，特色优质农产品市场占有率不断提高。出台《关于加强农产品品牌建设的实施意见》，2018 年新注册农产品品牌 21 个，培育四川农产品优质品牌 3 个。青川县的农产品地理标志唐家河蜂蜜成为农业农村部国家级地理标志示范样板。中央电视台、四川电视台等主流媒体 2018 年先后对两湖生态有机鱼、苍溪红心猕猴桃、米仓山茶叶、高山露地蔬菜、稻渔生态米等进行专题报道宣传 16 期、广告宣传 300 次以上。米仓山茶叶宣传片亮相美国纽约时代广场。组织农产品生产营销企业参加中国农交会、四川省农博会和市州长推介活动等大型展会，全年累计参加各类展销推介活动 12 次，实现现场销售 3 100 万元，签订销售合同金额达 2.8 亿元。支持经营主体开设特色优质农产品专营店，全市已开设剑门关土鸡、广元七绝、米仓山茶叶等专营店（柜）92 个，在成都、西安、重庆、兰州等 25 个大中城市设立专卖店和代理商 119 家。

（二）存在的问题

1. 资金和人才紧缺

多年来，广元市乃至四川省一直没有专门的农业信息化项目资金支持，导致农业信息化技术试点、示范、应用培训等工作难以开展。全市县农业部门要么没有农业信息化机构，要么有机构但没有专人从事网络信息宣传、农情调度、农业信息化推进等工作。此外，基层用户信息获取、处理能力不足，导致信息掌控能力弱。同时农村电商方面缺乏人才，又缺乏具有针对性、操作性的电商实战培训。

2. 本土电商实力弱小

总体上看，广元市农村电商规模小。本土电商平台面临持续投资难，知名度小、实力弱，美誉度和信誉度不高，带动力和影响力小等问题，与京东、淘宝、天府云商、苏宁易购等相比，几乎没有任何竞争力。广元市现有的几家本土电商企业在实力上、规模上弱势体现得尤为突出。

3. 互联网农业品牌知名度差

近年来，广元市虽然打造了一批特色农产品品牌，取得了国家相关部门品牌或质量认证，但在农产品品牌不断推出，品牌数量急剧增加的信息社会，农产品品牌打造、宣传和推广力度不足，稍有不慎，就会导致原有品牌知名度迅速下降甚至有逐渐消失的可能。没有网络品牌影响力，就没有网络点击率，也就没有购买率，从而影响电商的进一步发展。

4. 产业、产品结构不合理

广元市农产品中鲜活农产品占比很高，如蔬菜、水果、畜禽产品，且多是初级产品，大多数没有 QS 认证（企业食品生产许可认证），在产品产量、规格、包装、运输等方面受到很大限制，极不利于电商平台销售。认证费用偏高，认证时间长，部分企业实力薄弱，不愿花钱和时间去进行产品认证等。农村电商基础设施建设滞后，物流配送不完善，没有形成产业链条，产业进入电商后，销售量偏低，从而导致优势产品在网络销售上失去主动权。

（三）工作建议

以“互联网+”应用为重点，加强农业信息体系建设，加强农业信息工作的领导力量和技术力量，提高农业系统信息化指导与管理水平，加大资源共享，加大“互联网+”农产品出村进城示范，扎实推进信息进村入户工程，探索农业共享经济发展模式，引领现代农业转型升级。

1. 以农业信息化加快农产品加工转化，推进产业链延伸融合

支持农业向后延伸和农产品加工业、农业生产生活服务业向农业延伸，形成上下游紧密协作的产业链。对农产品认证、农产品加工专业合作社和龙头企业进入农产品批发市场或超市、开展电子商务等相关费用给予补贴或者减免。

2. 以农业信息化发展休闲农业和乡村旅游，推进功能拓展融合

积极创建全国全省乡村旅游模范景区，扶持一批生态环境优、发展势头好、带动示范能力强的乡村旅游景区。建设乡村旅游网、公共信息数据库及电子商务系统，推进智慧乡村旅游。引导社会资金购买、租赁、承包、联营、股份合作等多种形式投资开发乡村旅游项目。开展乡村旅游从业人员和特色旅游村的村组干部培训工作。在具有旅游资源的贫困地区开展景村共建发展模式，推动乡村旅游富民工程。

3. 以农业信息化发展农业新型业态，全面提升农村电子商务应用水平

深入实施“全企入网、全民触网、电商示范、电商扶贫”工程，组织、引导、支持涉农企业电商平台开展销售，提升农业电商应用水平。县区要依托益农社，整合邮政、供销、商务等服务资源，实现信息共享、服务同网，加快金融、保险、远程诊疗、缴费等应用业务加载，建设村级扶贫产品收集点、配送中心和益农社中心社。开设线上线下销售专区。做好公益性集体商标营运推广。在广元市农业农村局官方网站和广元农业“两微一端”（微博、微信和新闻客户端）做好公益性集体商标的展示、宣传和推广工作。争取到2020年农产品电子商务交易额要占到农业产值的8%以上。

全力做好信息进村入户工程益农信息社的营运、提升工作。探索信息进村入户商业化模式，建立市场化运营机制，形成“政府+运营商+服务商”三位

一体发展模式，构建政府、市场、社会相依相进的动力机制，真正实现运营可持续。依托益农信息社统筹推进农业信息服务、农业电子商务、农业物联网、农业农村大数据发展、农民手机应用技能培训等农业信息化工作，切实推进公益服务、便民服务、电子商务和培训体验服务“四类”服务全覆盖，实现普通农户不出村、新型经营主体不出户就可享受便捷高效的信息服务。提高农产品商品化率，逐步形成多层次、宽领域、覆盖面广、服务功能全面的农村电商服务体系。鼓励青年农民和返乡农民工开展电商创业。推动农业龙头企业、新型农业经营主体应用电子商务。要依托600家营运效果好的益农信息社示范社线上上架当地或广元扶贫产品，线下建立销售专区集中展示当地或广元扶贫产品，引导和扶持二三类益农社开设销售专区。与此同时，国家应加大投入，对营运效果较好、带动能力强的益农社进行提升改造，在服务技能培训、宽带费用和信息员补助等方面给予补贴。

4. 以农业信息化强化互联网产业融合推进机制

加强农业信息资源共享。建立信息资源共享机制，整合共享信息系统资源，探索农业共享经济发展模式。

加强人才和科技支撑。深入推进“手机应用能力培训”“农村实用人才培训计划”和“新型职业农民培育工程”，培养各类互联网农业技术实用人才，提高信息员队伍素质。要结合手机应用能力培训、涉农中小企业网络营销培训、统计培训、益农信息员培训，有针对性地为基层工作人员及涉农企业作指导，将理论学习与实际应用结合，注重能力提升。

强化财政支持。各级财政要统筹安排涉农资金，农业综合开发资金要向“互联网+”现代农业生产项目倾斜，要加大益农信息社中心社的建设，对发挥示范带动作用较好的示范社要进行评选奖励。

十四、遂宁市农产品电子商务发展报告

四川省遂宁市地处成渝中心节点，四川盆地中部，亚热带季风气候区，自然生态条件较好，适宜多种作物生长，是四川省粮、棉、油、果、蔬、畜的重要生产基地。近年来，全市农业以转变农业发展方式为主攻方向，以带动农民持续增收为核心目标，以加快现代农业园区建设为主要抓手，以农业规模化、标准化、品牌化建设为重点，加快壮大特色优势产业，全面推进农产品流通，全市农产品生产流通呈现出多元化发展的新格局。

（一）农产品电子商务运作模式

1. 有规模化、产业化潜力的优质特色农产品出村进城模式

（1）以专业经纪人基地直采为核心的流通模式。由外地经纪人等客户到基地直接采购占农产品基地直供较大比重。如山东、成都、重庆等地的经纪人到遂宁市优质农产品基地直接采购韩国萝卜、仙桃、红薯等。

（2）以本地合作社等基地直供为核心的流通模式。通过专业合作社或公司按照标准化生产技术，生产优质安全农产品，由“遂宁鲜”协会及会员单位采购地标产品不知火、有机产品清见等杂柑基地产品直接供应北京石门批发市场“遂宁鲜”旗舰店。通过成渝遂等生鲜超市或在社区建立直销门市，设特色专营店，实现生产者与消费者的零距离对接。

（3）以农产品加工企业为核心的流通模式。近年来，遂宁市农产品加工企业发展较快，以高金、美宁、可士可等农产品加工企业为代表的龙头企业，通过建立基地、订单收购等方式与农户结成利益共同体，既保证了农产品加工企业有稳定的货源，减少了中间环节，延伸了产业链，增加了农产品附加值，使整个农产品供应链处于增值过程。

（4）以农产品批发市场为核心的流通模式。遂宁城区建立了纵横农副产品批发市场、川渝粮油批发市场、遂宁市冷鲜水产品批发市场；在各县（区）城区所在地建立了1~2个批发市场。全市共有农产品批发市场6个，从业人

员 6 580 余人，年成交额近 90 亿元；全市共有农贸市场 92 个，从业人员 21 179 人，年成交额约 80 亿元。

（5）以“互联网+农业”电子商务为核心的流通模式。遂宁所辖射洪县、船山区分别被确定为四川省电子商务进农村综合示范县。农产品电商销售模式有以下几种：一是射洪县、船山区、大英县分别搭建了电子商务进农村综合信息平台，射洪县在淘宝上建成了地方特色射洪馆，在京东上建成了射洪特色馆；船山区运用本地“顺意通”县域电商服务平台，通过“现代物流+电子商务+众创空间+供应链管理”运营模式，在物流园建立了船山农村电商营运中心。二是“遂宁鲜”协会、“遂宁鲜”个别会员如高金、金柠公司等单位自建了“遂宁鲜”“蜀之味”“高金我”等一级电商、微商、手机 App 等官方平台。高金自有会员 App 销售额可达 10 亿元。“蜀之味”电子商务主销全川特色鲜果等，2018 年电子商务销售额是 2016 年的 2 倍，达 1 000 万元。2018 年“遂宁鲜”淘宝店销售额比 2017 翻了一番。三是“遂宁鲜”会员单位入驻京东、苏宁易购、拼多多、淘宝等全国知名电商企业，大力推进“馆、网、站、点”建设。全市农产品网上交易有了较快增长，特别是专业电子商务团队运营的电商销售，在电商“双十一”等特定时间段参与拼多多、聚划算等活动推送网络销售火爆。专业电商营销费用占销售额近 10%。2018 年遂宁农产品网络销售额占农业总产值比重达到 6. 8%。

2. 遂宁农产品品牌情况

经过近 3 年的打造，遂宁农产品区域公用品牌“遂宁鲜”取得一定成效。遂宁对优质农产品进行了统一的品牌管理、营销推广、网络销售。“遂宁鲜”已成为全国首例“地域+产品特性”农产品区域公用品牌商标，成为国家工商局集体商标注册培训典型案例。为全国农产品集体商标注册（知识产权保护）贡献了四川及遂宁力量。“遂宁鲜”成功获得“四川省优秀农产品区域公用品牌”、2018 四川省农博会“最受欢迎区域公用品牌”等称号，代表遂宁农业接受四川省委与遂宁市委主要领导的视察调研，并受到各级领导、社会各界好评。遂宁四川高金、四川可士可果业、安居五二四红茗等优质农业生产企业及加工企业等 100 家获得“遂宁鲜”标识使用权。

3. 小规格生产农产品出村进城模式

小规模生鲜农产品，如蔬菜水果等进入本地农贸市场、批发市场销售，葡萄、蓝莓等以开展采摘活动销售为主。小规模可卖向全国市场的易运耐储农产品、加工农产品主要依靠网络销售，采取微商、官网推送等模式，按照标准化产品整合，统一包装上市。

（二）农产品电子商务的实施主体

四川多为山区，规模化生产有限。建议以推进乡村振兴战略、助力脱贫奔小康为目标，以推进农业供给侧结构性改革为主线，抓住推动农业高质量发展是实现乡村振兴关键环节这一指导思想，大力实施“区域品牌+产品品牌”战略。

1. 建机制

建立产业、经营、监管联动机制：政府主导品牌建设，主抓标准化、规模化生产，负责从投入品到产前、产中、产后及上餐桌前的质量安全监管；协会联通企业及政府，协助政府开展宣传、展会、培训等活动，服务企业；企业主攻市场，反馈信息，共享资源，作为市场营销主体。

2. 具体职能分工

（1）省市县各级政府主抓农业产业园区及特色产业带标准化生产。出台以奖代补政策。奖励销售突出的协会和企业。

（2）市县政府主导全产业链区域品牌打造。四川农产品在全国推广，必须以品牌立市场、以质量树品牌。四川省近年培育了“天府源”“遂宁鲜”“大凉山”“甜城味”等全产业链区域品牌，有一定宣传效果。

（3）政府各部门各司其职。例如，遂宁市 2016 年以来，由原市农业局牵头，市委宣传、农办、商务、工商、财政、粮食、食药监、林业、旅游、供销、脱贫办、驻京办、工商联等部门均积极参与推动“遂宁鲜”建设。加入“遂宁鲜”协会需 5 个职能部门审核，把好质量关。

（4）扶持行业协会。协会可整合中小规模企业产品，指导其按标准化生产，统一包装、统一销售，中小企业只负责生产，由协会帮助企业分析不同产品不同销售市场，组织销售或提供信息给专业经纪人。“遂宁鲜”协会 2016 年成立以来，立足服务企业，牵头开展线上线下建设，组织企业产品整合推广，开展免费为协会企业设计产品包装等服务工作。该协会 2017 年成立遂宁鲜品新农业公司，目前设立本地线下直销店 3 个，依托协会企业在北京设立

"遂宁鲜"直销店 1 个、在成都双流机场设立直销店 1 个。2018 年"遂宁鲜"协会被市委市政府评为"遂宁市优秀协会"。

（三）农产品电子商务建设内容

1. 生产规模不断壮大

2018 年遂宁市粮食作物播种面积 403 万亩，与 2016 年基本持平；2018 年全市粮食总产 142. 3 万吨，比 2016 年增长 0. 99%。油料作物播种面积 107. 3 万亩，比 2016 年增长 0. 2 万亩，产量 19. 6 万吨，比 2016 年增长 1. 03%。

2018 年遂宁市水果种植面积 75 万亩、产值 9. 6 亿元。蔬菜播栽面积达到 85. 08 万亩、产值 33. 9 亿元。2018 年，全市新建或改造提升现代经济作物产业标准化基地 10. 65 万亩，其中，蔬菜 5. 9 万亩、水果 3. 61 万亩、中药材 1. 14 万亩，占目标任务的 106. 5%。

2018 年遂宁市生猪存栏 235 万头，比 2016 年增长 12. 4%；能繁母猪 21. 8 万头，比 2016 年增加 6. 3%；生猪出栏 376 万头，由于受 H7N9 流感疫情影响，加之环保督查后，关闭了部分不合格的养殖场，相对 2016 年生猪出栏下降了 3. 5%；出栏牛 3. 2 万头、羊 37 万只，与 2016 年相比分别增加 5. 9%、4. 9%；出栏家禽 2 087 万只，比 2016 年减少 10%。

2. 农产品品牌建设成效明显

遂宁市共培育"三品一标"农产品 549 个，成功创建国家绿色食品原料基地 7 个，优质粮油稻、绿色蔬菜、特色水果、特种水产、畜禽等优势农产品标准化生产程度达到 80%以上。2018 年"遂宁鲜"品牌创建成效显著，目前已有四川高金、四川可士可果业、安居五二四红苕等 100 家会员单位，1 000 余个产品使用"遂宁鲜"标识，在全国各地设立"遂宁鲜"产品柜 500 余个，重点产品远销 40 余个国家和地区。2018 年"遂宁鲜"会员企业产品销售额达 56 亿元，比 2017 年同期上涨 30%。

（四）存在的主要问题

1. 农产品流通组织化程度较低

农产品流通模式还处于现货交易的传统集散阶段，订单农业、连锁经营等现代流通模式处于初级阶段，部分农村经纪人素质参差不齐，普遍对流通市场行情判断和掌握不准。农村专业合作社受资金、技术、人才、信息等因素制约，难以有效组织农民参与到流通环节中，农产品流通组织化程度较低。

2. 农村电子商务物流体系建设滞后

全市县城区的物流配送已基本实现全覆盖，但农村市场的配送范围却很有限。除邮政公司外，顺丰、圆通、申通等主要的快递企业的营业网点大多只能设到乡镇，且乡镇的网点布局也并非全面，个别乡镇尚未设立快递网点，特别是到村社一级快递网点更为缺乏，在很大程度上影响了农村电子商务发展。

3. 农产品产地预冷设施及冷链配送缺乏

目前遂宁市主要农产品生产基地产地预冷设施及冷链配送缺乏，在农产品生产旺季，由于产品集中成熟上市，大多急于销售，无法打时间差，不能拉开上市供应期，既不能卖上好价钱，又不能有效调节市场供求，更不能实现储存增值。

4. 农村电子商务人才严重不足

随着农村有知识、有文化的青壮年外出务工，留守在家的大多是老年人，对新生事物的接受能力有限，农业信息的采集和发布、农业市场行情的分析和反馈等相关专业人才严重不足。

（五）发展农产品电子商务的建议

建议省级以上相关部门建立大数据信息中心，提供市场信息给市场主体，由市场起资源配置的决定性作用。

政府应出台生产、加工、流通各环节的优惠政策，支持从田间到餐桌的硬件条件建设。政府部门应从规划、建设、管理、服务等方面引导和支持。

省市县出台品牌农产品社区销售点鼓励政策，建立本地优质农产品社区销售点。

由农业农村部在京东等成熟电商平台开设全国（市）县优质特色农产品展示厅、优质扶贫产品销售厅，分省份、分季节、分产品开展全国统一网购推送活动，预计会产生较好效果。

大力培育具有生产经验、专业性较强的营销经纪人队伍。如遂宁射洪金柠公司，有自有生产基地 5 000 亩，有自有专业网络营销队伍，有自有电商平台，有成熟营销渠道。企业5年时间由生产面积1 000亩的单一生产企业，发展成为年销售近5 000万元的涉及电商、加工的农业企业，成为四川省上榜扶贫企业，不仅带动农民产业发展、带动致富，更借助网络开展农产品销售，使企业增效。如果每一个县均能培育出类似合作社或企业，即可联通本县及全省生产信息，联通线上线下市场信息，统一开展农产品中远距离货运业务。

十五、内江市农产品电子商务发展报告

（一）发展现状

近年来，四川省内江市紧紧围绕省委、省政府决策部署，把电子商务作为全市五大现代服务业之一，务实有力推进电子商务集群网状发展，努力构建大电商、大园区、大平台、大物流、大服务的电子商务发展格局，电商产业发展持续走在四川省前列。2015 年，内江市资中县获批国家电子商务进农村综合示范县。2016 年，内江成为四川省首批省级电子商务示范城市（全省共 5 个：泸州市、绵阳市、内江市、达州市、广安市），隆昌市获批国家电子商务进农村综合示范县、市中区获批省级电子商务进农村综合示范区。2017 年，威远县成功创建首批省级电商产业发展示范县。2018 年，资中县成功创建省级电商产业发展示范县。全市国家级、省级电子商务示范县（市、区）达到 5 个，累计争取资金 5 500 万元。2018 年，实现电子商务交易额 644.43 亿元、同比增长 29.62%，总量继续居全省第三、川南首位（表 3）；实现网络零售额 60.87 亿元，同比增长 40.21%，居全省第六（表 4）。

表 3　内江市 2018 年 1—11 月电了商务交易额数据排位

四川省排名	城　市	交易额（亿元）	川南四市排名	城　市	交易额（亿元）
2	绵阳市	2 628	1	内江市	590
3	内江市	590	2	宜宾市	273
4	德阳市	488	3	泸州市	236
			4	自贡市	142

表 4　内江市 2018 年 1—11 月网络零售额数据排位

四川省排名	城　市	交易额（亿元）	川南四市排名	城　市	交易额（亿元）
5	德阳市	59	1	内江市	55
6	内江市	55	2	宜宾市	36

（续表）

四川省排名	城 市	交易额（亿元）	川南四市排名	城 市	交易额（亿元）
7	南充市	52	3	泸州市	32
			4	自贡市	34

1. 电子商务发展环境持续优化

一是健全服务机构。内江市成立电子商务促进中心，为全市电子商务发展提供指导、服务和保障。二是注重规划引领。出台《内江市加快电子商务产业集群网状发展三年行动计划》，明确电子商务发展方向，完善电子商务发展体系，着力引领全市电子商务集群网状化发展。三是完善激励机制。出台《内江市加快电子商务集群网状发展扶持办法》，每年安排专项资金并逐年递增，支持全市电子商务持续健康快速发展。四是兑现奖补政策。编制电子商务发展专项资金申报指南，对电商企业提供指导和帮助；开展奖补资金兑现工作，为电商企业提供保障和激励。

2. 载体建设卓有成效

一是百亿园区集群加速形成。2018 年，川南电商中心等七大电商集聚区运营面积达 4 万平方米，入驻企业 237 户，实现交易额 29. 7 亿元，同比增长 48. 5%，集商品交易、物流配送、融资支持等多功能、多业态于一体的电子商务全产业链集群已具雏形（表 5）。二是百亿平台集群有序推进。川粮网、农融网、环球搜管网、中国禽苗网、渔网天下、苏宁易购、新商盟卷烟订货商业平台、全搜索城市电商平台八大重点电商平台实现交易额 60. 4 亿元，同比增长 13. 9%，电商平台产业集聚能力持续增强（表 6）。

表 5 2018 年内江市电子商务七大集聚区

序号	集聚区名称	区 域	具体地址	园区总面积（平方米）	园区入驻企业数量（个）		入驻企业类型	园区从业人员数量（人）	交易额	
					总数量	其中返乡创业企业数量			交易总额（万元）	同比增长率
1	川南电商中心	内江市	内江东兴区川南电商中心	15 000	15	4	电商应用企业、电商平台企业、服务支撑企业和跨境电商企业	290	146 000	82%
2	市中区电子商务集聚区	市中区	市中区乐贤街道风安街379号	3 000	14	2	电商应用企业、电商服务企业、电商平台企业	100	13 482	21%

（续表）

序号	集聚区名称	区域	具体地址	园区总面积（平方米）	园区入驻企业数量（个）		入驻企业类型	园区从业人员数量（人）	交易额	
					总数量	其中返乡创业企业数量			交易总额（万元）	同比增长率
3	东兴区电子商务集中发展区	东兴区	高桥园区	5 000	27	16	科技型企业1家；电子商务企业6家，电商应有企业9家	175	17 487	-10%
4	隆昌市电子商务示范园	隆昌市	隆昌市黄土坡工业园区	6 000	21	6	电商应用企业、电商服务企业（快递公司、物流公司、培训机构等）、电商平台企业	80	14 880	49%
5	资中县电子商务公共服务中心	资中县	资中县水南镇长河路	5 300	20	20	电商应用企业、电商服务企业、电商平台企业	50	11 036	11%
6	威远县电子商务中心	威远县	威远县电商产业园	7 500	13	57	电商应用企业、平台应用企业、物流快递	280	87 013	25%
7	内江电商基地	经开区	甜城大道999号	2 002	15	4	电商应用企业、电商服务企业、电商平台企业	198	7 290	—
	合计			43 802	223	102		954	297 188	

表6　2018年内江电子商务八大重点平台

责任单位	平台名称	所属公司	2018年线上线下交易额（万元）
市中区	环球搜管网	内江京塑瑞翔软件科技有限公司	62 000
隆昌市	中国禽苗网	四川鹅江网络科技有限公司	88 733
市委农工委	渔网天下	四川内江福欧水产品销售有限公司	24 400
市供销社	农融网·天府农场	四川通泰丰电子商务有限公司	49 000
市发展改革委	川粮网	四川省川粮电子商务有限公司	35 600
市中区	苏宁易购	内江苏宁云商电子商务有限公司	52 174
东兴区	新商盟卷烟订货商业平台	国家烟草专卖局	274 213
东兴区	全搜索城市电商平台	内江全搜索网络科技有限公司	17 487
合　计			603 607

3. “电商+产业”深度融合

一是推进电商与三次产业联动发展。截至 2018 年年底，规模以上工业企业、市级农业龙头企业、限额以上商贸企业上网率达 100%，电子商务应用率分别达 79. 43%、97. 89%和 97. 97%，黄老五、威玻集团、黄桷井市场等传统企业融合电商转型发展成效明显。二是加快电商主体培育。在电商园区设置大学生创业孵化园、创客空间，优先支持电子商务领域的创新创业。截至 2018 年年底，全市网商总数已达 22 898 家，成功引进千千豪猪、新伟菌业等一批返乡创业网店和电商企业。

4. “农村电商+精准扶贫”成效初显

一是构建县（市、区）、镇、村三级农村电商网状服务体系。截至 2018 年年底，建成县（市、区）级电商运营中心 5 个，镇、村级服务点 1 105 个(其中，其中镇级站点 166，村级站点 939 个，贫困村 297 个)，电商功能服务实现全覆盖。通过全搜索、农村淘宝、赶街网等电商平台推动销售血橙 3 000 万斤，柑橘 10 万斤，助农增收 3 600 万元。二是打造本土农特产品网销品牌。以打造“甜城味”区域公用品牌为契机，培育打造了“资中血橙”等 30 个网销品牌。三是创新电商精准扶贫模式，走“造血”扶贫之路。积极探索农村淘宝、“以买代帮”、“一店带一村、带多户”等电商精准扶贫模式，推动农特产品线上销售，推动扶贫模式由“输血”向“造血”转变。2018 年“以买代帮”模式实现农产品销售额 1 347 万元，其中销售贫困村、贫困户产品 810 余万元，贫困户户均增收 8 000 余元，助推 823 户贫困户实现脱贫。

5. 电商队伍不断壮大

依托内江师院、内江职院、鼎锋易大三大电商人才培训基地，广泛开展电商人才培训工作。截至 2018 年年底，全市共组织浙大电商物流专题研修班、川南电商大讲堂、“党建电商+精准扶贫”专题培训班等各类电商培训 583 期，培育培训各类人员突破 4. 7 万人次，其中，涉农电商培训 1. 9 万人次，工业电商培训 4 000 人次，现代服务业电商培训 4 000 人次，创业青年、高校毕业生电商培训 2 万人次。

6. 电子商务发展氛围浓厚

2015—2017 年内江市成功举办第一届、第二届、第三届川南电商博览会，在全国、全省形成了一定的影响力，已成为四川省内具有较强区域特色的节会品牌，三届博览会累计签约项目 66 个，投资总额达 84. 39 亿元。2018 年，主动争取并成功举办了“2018 中国（四川）电子商务发展峰会”。阿里巴巴集团、深兰科技、苏宁易购集团等企业及各界人士共 1 500 余人参加峰会，签约电商物流项目 64 个，投资总额达 123.76 亿元，18 家主流媒体直播平台全程视频直播峰会盛况，累计播放超过 380 万次，参与互动人数 456.8 万人。峰会的成功举办，切实推动了电子商务优势企业和项目落地内江，有力促进了内江市电商产业创新、技术创新、理念创新。

（二）存在的问题

虽然内江市的电子商务集群网状发展、现代物流业创新发展工作取得了一定的成绩，但也面临着许多亟待解决的困难和问题。电子商务方面，支撑电子商务发展的产业基础较弱，本土电商企业规模较小、具有代表性的企业较少、示范带动效应不明显的情况还未根本改变；电子商务交易逆差虽然较去年有所好转，但仍然较大；电商扶持资金虽然逐年递增，但在培育电商企业“上规模、上层次”方面的支持力度仍然较小。

（三）下一步工作计划

大力实施加快电子商务产业集群网状发展三年行动计划，确保电子商务发展工作继续走在四川省前列。

1. 实施“双百”集群建设工程

（1）突出电商产业百亿园区集群培育。进一步加快建设川南电商中心等七大电商集聚区建设，积极主动接受成都首位城市辐射，承接成都国家电子商务示范城市功能溢出效应，依托川南电商中心等省级示范园区，重点引进知名电商企业来内设立区域性总部或区域运营中心，提高电商聚集度，提升入驻企业运营水平。到 2019 年，建成国家电子商务示范基地 1 个，省级电子商务示范基地 1 个，全市电子商务集聚区交易规模突破 100 亿元。

（2）重点抓好百亿电商平台集群建设。加大对川粮网等八大重点平台扶持力度，促进电商平台向产业链和供应链整合转变，提升带动辐射效应与竞争力。到 2019 年，在建材、水产、禽苗、食品等行业打造 10 大优势垂直平台，交易规模突破 100 亿元。

2. 实施产业融合发展工程

（1）大力实施“全企上网”工程。规模以上工业企业、市级农业龙头企业、线上商贸企业电商应用率进一步提高，重点支持工业、农业、服务业企业开展网络营销，扶强扶优黄老五、正威实业等一批电商应用企业。到2019年，规模以上工业企业、市级农业产业化龙头企业电子商务应用率分别达到80%、100%，处于四川省领先水平。

（2）大力实施电商主体培育工程。支持本地企业依托地方优势产业产品开展网络营销，扶强扶优一批电子商务支柱企业；积极引进国内外知名电子商务企业在内江市设立区域性总部、功能性中心。鼓励传统企业、农村经济组织和个体工商户等自建或利用第三方电子商务平台拓展市场，不断壮大电子商务经营主体规模。

（3）大力实施电商品牌培塑工程。通过自建平台或天猫、京东、苏宁云商等第三方平台，力争到2019年年底培育在全省、全国有一定知名度的“内江造”“甜城味”互联网品牌10个，推动特色产品和资源上行。

3. 实施电商“双进”工程

（1）推进电商进农村，助力乡村振兴。继续深入推进电子商务进农村国家级、省级示范项目建设，力争2019年将东兴区纳入省级电商产业示范县的“盘子”，力推成为四川省首个国家级、省级电商进农村综合示范全覆盖的市（州）。积极探索农村电商新模式，重点加强农村电子商务服务站点建设，加大对农民电子商务应用帮扶力度，推动农特产品通过电子商务扩大销售，助力乡村振兴。到2019年，形成基本完备的农村电商网状服务体系，电子商务进农村综合服务覆盖率达到100%。

（2）推进电商进社区。以中心城区（市中区、东兴区）为重点，探索建设城市智慧社区生活服务体系，应用电子商务促进便利消费进社区、便民服务进家庭。鼓励企业建设社区电子商务平台和移动客户端，整合线上线下供给渠道，叠加公共服务、政务服务和商务服务等智能便民功能，实现全方位的居民生活服务供求衔接，打造社区生活共享服务新模式。到2019年，社区电子商务服务网点全覆盖，打造具有示范带动效应的电子商务应用社区10个。

4. 实施物流配送体系建设工程

加强交通运输、商贸流通、农业、供销、邮政等部门，以及电商、快递企业对相关农村物流服务网络和设施的共享衔接，加快完善县（区）—镇—村农村物流配送体系，鼓励多站合一、服务同网，打通农村配送“最后一公里”。鼓励快递物流企业积极服务农产品进城，加强与各类专业合作社和涉农企业合作，发展农产品冷链物流，为特色农产品提供包装、仓储、运输、投递的标准化、定制化服务。到 2019 年实现快递物流镇级网点全覆盖，物流配送 48 小时内达村（社区）。

5. 实施电商人才培养工程

鼓励企业引进各类电子商务高层次复合型人才，加快构建市—县（市、区）—镇三级电子商务人才网状培训服务体系，重点开展“电商+精准扶贫”、传统企业转型升级等电商实用性人才培训，2019 年，举办各类电商培训班，培训人员 5 000 人次。

6. 实施跨境电商工程

完成跨境电商资源整合及服务平台建设，打造具有进出口双向功能的商务和关务平台，实现在线报关、报检、结汇、纳税、融资、物流等综合功能，为企业开展跨境电商提供一站式服务；鼓励本地企业开展跨境电商业务，推动跨境电商模式不断创新。到 2019 年，初步构建跨境电子商务网状服务体系，建成保税物流中心（B 型），跨境电子商务交易额突破 1 亿美元。

7. 实施电商创新创业工程

增强电子商务集聚区的孵化功能，打造集交易、物流、融资、培训、创意、创业等多业态一体的电子商务产业创新孵化器，为中小电子商务企业提供包括货源在内的一站式供应链管理服务。加强电子商务培训孵化，依托高校和专业培训机构，规范培训体系与培训流程，构建市—县（区）—镇三级培训网点，开展培训认证及备案管理。到 2019 年，构建相对完善的创业孵化网状服务体系，建成四川省知名的电子商务人才培训与孵化中心集群。

十六、乐山市农产品电子商务发展报告

（一）主要工作开展情况

1. 加强农业信息数据化

扎实推进“优农帮”项目，帮助农户及农企及时发布各类农业信息、技术服务信息、追溯管理以及农产品供求信息。截至 2018 年年底，四川省乐山市已有 702 家农资生产商、经销商纳入平台备案登记，通过对农资市场生产、经营、使用、流通、库存、禁限用药等数据情况进行实时监控，杜绝问题农资产品流入市场、生产环节。该平台通过二维码对全市经销的农资产品追溯率达 100%，并已在线解决农民和企业相关问题 4 000 余个。

2. 大力推进信息进村入户工程

积极开展全市信息进村入户工作，打造现代农业综合服务平台，普及农村信息化服务。2018 年 6 月，乐山市建设完成益农信息社 1 820 个。乐山市有 2 个省级标杆益农社，分别是犍为县的山民东东和峨边县的星星村，峨边县的星星村益农信息社入选全国 100 家优秀益农社，犍为山民东东信息员入选 2018 年全国 100 个村级信息员典型案例。2018 年益农社通过电商平台（天虎云商、翼家小厨）销售各种生鲜蔬菜、水果、家禽、家畜、大米、菜籽油等农副产品，销售额大约 200 万元。

3. 抓好农村电子商务工作

（1）加快电商人才培育。与市商务部门密切配合，制订下发了《乐山市三县一区电商人才振兴工程实施方案》，综合运用院校定向培养、社会机构培训、创业就业实训、本土人才培育等方式，全面定向培养农村电商实用人才队伍。各县（市、区）纷纷加快电商人才培养步伐，2018 年全市各级累计完成电商业务培训 13 000 余人次。完成电子商务人才定向培养 11 人，开展重点电商人才培训 2 195 人次，新增从业人员 400 余名。同时，积极搭建校地、校企双向合作平台，促进教产学研融合发展。2018 年 11 月，乐山新零售产教联盟在乐山职业技术学院成立。

（2）加强区域品牌培育。坚持以政策和资金撬动社会资本进入电商领域，引导电商龙头企业发挥辐射带动效应，根据不同县域特点，聚集本地优质产品资源，创建区域公共品牌。峨边县“峨岭云边”公共品牌已吸纳10家企业37个产品。沐川县引进专业团队，设计“沐小川、沐小美”文创形象代言，开发“大美沐川”“沐川李、沐川礼”主题包装，打造“沐源尚品”县域农产品公共品牌；马边县打造“秀美马边”区域公共品牌和“山奴”电商品牌，集中包装出售乌金猪肉、跑山鸡、腌腊制品、花生、天麻等10余种原生态农产品，吸纳10余家企业（合作社），实现了知名度和销量大幅提升。市供销社打造经营“绿野峨眉”品牌，井研县打造“超果”等柑橘品牌，市场占有率逐年提升。2018年以来，一些电商从业者愈加重视网货品牌与包装的重要性，峨边县星星村农业发展有限公司着力打造“来自星星的山货”“来自星星的礼”系列产品，新颖别致的品牌名称和包装设计不仅提升了形象，更赢得了订单。此外，还积极组织开展“农博会”“惠民购物全川行动”“川货全国行”等市场拓展活动，组织优秀“乐山造”产品企业参加国内外大型展会，线上结合线下，多渠道、多层次、全方位推广“乐山造”特色产品知名度。

4. 完善基础设施建设

一年来，全市相关部门紧密配合，不断完善电子商务基础设施建设。市电信公司加快构建区域信息化网络体系，全市光纤行政村覆盖率达100%，自然村覆盖率达78%。市邮政公司依托235条农村投递路线建成了711个便民站，全市快递企业共在城区增设200余个智能终端投递系统，在乡镇设立了120个服务站点。继续完善农村电商“一中心三体系”建设，全市现建有县级电子商务孵化和公共服务中心5个，乡村电子商务服务站点建成1 200余个，县、乡、村农村电商三级公共服务网络布局初成规模。市商务局制订下发了《乐山市推进电子商务与快递物流协同发展实施方案》，推动快递物流行业内的“共享”发展思路，根据产业布局和农产品流通量，集约布局乡镇和村级物流网点，实现物流资源围绕市场需求有效配置。由市邮政管理局牵头，完成了犍为石井、沙湾龚嘴、沐川大楠、峨边红花、马边石梁等19个快递空白乡镇的快递网点建设运营。

5. 狠抓电商精准扶贫

先后制定印发了《乐山市创新扶贫产品销售体系促进精准脱贫实施方案》

《乐山市 2018 年电子商务扶贫指导意见》，通过电商项目在贫困地区的全面覆盖，电子商务在助力脱贫攻坚方面取得了不俗成绩。沐川县完成了县级电子商务公共服务中心和县级仓储物流中转配送中心建设，新增和升级改造了 117 个乡村服务站点，培育特色网销农产品 7 个，升级改造完成 O2O 沐川农特产品体验店 1 个，支持 50 户本土种养大户利用电商带动产业发展，培训建档立卡贫困人员 1 500 余人次。先后举办了 3 次李子、猕猴桃和腊肉网络分销赛，有力促进了农产品上行。马边县完成电子商务物流中心建设，全县现建成 71 个乡村电商服务站点，淘宝四川·马边特产馆已完成产品上线，入驻企业 20 家。在成都建设完成一个线下 O2O 体验馆，通过拼多多、淘宝的平台销售 3 万余斤野生猕猴桃，举办电商扶贫农特产品订货会，成交额达 1 170 万元，累计培训建档立卡贫困户 550 余人。峨边县完成“峨岭云边”官方网站建设，上架产品 29 个，在淘宝、阿里巴巴、天虎云商、邮乐购、微信公众号开通“峨岭云边”专营店，和中国建设银行合作网上促销“峨岭云边”产品，在乐山中心城区建成 1 个线下体验店。金口河区已开展了 5 个农产品品牌打造，升级改造乡村电商服务站点 10 个，完成电商培训 540 人。2018 年，乐山市农产品网络零售 9.54 亿元，与市扶贫移民局和市商务局共同完成了全市 259 名电商扶贫信息员的聘任、培训工作。沐川县被评为“2018 年四川省电商扶贫特色县”。

（二）存在的问题

1. 电商人才缺乏

乐山市电商产业发展中缺少专业化电商团队和人才，配套基础设施不完善，农产品上行成本高，附加值开发不足，营销手段欠缺等问题依然突出。

2. 网货品种少，品牌建设滞后

非标准化农产品受网销制约较大，初级农产品同质化严重，价格无优势。农产品加工业不发达，农产品难以实现溢价销售。

3. 扶贫产品质量制约市场拓展

国内中心城市消费市场对产品检验检疫、包装规范等有较高要求。乐山市参加市场拓展的农副产品，常因质量抽验、包装规范等问题，制约了扶贫产品进网店、进商超、进餐企。

4. 配套服务尚需完善

峨边、马边、金口河区地处山区，物流成本偏高，城市配送和快递物流发展水平跟不上电子商务的发展需求，电子商务专业配套服务滞后。

（三）下一步工作计划

1. 加快电子商务人才培养

继续深入开展农村电商人才培养工作，积极搭建校地、校企双向合作平台，畅通高校为区县培育电商实用人才和在区县建设高校电商专业学生实训基地双向渠道。开展县域电商、农村电商等方面实操性经验交流学习，将电商培训与产业培训、管理培训有机结合，培养复合型电商专业人才。

2. 不断开拓农村电子商务市场

以市场为导向，以竞争为动力，打造特色农副产品的“地域名片”。以特色鲜明、质量过硬、信誉可靠的农副产品为农民增收提供强有力支撑，进一步健全和完善农村市场体系建设。持续深入推进“农超对接”“农商对接”和“市场标准化升级改造”，不断优化农村市场结构，搞活农副产品流通，畅通“农产品进城”和“工业品下乡”双向通道。加快物流基础设施建设，积极推动大型商贸流通企业营销网络向农村延伸，大力发展连锁经营、集中配送等现代流通方式，积极搭建城乡流通网络，为农业增效、农民增收搭建贸易平台。

3. 深化电商与快递物流协同发展

构建县、乡、村三位一体配送网络，积极会同市级相关部门，科学整合电商服务站点、益农社、物流配送站点、农村广播电视站点、远程教育站点等建设资源，合并同类功能，放大增值效应，建设功能齐全、配置完善的综合性基层电商服务站点，切实解决好农产品上行“最初一公里”问题。

十七、甘孜藏族自治州农产品电子商务发展报告

（一）农牧资源基本情况

四川甘孜光热资源充足，土壤质量优良，绿色、有机、纯天然、无污染是甘孜农牧产品的标志性特征。甘孜有耕地 132.06 万亩，主要种植青稞、马铃薯、小麦、玉米、特色杂粮、油菜、蔬菜、食用菌、中药材等粮经作物和酿酒葡萄、苹果等特色林果，是四川生态特色农产品基地的重要组成部分。其中，青稞种植面积达 53 万亩，年产量约 13 万吨（其中黑青稞种植约 10.3 万亩、产量约 2.1 万吨）。近年来，甘孜高山蔬菜发展势头强劲，2018 年全州蔬菜播种面积近 20 万亩，蔬菜总产量 30 多万吨，泸定、康定、道孚、理塘、炉霍、海螺沟等反季节莴笋、萝卜、番茄、白菜基地 3 万多亩，年产量 7 万余吨。大渡河流域和金沙江流域适宜葡萄、苹果、樱桃等多种水果生长，以康定达杠苹果、泸定黄草坪苹果为代表的特色水果质量上乘，优质苹果年产量近 3 000 吨，泸定樱桃、康定枇杷等优质小水果年产量 2 000 余吨。此区域位于北纬 30°，属于世界高山葡萄酒黄金产区，按照“小酒庄，大产业”的发展模式，培育了扎西尼玛龙、舞韵金沙、亚丁红、康定红等葡萄酒品牌，2018 年全州酿酒葡萄基地 7 000 多亩，葡萄产量达到 1 400 余吨，葡萄酒产量 500 余吨。

甘孜还是全国五大牧区川西北牧区的重要组成部分，有天然草场 1.42 亿亩，占四川省草地总面积的 46.5%，川西北牧区草地总面积的 58%，是四川省草食牲畜的主要生产基地。主要以牦牛、藏系绵羊、藏香猪、藏香鸡等特种畜禽为主，其中，牦牛年存栏 189.58 万头、年出栏 45.88 万头；藏系绵羊年存栏 45.37 万只、年出栏 21.46 万只；藏香猪年存栏 13.76 万头、年出栏 17.91 万头；藏香鸡年出栏 13.47 万羽。年肉产量 9.2 万吨、牛奶产量 10.37 万吨。牦牛，素来享有“高原之舟”美称，牦牛肉的营养价值极高，其脂肪含量比普通商品牛肉低 73.3%，蛋白质含量高 12.3%，锌含量高 45.2%，氨基酸总量高 2%，是研发高档食品、保健用品、特效药品的宝贵资源。

甘孜凭借独特的地理位置、气候条件，还是名副其实的野生食用菌高产地。据不完全统计，野生食用菌年产量约 9 700 吨（其中，松茸 2 800 吨，虎掌菌 1 500 吨，牛肝菌 1 800 吨，青菌、杉木菌等其他野生菌 3 600 吨）；人工种植食用菌（主要有羊肚菌、木耳、香菇、平菇、滑子菇等）1.3 万亩、年产量约 1 300 吨，其中大渡河流域建成 1.2 万亩羊肚菌种植基地。

（二）农业电子商务发展情况

2018 年，甘孜实现电子商务网络交易额 26 亿元，同比增长 111%，其中，网络零售额达 23 亿元，同比增长 135%，实现农产品实物型网络零售额 2.3 亿元，同比增长 143%，电子商务保持强劲发展势头。

1. 全域统筹整体推进

为适应集中连片特困地区脱贫工作需要，大力实施乡村振兴战略，全面扎实推进稳增长、促改革、调结构、惠民生、防风险、保稳定各项工作，实现农村电商助推脱贫攻坚，甘孜州委、州政府提出“全域统筹，整体推进”，按照政府引导、市场运作的原则，深入实施电商精准扶贫，有序推进电商扶贫项目，进一步深化农业供给侧改革，助力地方产业发展、脱贫攻坚、富民增收，并按照“统筹规划、合理布局、整体打造、分步实施、统一标准”工作思路；做好统筹整合项目资金、统筹整合要素资源、统筹建设服务体系、统筹进行物流布局、统筹打造产品体系、统筹培养电商人才“六个统筹”工作。

2017 年泸定、丹巴、甘孜、乡城、理塘 5 县（州）获得国家级电子商务进农村综合示范县项目，目前正有序推进；2018 年新获批省级电子商务脱贫奔康示范县 3 个；按照“全域统筹、整体推进”的电子商务发展思路，在四川省商务厅的大力支持下，通过积极汇报和争取，2018 年 8 月甘孜其余 13 县成功申报（市）国家级电子商务进农村综合示范项目，实现了国家级项目全覆盖，全力创建“全国民族地区电子商务进农村综合示范州”。2018 年全年新建乡镇电商物流服务站 27 个（累计建成 124 个）、村级电商物流服务点 143 个（累计建成 534 个）。

2. 电商助推脱贫攻坚

2018 年召开产业助推脱贫攻坚现场会，积极引进电商企业、商贸物流企业、特色产品加工企业，充分利用电商营销平台，加快推进全州农村电商服务体系建设，让农牧民在家门口挣钱。电商直接带来群众增收，2018 年 3 月，在泸定县组织开展羊肚菌产销对接，网络订单达 2 600 万元，群众增收超过 600 万元。2018 年 7—9 月全面实施臻品直通车计划，覆盖全州松茸产地，通过与顺丰合作补助资费降低物流快递成本，雅江、康定、九龙、稻城、得荣、乡城等县市线上销售松茸 17 万单，销售额 6 600 余万元，农牧民直接增收 2 000 余万元。

3. 强力实施内引外联

引入顺丰物流进驻康定、雅江，目前已进驻理塘、稻城、乡城、巴塘、甘孜、九龙、康定、泸定、丹巴、雅江 10 县（州）、11 个点。与京东、苏宁、天猫、顺丰等电商物流企业签订战略合作协议，充分发挥大平台带动作用，积极拓展甘孜产品线上线下“两个市场”发展空间，帮助全州涉农主体和特色优质产品拓展经销渠道，为全州电商扶贫注入新的活力，京东“甘孜州扶贫馆”顺利开馆，天猫“圣洁甘孜”网络旗舰店建设顺利推进。

4. 积极营造电商氛围

2018 年全州举办电商专题讲座及系列培训 7 场，培训各类电商从业人员 12 000 人次；组织赴甘肃陇南、安徽三瓜公社、湖南长沙、宜宾市、仁寿县、青神县等地学习考察，借鉴先进经验模式，提升电子商务发展理念。借助“四月八跑马山转山会”成功举办以“唱情歌、游甘孜、买相因”为主题的购物节活动，通过突出电商元素、文旅农商融合模式提高市民和游客的网络购物参与度，活动整个过程呈现出目标明、层次高、参与广、内容多、宣传实等特点，在主会场现场，线上线下销售额达 74.5 万余元。积极参加第三届全国农村电子商务大会、中国（四川）电子商务发展峰会，组织泸定羊肚菌产销对接、松茸产地直销、网络购物节、高原蔬菜产销对接等系列活动。各县也因地制宜打造亮点，甘孜县在实施国家级电子商务进农村综合示范县项目过程中，将电商网红的孵化作为品牌宣传和农产品销售的重要手段，专门举办网红电商孵化培训会，40 多名当地农村青年、农旅企业代表、返乡创业大学生参加了集中训练，通过网红带来的流量，促进农产品的销售。通过多方努力，2018 年甘孜产品实现现货网络销售 2.3 亿元，农牧民群众直接增收超过 5 000 万元。圣洁甘孜美誉度、甘孜产品知名度持续提升，电商物流助农增收效果明显。电商在改变大众生产生活的同时，让广大农牧民有事做，做有意义的事，不仅在脱贫奔小康的道路上越走越有信心，更极大地促进了甘孜藏区的社会稳定。

（三）存在的问题

1. 产业发展滞后

长期以来，甘孜的农牧产业发展处于投入少、基地小、粗加工、缺市场的被动局面，现代农牧产业的培育举步维艰。特色种养业的生产水平低，农业产业结构单一，作物结构和品种结构不合理，产业基地和特色农产品规模小、总量少、效益低；新型经营主体培育滞后，农业产业化经营水平低，龙头企业、家庭农（牧）场、专业合作社数量少，规模小，空壳社多，农牧民参与度不高，带动力不强，农产品加工滞后，农业生产组织化程度不高。同时由于地处高原，近80%的土地只能生产一季以青稞为主的粮食作物，市场化率低。园区建设处于起步阶段，园区建设主体自身实力较弱，效益不高，农产品商品化程度低。牧区以牲畜数量为财富象征的观念没有彻底改变，惜杀惜售现象仍然突出，群众不愿宰杀牲畜，甚至不养牲畜，畜产品商品率低，严重制约了畜牧业的发展，因而也制约了科学养畜、规模养畜的发展。

2. 产品品牌量少质弱

甘孜农产品品种虽多，但规模小、品牌少，获得“三品一标”认证的产品少，产品“小、散、乱、贵”的特点明显，产品质量安全和追溯体系落后，农产品变为商品、成为网货还有很多制约因素。

3. 物流配送严重滞后

物流通道建设严重滞后，物流企业主体少，市场拓展能力弱，物流信息化程度低，冷链物流发展不足；电子商务发展急需的“最初一公里”和“最后一公里”通村物流缺失。

4. 人才严重匮乏

乡镇一级农业服务体系建设落后、体制不顺、机制不活，处于县散、乡弱、村缺的状况，难以有效发挥行政管理、行政执法、技术推广三大职能。全州农牧队伍的素质还不能完全适应现代农牧业发展的需要，现有科技人员总量少、非专业人员所占比重大、人才“断层”和“青黄不接”的现象十分突出。更缺少专业的电商人才，电商主体偏少，引进人才相对困难，严重制约了甘孜农牧产业发展和农产品电子商务发展。

十八、睢宁县农产品电子商务发展报告

江苏省睢宁县是农业大县，常年农作物复种面积在260万~280万亩，通过近几年产业结构调整，农业种植比例不断趋于优化，粮经比不断趋于合理，农产品质量得到较大幅度提升。

（一）农业发展概况

农产品生产情况：睢宁县是农业县，农产品主要为粮食类、设施蔬菜类、畜产品类。主要粮食类农产品产量为小麦40万吨、稻谷30万吨、玉米20万吨、豆类1.5万吨，花生2.2万吨，蔬菜年产量130万吨，其中设施蔬菜年产量45万吨左右。

生产加工情况：粮食类主要是国有粮库、个体加工厂收购为主，占粮食总产量的90%以上，农户自留自食占比不到10%；设施蔬菜尤其是反季节蔬菜产量的80%销往大中城市。粮食加工主要是面粉、大米加工，占总量的10%左右，蔬菜类基本上没有加工产品外销。

网络销售服务情况：网络销售服务基本上能够满足要求，建有天天欢乐购镇村通服务体系、小布网网络服务平台等。

益农信息社建设运营情况：睢宁县2017—2018年共建设标准型益农信息社368个，覆盖全县所有实有的涉农行政村和涉农社区，益农信息社建设完成全覆盖。益农信息社的运营服务实行“县级平台（县佳盛源农业公司）+镇级农业公司”两级共同管理运营，县镇两级农业部门作为技术支撑单位开展农业技术咨询培训工作，运营工作还在探索中。

（二）农产品出村进城的主要模式

1. 基地直供模式

建设上海外延蔬菜基地，农产品相对集中运往上海等大中城市。2017—

2018 年，睢宁县建成了双沟镇陈王村上海外延蔬菜基地，基地有温室大棚 3 000 多亩、甜玉米基地 3 000 亩，辐射带动周边镇村规模农业 10 000 余亩，2018 年该基地外销农产品累计超过 2 亿元，外销农产品有番茄、青椒、丝瓜、甜玉米、青豆、豇豆等，销往上海、苏州、常州、合肥等地。2018—2019 年正在建设王集镇陈楼村外延蔬菜基地，一期工程 2 000 亩温室大棚已经建成投产运营，该基地也必将带动睢宁农产品上行进程。

2. 农贸市场专营模式

积极与大中城市农产品专业批发市场对接，建立睢宁农产品专营或直销窗口，销售睢宁农产品，促进睢宁农产品出村进城。2018 年 6 月 7 日，睢宁县农业委员会与徐州源洋商贸发展有限公司合作，在徐州市七里沟农贸市场联合举办举行了“搭建产销对接‘五大平台’助力精准扶贫”的战略合作签约仪式，通过互联网平台、直销窗口、贫困户专营窗口等形式销售睢宁农产品，到 2018 年年底，该市场“五大平台”销售和带动销售睢宁农产品超 1 000 万元。2019 年，计划在南京、苏州等地农副产品批发市场再建立睢宁农产品销售窗口专区，带动睢宁农产品出村进城。

3. 建设农产品储存保鲜基地，延长农产品保质期

2018 年，在县政府平台公司建设佳盛源农业发展有限公司的推动下，睢宁县在 15 个农业镇建设了 15 座冷库，为当地农产品规模化生产、加工、储存提供储藏先决条件。

4. 县、镇两级农业公司协同促农业发展模式

为有效促进农业可持续发展，睢宁县形成县级农业公司（佳盛源农业）为龙头，18 个镇级农业公司协同发展的格局，镇级农业公司负责并参与镇农业发展规划和产业结构调整、组织优质农产品销售等，县级农业公司通过融资为镇级农业公司提供发展资金需求、带动镇级农业公司开展农产品品牌化建设和销售，引领睢宁农产品出村进城工程的实施。

5. 沙集模式

沙集模式是沙集镇家具产业电商化从草根到公司化、从无到有逐渐发展壮大的写照。沙集家具电商从 2006 年“三剑客”开始网上“淘金”，到 2000 年沙集模式初步形成，再到 2018 年实现销售额实现 115. 8 亿元。

（三）发展农产品电子商务的主要举措

1. 农产品电子商务发展情况

睢宁县是农业大县，而且是种植业大县，全年农业总产值100亿元以上，2018年全县农村电子商务交易额实现286.9亿元，其中沙集镇115.8亿元、农产品电子商务交易额6.2亿元。

2. 农产品电子商务发展主要举措

（1）政策引导：睢宁县政府出台电子商务发展指导意见和激励措施，对发展农产品电子商务也大力推进。例如，2016年出台了《睢宁县关于大力发展电子商务引领经济跨越发展的实施意见》（睢发〔2016〕19号），2019年下发电子商务发展指导文件《睢宁县农村电商产业高质量发展实施意见》，将快速促进和带动农产品电子商务发展。

（2）淘宝镇村带动发展：农村电子商务的发展在沙集模式带动下，在淘宝镇村创建的推动下，2018年全县农村电子商务发展得到进一步提升，10个镇获得淘宝镇称号，92个村被评为淘宝村。2019年，计划18个镇和街道实现淘宝镇全覆盖，淘宝村总数达到150个。结合2019年淘宝镇村创建、电子商务高质量发展等，农产品电子商务在抓好“一村一品一店”示范村创建的同时重点打造村级农产品电子商务示范点建设，充分发挥益农信息社在农产品电子商务中作用。

（3）积极开展农产品品牌创建工作：以农产品品牌引领带动和促进农产品电子商务发展，2019年计划新增绿色食品10个、市级名牌农产品2个、有机食品1个，整体提升农产品质量，以品质促进农产品电子商务发展。

3. 农产品电子商务规模

睢宁县虽然是农业大县，但农产品电子商务的发展规模还比较小，从事农产品电子商务的企业较少，适合农产品电子商务的农产品还处在初级阶段，缺少精细加工农产品电商企业。

4. 典型案例

（1）徐州惠农鸭业有限公司：该公司是以生产休闲鸭制品的农产品生产企业，也是农产品电子商务示范企业，产品品牌为“惠农神星”，获得过江苏省名牌农产品和徐州市名牌农产品称号，江苏省品牌目录农产品，2013年开始从事电子商务，2018 年实现其旗下 60 多个系列产品网上销售 2 000 多万元，拥有 1 个直营店、1 个淘宝店。

（2）睢宁县嘉川电子科技有限公司：该公司成立于 2009 年，注册资本 500 万元，一直致力于“互联网+”的探索，实施了睢宁县电子商务示范县建设工作和镇村通工程，先后成为商务部典型统计调查企业、中国社会组织评估 3A 级单位、江苏省残疾人创业孵化基地、江苏省电子商务示范企业、徐州市农业产业化龙头企业、睢宁县诚信网商示范单位、阿里巴巴诚信通见证企业等，名列 2012 年、2013 年睢宁县十大网商，荣获 2016 年网络创富之星、2016 年徐州市青年创业之星、2016 年睢宁县十大电商经济人物等荣誉称号。2015 年该公司在苏宁易购电子平台创建了苏宁易购・中华特色馆・睢宁馆，2018 年实现农产品电子商务交易额约 2 000 万元。

十九、龙泉市农产品电子商务发展报告

（一）农业生产情况和优质特色农产品产销情况

1. 农业产业生产发展情况

近年来，浙江省龙泉市农业形成了以毛竹、食药用菌、茶叶、蔬菜为主导产业，水果、中药材、特色畜牧（中蜂）为特色产业的产业发展格局。2018年全市全年农林牧渔业实现总产值22.24亿元，同比增长4.1%，其中农牧总产值17.26亿元，同比增长4.7%；农林牧渔业增加值14.5亿元，增加值增速3.2%，增加值增速在丽水9县（市、区）排名中位居第三。

2018年，龙泉市粮食种植面积23.04万亩，产量8.99万吨（其中水稻16.2万亩，产量7.53万吨）。茶园投产面积约5万亩，产量3 010吨，同比增长10.3%，产值4.396亿元，同比增长10.4%。食用菌生产总量1.65亿袋，产值9.75亿元，其中袋料黑木耳生产量12 500万袋，袋料香菇生产量4 000万袋，本地椴木灵芝生产量4 000立方米。蔬菜播种面积10.45万亩，其中商品蔬菜播种面积5.86万亩。中蜂养殖量2.5万群，中药材种植面积8 321亩，水果投产果园面积0.95万亩。

2. 优质特色农产品销售情况

（1）有规模化、产业化潜力的优质特色农产品出村进城模式。龙泉市有规模化、产业化的特色农林产品主要集中在食用菌、茶叶、蔬菜等几大类，主要以传统流通渠道销售居多，产品销售渠道畅通。以龙泉农业支柱产业食用菌产业为例，主要为“企业+市场+购销队伍”模式进行销售。经过多年发展，龙泉市食用菌销售市场和渠道相对稳定，以线下大量批发销售为主。浙闽赣食用菌交易中心有“南方最大黑木耳集散中心”之称，是龙泉及周边地区食用菌产品的销售集散地，年交易额最高可达35亿元。同时，食用菌产业作为龙泉市农业支柱产业，生产经营主体相较其他产业发展较为成熟，规模也较大，目前培育了食用菌生产、加工、销售为主的农业龙头企业12家，购销队伍

3 000 多人。国家级、省级以上农业企业通过网上销售情况良好，如天和食品有限公司主要通过淘宝、京东等平台销售。

（2）小规模生产、就近消费的生鲜农产品出村进城模式。龙泉市小规模生产的农产品销售形式和渠道较多，但较为分散。例如，鲜香菇由当地具备冷藏保鲜条件的收购商收购后运往大中城市，少量农户自行联系菜市场商户或者酒店销售；精品中蜂等产业的产品，一部分通过与企业结对的形式销往外地，还有一部分通过亲人网、熟人网络，以及微信朋友圈零散销售；高山生鲜蔬菜、应季水果线上主要以微信小程序、朋友圈及第三方 B2C 平台等网络方式销售，线下主要以市场、超市、实体店、关系网售卖等方式为主。另外，城市近郊的果园以采摘游的方式实现农产品销售，价格倍增。

（3）小规模生产、可卖向全国市场的易运耐储农产品、加工农产品、农村产品的出村进城模式。龙泉市小规模生产、耐储存的农产品主要通过线上阿里巴巴 1688 平台、慧聪网等依托第三方平台的 B2B 网店销售模式和线下传统流通渠道进行销售，如山茶油、笋制品等，经过多年的发展，线下市场成熟，价格、销售渠道相对稳定，产品销路畅通，但部分优质农产品没有好的销售价格。

3. 特色农产品品牌建设和品质管控情况

龙泉农业区域公用品牌有龙泉黑木耳、龙泉灵芝、龙泉金观音茶叶、“龙泉绿”蔬果、“龙泉蜜语”蜂蜜等。目前实现系统化管理的主要是蔬果公用品牌“龙泉绿”，该品牌由市级蔬菜瓜果产业协会统一管理，指导中小型农业主体开展品牌管理、营销推广和销售。龙泉市食用菌产业拥有国字号金名片 12 张，但尚未充分发挥公用品牌和金名片作用。

2016 年以来，丽水市推广“丽水山耕”区域公用品牌以来，龙泉市有近 80 家农业主体与“丽水山耕”开展品牌合作，相当一部分农产品运用了“丽水山耕+龙泉子品牌”的模式。龙泉市对这类主体在品牌创建、农产品包装设计、质量检测、展销平台搭建等方面提供优惠政策及补贴，进一步拓宽优质特色农产品的销售渠道。现有省、市两级追溯平台，其中省级农业追溯平台实现 90%覆盖，“丽水山耕”公用品牌壹生态追溯体系已有 80 余家完成追溯体系建设。

目前，龙泉市食用菌产业和茶产业的生产、加工、流通等供应链较完整，其他产业在一二三产融合上还需要进一步提升。

（二）推进农产品电子商务发展主要情况

1. 发展农产品电商的支持政策

近年来，龙泉市深化农村供给侧改革，鼓励农户从事电子商务，加快本地农特产品与互联网融合发展，出台发布了《关于打造电子商务“三大体系十大工程”推进电子商务产业大发展的实施意见》《关于进一步扶持电子商务发展实施意见的通知》《龙泉电子商务发展三年行动计划（2016—2018 年）》《龙泉市进一步扶持电子商务发展的实施意见》等文件，通过对从事农村电子商务人员进行职业培训、完善电子商务配套设施、电子商务发展资金扶持、电商主体培育等来提升龙泉市农村电子商务水平，壮大农村电商队伍。龙泉电商建设也取得了较好的工作成效，成功入选中国“电商百佳县”，南秦村、村头村入选中国“淘宝村”。

2. 农产品电子商务基础设施建设情况

近几年，龙泉电商产品主要为青瓷、宝剑、农副产品、竹木制品等。2018 年，龙泉市实现农产品电子商务销售额 10 亿元，其中竹木制品网销量很大。

（1）农产品电商工程的实施主体情况。目前，龙泉市“互联网+”农产品的主体量不少，但是发展较好、规模大的还不多。2018 年销售额在 1 000 万元以上的主体只有龙谷生鲜农产品电子商务和龙泉市银启电子商务两家主体。龙谷生鲜农产品电子商务平台于 2018 年 6 月完成了冷链配送网络体系建设和独立商城平台创建及试行，7 月已正式开始运行，2018 年销售龙泉市生鲜农产品 1 000 余万元。龙泉市银启电子商务有限公司，是以销售龙泉市农特产品为主的公共运营服务平台。该公司依托龙泉—萧山“山海协作”工程，与浙江传媒旗下的杭州青牛电子商务有限公司签订《龙泉农产品进杭州销售总代理合同》，以“会员制”模式实现龙泉优质农特产品“基地—消费者”直达供应，推出宅配的高山蔬菜套餐，已发展固定会员 1 500 余人，2018 年共销售高山蔬菜荤素套餐 1. 85 万份。

（2）农产品生产、加工、物流、仓储等基础设施建设基本情况。龙泉市的省级以上龙头企业，主要集中在食用菌产业，基础设施健全，产业链完善，生产资质齐全，部分食用菌、蔬菜、水果等农业生产公司有自己的冷藏设备和仓储中心。龙泉市级以下企业大都为小规模生产企业，生产设备较为落后，部分还处于人工生产状态，产品加工流水线不完善，仓储及冷链等基础设施不健全更是小企业的通病。

（3）网络销售服务体系基本情况。已扶持建设的赶街、邮乐购、村淘等大多未发挥出农村电商平台的实际作用。同时，相比其他地区，龙泉地处山区，物流成本过高，导致部分企业选择外地建仓以减少物流成本带来的压力。

（4）益农信息社服务农产品电商情况。自 2016 年龙泉市被选为益农信息社试点城市以来，现已发展 8 个益农信息社示范点，涵盖农资购买、农产品出售、农村电子商务、便民服务、信息发布等服务内容，就目前情况来看，益农信息社的主要功能为农资购买、便民服务和信息发布，对农村电子商务的作用尚未高度显现。

（三）农产品电子商务发展存在的问题

1. 电子商务综合服务能力跟不上发展

一是当前龙泉市电子商务公共服务只能提供初级和中级的业务培训、技术指导、代运营业务，面对层次较高的服务需求无能为力，还存在对业态最新发展动向把握欠缺、服务项目老化、供需不对等等问题。二是快递物流体系存在相对垄断情况，因缺少竞争致使快递费用高、服务低水平、低效率，制约着电商行业发展。

2. 宣传力度不够，主体营销意识较低

龙泉市电商企业本身品牌意识薄弱，而农业生产经营主体大多以产品类别或用途来销售产品，例如，龙泉香菇、黑木耳、灵芝孢子粉、红心猕猴桃等，缺少对产品商标和品牌的推广运营，使消费者难以形成品牌认知度和消费黏性。

（四）发展农产品电子商务的建议

（1）积极发挥政府牵桥搭线的作用，为农产品上行营造良好的市场环境；出台相关文件，加大各级资金对农村电商主体培育、电商配套基础设施、农村电商人才培训等农村电子商务方面的扶持力度和政策支持。

（2）建立有力推进机制，加强政府与市场之间、中央与地方之间、政府各部门之间协调配合。发挥政府宏观调控、微观调整的作用，正确处理发展适度规模经营和扶持小农户的关系，落实扶持小农户发展的政策，确保更多发展效益留给当地农民。

（3）创建龙泉市特色农产品“区域共用品牌”商城平台，通过突出选择销售法，打造“爆款”网红产品，以“爆款”特色产品销售为突破口，提升品牌知名度、强化消费者黏性，推动“区域公共品牌”商城平台拓展、运行正常化。

（4）建立专门的产业化运营主体，购买加工、分选、包装等设备，建立仓储中心及冷链物流，以代加工、租仓库的形式，为小规模生产企业提供后续生产服务，在解决小规模生产企业的困难的同时完善优质特色农产品供应链，进一步提升特色农产品质量层次。

（5）建设农产品直销中心。近年来，龙泉市旅游发展有效推进，尤其是农旅融合发展速度势头良好，休闲观光农业形成一定规模；同时，随着生活水平的逐步提高，大城市务工人员在春节等重要节庆返城时，有购买特色农产品的需求，建设龙泉特色农产品直销平台很有必要。龙泉市目前也已经利用农产品批发市场等平台，加强本地农特产整合，积极发展“后备厢经济”，谋划建设1~2个可供本地人和外地旅客消费的大型特色农产品销售中心。

（6）对于小规模生产的农产品，建议重点发展县域电商、微商、直播销售等有区域特色的网络销售模式，促进这些农产品就近消费、体验式消费，延伸农业产业链，提高农产品附加值。

二十、桐乡市农产品电子商务发展报告

桐乡市位于浙江省北部杭嘉湖平原腹地和沪、杭、苏“长三角”中心，是世界互联网大会永久举办地和中国杭白菊之乡。近年来，桐乡围绕“智慧网络强市”发展战略，抓住全国信息进村入户试点县和浙江省“电子商务进万村工程”示范县契机，完善农村公共服务体系，强化信息服务功能，大力发展农村电子商务，促进农村产业融合发展，推动乡村振兴战略全面实施。

（一）农业产业发展现状

桐乡市农业资源丰富，特产众多，蚕茧、杭白菊、湖羊、榨菜、晒红烟、槜李等都是桐乡的著名特产，闻名海内外。2018 年，全市农村经济总收入 2 301.7 亿元，农业生产总值 33.63 亿元，农村居民人均可支配收入 3.49 万元。

在农业生产经营方面，2018 年，全市粮食播种面积 36.99 万亩，蔬菜、杭白菊、水果、苗木等经济作物 44.76 万亩；饲养生猪 13.06 万头，湖羊 36.3 万只，家禽 365.6 万羽；水产品总产量 19 053 吨，总产值 5.21 亿元；蚕桑产业规模稳居浙江省首位，总产蚕茧 7 452 吨，蚕茧产值 2.87 亿元；休闲观光农业区面积 2.95 万亩，休闲观光农业总产值 8.96 亿元。2018 年，桐乡市农产品交易额 21.11 亿元，农产品网络零售额 16.55 亿元。

在推进乡村产业发展方面，桐乡以现代农业产业规划为引领，深入实施“12355”行动计划，进一步调整优化产业发展布局。稳定发展粮食产业，重点发展杭白菊、蔬菜、水果产业，巩固发展水产、花木、蚕桑、畜牧产业；延伸产业链条，深化湖羊、杭白菊省级示范性农业全产业链建设，重点开展蚕桑、粮食、茭白、水产等产业的全产业链建设，提高农产品的附加值。截至 2018 年年底，桐乡市已创建了省级现代农业综合区 2 个，主导产业示范区 5 个，特色精品园 11 个，其中石门省级现代农业综合区被评为浙江省十大标杆园区；累计建成粮食生产功能区 99 个，面积 16 万亩；进一步提升 50 个标准化主导产业示范基地，重点打造 5~10 个精品产业基地。

在培育和发展农业品牌方面，桐乡大力推进农业标准化生产，全面实施杭白菊、茭白、猕猴桃“一品一策”风险管控，加快推进农产品质量安全体系建设。2018 年，全市农业标准化程度达到 70%，“三品一标”认证产品达 129 个；“三珍斋”品牌被商务部命名为“中华老字号”，董家茭白荣获嘉兴市名牌农产品，桐香猪肉、董家茭白、三百年留香杭白菊成为“嘉田四季”区域公用品牌首批许可产品。

大力发展多种形式的规模适度经营，进一步健全农业社会化服务体系，推进代耕代收、农机作业、统防统治、机械烘干等农业生产全程社会化服务，积极培育提升新型农业经营主体、新型职业农民、新农人，加大农业人才扶持力度。2018 年，桐乡市已建立农业龙头企业 40 家（其中国家级龙头企业 1 家），示范性农民专业合作社 21 家（其中国家级 2 家、省级 3 家），家庭农场 483 家（其中省级示范农场 9 家）。

（二）农业农村电子商务发展情况

1. 农村电子商务发展情况

2013 年，桐乡市被列为全省首批“电子商务进万村工程”试点县，通过与阿里巴巴的合作和全市上下层层推动、各方努力，目前桐乡市一个以市农村电商服务中心为服务后盾，以农村淘宝服务站为主力，以淘宝网“特色中国·桐乡馆”和乌镇景区大型门店网上展示线下体验的 O2O 模式为特色的全市“网货下乡”“农产品进城”的双向流通体系和农村电商服务体系已基本建成。2018 年，桐乡市累计已建成农村淘宝服务站 85 个，建立天猫优品电商服务站 7 家，培育农村淘宝村小二和淘帮手 55 人。全年农村淘宝线上成交订单 15.7 万单，成交金额 3 215 万元。桐乡市有 29 个村被上级业务部门评为电商专业村，其中 4 个列入“嘉兴市电商十强村”。

2. 农产品网络营销情况

进入 21 世纪以来，桐乡市有不少农业企业、农产品营销人员和农村创业青年，先后通过淘宝、天猫、京东等电商平台开设网店，推销适宜网络销售的杭白菊、蚕丝被、畜禽加工食品等桐乡特色名优农产品。此后，随着市场竞争的加剧，农产品网络营销发生新的变化，总体上表现为原来的小、散、个体运营的低级别网店趋于减少，并呈现向产业化、规模化、专业化方向集中的趋势，目前涌现了一批有一定规模甚至大型的专业网销企业或规模型农业龙头企业旗舰店。嘉兴三珍斋食品有限公司电子商务发展迅速，2014 年其电商销售额只有 4 000 万元，只占公司销售总额的 10%左右，2018 年电商销售额已达 1.3 亿元，占公司销售总额的近 1/4，该公司还建立专业电商经营部门和 30 人左右的经营团队。在洲泉镇，钱皇蚕丝被有限公司是一家专业网销蚕丝被的电商销售企业，电子商务销售额占公司总销售额 90%以上，近几年电商销售额稳定在 1 亿元左右，是国内蚕丝被类单项销售冠军；在钱皇、蚕缘等电商龙头企业的带领下，洲泉蚕丝被产业形成了抱团发展模式，并建立了洲泉蚕丝被电子商务平台和阿里巴巴洲泉蚕丝馆。2018 年桐乡市部分农业主体的农产品电子商务经营情况见表 7。

表 7　2018 年桐乡市部分农业主体农产品电子商务经营情况

主体单位	电商经营额（万元）	主要经营品类	网络营销平台	网店数量（个）	电商人数（人）
桐乡市崇福小虫草堂农场	300	食虫植物	电商、网站	1	7
桐乡市崇福绿程家庭农场	50	花卉	电商	1	5
嘉兴三珍斋食品有限公司	13 000	畜禽加工食品	电商、网站、微信	15	30
桐乡市乌镇泰丰斋食品公司	125	糕点食品	电商	1	2
桐乡市乌镇苗木专业合作社	1 700	绿化苗木	电商、微信	2	1
桐乡市钱皇蚕丝被有限公司	10 000	蚕丝被产品	电商	1	50
桐乡市华腾食品有限公司	1 800	畜牧产品	电商、微信	2	6
浙江远福茶业有限公司	300	杭白菊制品	电商	2	4
桐乡市金娃娃杭白菊制品厂	100	杭白菊制品	电商、微信	1	1
桐乡市同新食品有限公司	500	杭白菊制品	电商、网站、微信	17	17
桐乡市凤鸣红冠禽业	80	禽蛋等产品	电商、网站、微信	5	3
桐乡市新锋食品厂	80	粮食制品	电商、微信	3	6
桐乡市大华人造制板厂	709	木制品	电商	1	1
桐乡市联兴饲料厂	330	饲料	电商	1	4
桐乡市新和保健品有限公司	910	杭白菊制品	电商、网站	1	3
桐乡市华锋丝业有限公司	750	蚕丝产品	电商	1	1

（续表）

主体单位	电商经营额（万元）	主要经营品类	网络营销平台	网店数量（个）	电商人数（人）
石门花卉苗木专业合作社	1 200	苗木	电商	1	3
桐乡市缘缘食用花卉专业合作社	600	杭白菊制品	电商、网站、微信	1	1
桐乡市土特产有限责任公司	2 500	杭白菊制品	电商、网站、微信	3	9
桐乡市海泰菊业有限公司	2 000	杭白菊制品	电商	3	12

近年来，桐乡网络营销农产品主要以加工农产品为主，其次为花卉、特色果品等产品，农产品网络营销渠道呈多元化趋势，主要表现在以下几方面。

（1）电商平台由10多年前的一两个平台拓展到淘宝、天猫、京东、1号店、亚马逊、当当网、赶集网、速卖通等电商服务平台和企业网站、自建平台及微信商场等众多渠道与平台，桐乡市的土特产公司、三珍斋食品公司等农业龙头企业都在各大主要电商平台开设网店销售产品。

（2）通过市场主体QQ社交平台、微信公众号、微信商城或微信朋友圈，以及利用网络论坛或微博粉丝群体等开展电商销售，如屠甸老园丁农场、崇福小虫草堂农场、梧桐操杰种植农场、石门蓝莓基地等农业主体就是通过QQ群、微信群、微博粉丝进行销售。

（3）通过建立网上展示线下体验的O2O模式进行销售。如凤鸣红冠禽业专业合作社建立土鸡特色庄园，集养殖、餐饮、休闲、电商于一体，实现线上线下协同发展。

（4）实行“电商+养殖+加工+旅游”产业融合发展，打造全产业链模式。如华腾牧业公司是一家集饲料加工、原料贸易、养殖机械供应、生猪养殖、生鲜配送、肉制品加工、品牌门店销售、文化旅游等于一体的综合性企业，通过建立生猪基地直供中心，配套修建冷藏库和冷冻库，与顺丰快递合作在市区开展配送上门服务；线上建立微信商城店铺、淘宝小店，线下开设“桐香”猪肉专营店，2018年实现猪肉产品网络销售收入1 800万元。

（5）专业电商经营企业与传统农业企业、合作社合作开展电商经营活动，如浙江青韧电子商务有限公司为政府提供电子商务发展规划、人才培训、电子商务公共服务中心运营等服务支撑，同时为农业企业、合作社、农创客等提供电商专业技能培训、大平台流量对接、品牌塑造与推广、农产品货源对接

（对接新鲜农产品生产基地 30 个、产品 42 个）等电商服务。

（6）通过传统网络信息平台、农民信箱购销服务系统、各类媒体推介等网络与信息化传递方式实现产品（服务）的销售。

3. 农产品流通情况

（1）完善农产品流通基础设施，健全农产品流通体系。加强市级农副食品批发市场、镇级农贸市场、村级便民菜场基础设施建设，完善冷链物流、质量检测等设施，形成以市级农产品批发市场为中心、城镇综合体农贸市场为纽带、乡村便民市场为终端的三级农产品市场销售网络。2018 年全市农产品市场实现农产品交易额 7.6 亿元，其中销售本地农副产品 2.7 亿元。

（2）建立直采基地，推进农超对接。截至 2018 年年底，城区已开设果蔬连锁超市 5 788 平方米，果蔬直营净菜生鲜连锁超市 7 家，年销售农产品 1.1 亿元。

（3）建立农产品配送中心，开展农产品配送服务。通过绿色农产品配送中心、副食品市场配送公司与基地、合作社等农业生产主体建立稳定的采购关系，为本地农产品提供新的销售渠道。打造网上净菜市场“菜乐士”平台，通过网上订购，将菜品配送至每一个小区的服务工作站。2018 年配送中心共为 311 个单位食堂和世界互联网大会提供配送业务，配送额达 1.5 亿元。

（4）建设特色农产品展示中心。以区域公共品牌为载体，推进区域优势农产品信息平台建设，畅通品牌农产品直供直销、线上线下等多种销售渠道。2008 年 11 月，桐乡市成立了由农业、供销部门建办，依托东兴商厦股份有限公司开展业务运作的特色农产品展销中心，汇聚了桐乡特产杭白菊制品、桐乡榨菜、蚕丝被床上用品、蓝印花布、禽蛋制品、水产品、时鲜水果、特色糕点、优质大米九大类上百个品种。全市农业龙头企业、农民专业合作社和种养殖基地的特色农产品全部进场，同时还引进了浙江省内外名、特、优农产品进场设展销售，展销品种达 1 000 多种。

（三）农产品电子商务发展面临的主要问题

1. 竞争激烈，经营成本高

目前各大型专业电商平台网店的开设门槛和经营成本相应提高，还要参与网店推介与排名，每月需开支不少的网店宣传费，经营成本大增。

2. 产品生产与市场需求存在矛盾

桐乡市的水果、蔬菜、水产品、禽蛋等鲜活类农产品生产主体，普遍经营规模小，同时产品的季节性强，与市场所需要的长期供应和批量性供货存在着矛盾。此外，网销的农产品没有统一标准，产品质量难保障、规格难统一，难以获得客户信任。

3. 较低的销售单价与物流成本的矛盾

产品销售单价低，保鲜、保质和包装的成本较高。同时，目前快递物流企业在农村的延伸还十分有限，即使有物流企业愿意下村，往往面临着增加运费和时间难以保证等困难。

4. 农村电商网购客户量小、拉新难，人才难留

桐乡城乡一体化程度较高，从目前桐乡市部分村淘站运行情况看，农村网购客户少、拉新难，业务量上不去，造成业绩不佳，人才难留住等困境。

5. 缺乏品牌产品和竞争优势

目前桐乡市农产品的网络销售还缺乏规模化经营，缺少“品牌化”运作。比如桐乡杭白菊，是国家命名的桐乡原产地域产品并获原产地地理标志，但仅从淘宝网上搜索“杭白菊”，销售店铺就达 3 000 多家，注册地除桐乡外，还有浙江的嘉兴、杭州、宁波等地，更有江苏、陕西等省，导致产品信誉度降低。

(四) 推进农产品电子商务发展的主要做法

1. 强化领导，发挥政策引领和政府主导作用

为加快桐乡全市农村电子商务发展，方便农村居民日常消费和农产品流通，桐乡市陆续出台了《桐乡市信息化发展规划》《桐乡市农村电子商务发展工作实施方案》等文件，专门成立农村电子商务工作领导小组，制定电商扶持政策，完善配套建设，健全服务体系，以推进全市农业农村电子商务发展。

(1) 搭建平台，完善农村电商网络。一是成立桐乡市电子商务公共服务中心，采用政府主导、协会承办、企业运营、公益为主、市场为辅的运作方式，通过公共服务中心平台实现电商信息发布、政策公告、人才培养、创业孵化、资源对接等多项服务。二是建立淘宝网“特色中国 · 桐乡馆”和乌镇景

区大型 O2O 农副特色产品体验店，为桐乡市特色产品、优质农副产品提供线上线下集中展示平台。三是稳步完善全市村淘服务网络。与阿里巴巴公司合作，在农村设立淘宝服务站，招募合伙人为村民代购、代销农产品，实现“网货下乡”和“农产品进城”的双向流通。全市农村淘宝服务站经过三四年的建设，已由最初的 20 个村淘站发展到 85 个，建有淘宝镇 4 个，淘宝村 29 个。

（2）完善配套建设，健全服务体系。全力推进农村电商基础设施建设，提升网络、物流、支付等服务水平；加大财政支持力度，开展农村电商专项项目建设；加强金融服务，为农村青年电商创业提供资金支持；加大农村电子商务公共服务中心建设，在平台上建设共享信息、知识和业务的“社区”，打造运营良好、各方参与的农村电子商务服务体系。

（3）加快电商人才建设，培养电商专业人才。一是引进淘宝大学商晖培训公司，积极培育本地电商培训机构，如宇都培训、新网创培训等，从电商创业培训、在校学生培训、职业技能培训、在职人员提升以及知识普及培训等方面出发，开展多方位的电商人才培养工作。二是结合农民素质培训工程和农村实用技术培训，为广大种养大户、农村经纪人和农业主体开设农业网络经营和电子商务培训班，组织全市农业主体开展农业电商业务培训、农民信箱系统应用培训等，提升农民电商经营能力。

（4）开展专场活动，营造电子商务发展氛围。通过组织年货节、农资节、6·18 年中大促等系列活动，在服务村民的同时全面提升村淘合伙人的能力。举办青年电商农产品营销设计大赛、特色农产品网销创业创新大赛、青年电商沙龙论坛等活动，鼓励农村青年投身电商行业，培育农村电商创业创新人才。

（5）依托特色优势产业，打造线上产业集群。结合桐乡本地皮草、蚕丝被等特色优势产业，在相关镇建立特色产业电子商务集聚区，建设崇福皮草、洲泉蚕丝馆等电子商务集聚区，全面提升线上产业带集聚功能，扩大桐乡产业影响力。

2. 提升意识，充分发挥农业主体积极性

近年来，桐乡市依托信息进村入户和世界互联网大会永久举办地的资源，利用杭白菊、蚕丝被、畜禽加工食品等既适宜网络销售，又深受消费者青睐的特色优势农产品，大力发展农业电商商务，形成了以洲泉蚕丝被、石门杭白菊、乌镇加工食品、崇福花卉、梧桐檇李等电商产业区域发展格局，线上与线下、大平台与小微店、企业与基地等相结合的农业电商经营特色，涌现了一批专业化的农业电商经营企业和基地。

同时，积极引导农民拓展农产品电子商务。在市级建立了农村电商服务中心和淘宝网“特色中国·桐乡馆”、特色农产品营销网及休闲农业与乡村旅游等平台，在基层建立了 85 个农村淘宝服务站和 1 000 多个农业网销站（店）。2017 年，全市有从事农业网络营销的主体 863 家、网销人员 931 人，涌现了嘉兴三珍斋食品公司、钱皇蚕丝被公司 2 家年电商销售超亿元的农业企业，老园丁、小虫草堂、崇福农创等一大批以电商销售为主的农业主体和农创客。

3. 强化农业信息与网销服务，促进农业农村电子商务发展

（1）充分利用农民信箱系统的农产品购销服务功能，深入开展“每日一助”服务活动。根据农民信箱注册用户数量大、实名注册等特点，利用农民信箱的短信群发功能，针对目标用户开展“每日一助”信息服务，很好地解决了广大农户农产品“卖难”问题。据不完全统计，2018 年桐乡市为广大种养大户、农业企业等农业主体免费发布农产品买卖“每日一助”信息 237 次（累计达 1 534 次），实现农产品销售额达 238. 97 万元。

（2）组织实施信息进村入户试点县建设，推进三农信息服务和农业农村电子商务发展。桐乡依托信息进村入户工程，整合汇聚了 20 个市级涉农部门（机构）的信息服务资源，在基层村级建立了 197 个“六有标准”益农信息社，全市拥有基层信息服务队伍 1 034 人，益农信息服务实现市、镇、村三级全覆盖，从而促进了涉农部门信息服务资源向村级延伸，三农综合信息服务功能增强、效率提升，农业农村电商蓬勃发展。2018 年，桐乡市通过基层益农信息服务站点，开展各类涉农信息咨询服务 286 384 人次，群发服务短信 6 311 231 条次，提供便民服务 1 426 874 人次，为农民提供医保社保、农业保险、水电、小额现金取款等代收代缴代办服务金额 4 815. 116 万元；通过益农信息服务体系提供农村电商服务交易金额 16 075 万元，其中农产品上行交易额 9 180 万元。

二十一、义乌市农产品电子商务发展报告

（一）农产品电子商务发展概况

浙江省义乌市以推动农产品进上行为目标，通过平台建设，优化服务等，拓展创新营销流通渠道。拓展以绿禾网为主的农产品电商平台，2018 年完成农产品销售额 4 000 多万元；淘宝特色中国义乌馆开展各项线上线下运营活动，共入驻商家 320 多家，与 300 余家农副产品经营户建立供销关系；义乌市农创园占地面积 2 000 平方米，总建筑面积 8 000 平方米，打造农产品 O2O 体验、融资服务、信息交互、创业孵化、风投对接、电商秘书服务、电商运营中心七大运营平台，入驻企业 50 多家，开展第三方交易及电商培训；青岩刘网货中心展销义乌及国内部分省市的优质、绿色农产品，目前有 50 多家农业生产龙头企业、600 多个品种的农产品入驻；利用新媒体推动义乌市特色主导农产品产销互动，推送涉农政策、农业技术、农产品时令、农业休闲观光点、农业气象等内容。探索“电商+旅游、服务、文化”，推动精品乡村、农村商贸服务中心建设，加大宣传本土特色农产品。将村镇农特产品、农村专业经济合作社、农业大户、乡村旅游点、农家乐等资源整合，开展“线上线下”双重宣传营销模式，积极推动现代农业“触电”。

（二）推动农产品电子商务发展的主要做法

1. 建设电商平台，培育电商品牌

一方面，成立国内首家电商创业实验室—青岩刘创业孵化中心，为农产品电商提供免费工位、免费培训、小额免息创业贷款等服务。并成功培育“皓野”“村野谷农”“绿禾福”等自有放心品牌。另一方面，在义乌农创园构建集孵化、路演、培训、办公、投融资等功能为一体的众创空间，为创业者提供更大的网络、社交和资源共享空间，农创园自运营以来，服务创业实体及微商

团队多家，成功孵化村集百货、社趣宋等项目。

2. 整合优质资源，提升产品品质

通过义乌馆等平台与义乌供销集团、义乌农村经济发展有限公司等义乌农产品优质资源拥有者紧密合作，对本地农商农企特别是农村合作社进行摸底，整合了全部农村合作社资源，包含义乌知名品牌："华统""敲糖帮""森山""江南村""西楼红""黄培记""年年青"等，保证产品最正宗、质量最优质。同时，开展电商知识培训，对没有条件开展电商销售的企业，进行免费托管，对已经开展电商销售的企业进行指导和服务。

3. 强化线下体验，凸显义乌特色

注重线上线下相结合，一方面，建立线下体验旗舰店，对义乌的特色农产品进行展销，提高消费者的购物体验，增加线下流量，通过线下和线上相结合，让消费者自主选择购买方式，增加消费者的购物渠道。另一方面，创新模式进行农产品电商销售，例如义乌馆通过与各镇街合作，在人流比较集中的地方提供场地，并负责组织返乡青年创业。义乌馆负责品牌维护、提供产品、发货、售后等工作，返乡青年通过实体店利润维持团队日常开支，并通过线上销售创造净利润。

4. 加强宣传合作，打响义乌品牌

通过与义乌商报、浙中新报、义乌电视台、义乌热线等义乌主流媒体签订了战略合作协议，加强本土电商企业（平台）合作企业或个人宣传报道、深入挖掘红糖、火腿、蜜枣等义乌特色产品背后的故事，加强宣传，并积极开展形式多样的活动，引人关注、引人参与，让人深入了解义乌的风土人情，知晓义乌特色农产品。

5. 完善公共服务，提升服务质量

在园区建设方面，通过完善园区配套硬件设施，不断组织线上线下活动，引进专业电商培训服务机构，为入驻企业提供优质的服务。在仓储物流方面，充分发挥农创园 3 万多平方米的仓库优势，开放给绿禾网等企业使用；同时，针对农产品品类多、易变质、不易保存的特点，加强冷藏冷冻仓库建设。加强队伍建设，打造专业团队，根据企业所需，统一安排快递和物流，提供物流服务，为义乌城区消费者提供送货上门、限时达等服务。

6. 严格品质把控，力推溯源建设

加强部门合作，对义乌本地农商农企进行摸底，通过宣传，牢固树立安全意识，强化品牌意识；制定产品标准，完善检测设备，从源头加强对产品品质的把控。与淘宝网等加强合作，完善农产品溯源机制，让消费者充分认知购买的商品，确保让消费者直接享受到“农田到餐桌”绿色、安全、健康的美食。

（三）农产品电子商务主要运营主体

1. 规模企业

义乌市目前有农业龙头企业 85 家，其中国家级 3 家、省级 5 家、金华市级 20 家。一般都建立有自己的品牌，有自己的企业文化，大多企业都自建营销网络，涵盖各个销售模式。如森宇集团就建立了遍布全国各地的销售网络，线上已在天猫、淘宝、京东、1 号店等平台开展销售，同时自建微商城并与电视购物方式结合，开展线上全覆盖销售；线下多模式并举，涵盖百家专卖店、OTC、新零售、商超、药店、直供、特通渠道等，在浙江、上海、江苏、安徽、北京等地设立了办事处。但是农产品企业电子商务交易额占比很少，全市农产品电子商务交易额仅占全市电子商务交易额 0.1%左右。

2. 低小散企业

生鲜产品以传统就近交易方式为主，以城乡集贸市场、农产品批发市场为主导，部分品种农产品通过农超对接等方式进入农产品超市，更有通过生活体验、休闲观光等以采摘等方式进行销售，少量农产品通过第三方以配送等方式进入农产品营销体系；一些易运耐储、可加工的农产品通过微商形式销往全国各地，如义乌红糖系列产品。

3. 本地涉农电商平台

绿禾网专注于整合全球优质生鲜产品资源，为本地用户提供绿色、健康、优质的生鲜食材以及食材的本地化快速配送服务，目前已经发展成为浙中地区影响力最大、实力最强的生鲜电商平台。淘宝特色中国义乌馆，深度挖掘开发义乌本地特色农产品资源，与本地农企农商资源实时对接，开辟本地优质农产品互联网营销新渠道新模式，助力本地农业产业结构升级。义乌市农创园以发展农产品电子商务企业为目标，大力孵化与培育农副产品电子商务，促进涉农产业转型升级。农产品网货中心立足实体、发展电商，为本地农业主体提供便捷的网上销售渠道，为第三方网络交易平台及中小电商提供线下仓库，在“互联网+”时代，为传统农产品交易转型创造机遇。

（四）农产品电子商务的重点建设内容

1. 发挥网商集群效应

义乌市电子商务持续健康快速发展，连续多年位列“中国电商百佳县”榜首。义乌内贸网商密度位居全国第一，外贸网商密度全国第二。全市在知名平台的电商账户达 27 万多户，其中内贸网商账户数超 15 万户，包括淘宝卖家、天猫店铺、京东商铺、诚信通等，同时拼多多、卷皮网等移动电商平台上的义乌电商经营主体也在快速增长；外贸网商账户数超 12 万户，包括速卖通、Ebay、Wish、敦煌网、亚马逊等。

2. 发挥物流网络优势

义乌物流体系发达，覆盖全国 300 多个地级市，形成了辐射国内全球的物流网络，是浙江省主要的内陆港和全国最大的零担货物配载中心，义乌海关与宁波港、上海港实行跨关区一站式通关。义乌有网拍店铺 200 余家，各类物流企业 2 500 余家，全球 20 强船务公司有 18 家在义乌设立分公司或办事处；有海外仓 30 家，其中 8 家获批开展省级公共海外仓建设试点。义乌有全球最长的“义新欧”国际货运班列，“义甬舟”开放大通道启动建设，建成 B 型保税物流中心、跨境电子商务公共监管中心和跨境保税进口电商监管中心。

3. 发挥农村电商作用

积极推进京东“四个一”工程。京东义乌馆已上线，京东大学电商学院与义乌工商职业技术学院签订合作协议，京东乡村建设标准村级合作点 8 家，合作植入商超 300 多家。大力开展农村电商服务站建设。“村邮乐购”项目共建设市级农村电子商务服务中心 1 个、网点 500 多个，完成批销金额 3 000 万元。做好社区智能投递终端建设，2018 年新增网点 70 个，基本覆盖义乌市各社区。

4. 提升管理服务能力

义乌市网拍摄影、代运营、创意设计、推广、人才培训、第三方仓储等电子商务配套产业，实现集聚发展。完成速卖通、ebay、亚马逊等平台义乌卖家交易数据采集程序开发和主体数据采集，“义乌市电子商务产业云图”开发，通过义乌电子商务公共服务平台线上展示，同时利用陆港电商小镇、青岩刘党群服务中心线下展示。完善义乌快递数据实时分析系统，增设义乌快递实时数据展示点。当好“店小二”，为招商落地企业提供政策解答、场地寻觅、供需对接、人才培训等全方位服务。依托村两委（即村中共党支部委员会和村民自治委员会）、便民服务中心等资源，发挥644个益农信息社功能，开展电子商务、便民公益等服务。

（五）农产品电子商务的支持政策和保障措施

1. 支持政策

义乌市政府颁布了《关于进一步加快现代农业发展的若干意见》（义政办发〔2017〕19号），支持和鼓励农业企业参加各类展会，参加主管部门组织、上级主管部门安排的农业展会，对展位费、参展补贴、特装展区、展会获奖产品给予专项资金补助；《关于促进商贸业高质量发展的若干意见（试行）》（义政发〔2018〕57号）就促进电子商务发展出台了一系列扶持政策；《支持农业生产推动现代农业发展十条意见》（义政办发〔2018〕117号）鼓励本地农业龙头企业、示范性合作社（家庭农场）拓宽销售渠道，对利用电子商务开展农产品销售，实现线上年纳税销售收入首次突破100万元的，给予一次性奖励6万元。

2. 保障措施

（1）建园区，发挥集聚效应。整合知名农产品电商平台及本地优质农产品电商企业共同入驻义乌市农创园，着力构建农产品展销、电商运营、创意研发、农特微商体系、风投对接等为主要内容的产业集群。

（2）优载体，做强电商平台。推动农产品电商绿禾网与义乌市优质果蔬合作联社基地，以及火腿、红糖等本地特色优质农产品合作社建立原产基地直供合作，为义乌、金华两地家庭会员和行业客户提供专业化生鲜产品整体解决方案。同时，设立淘宝特色义乌馆，打造以义乌本地农副土特产品为中心，集农产品线上展销、乡村文化、本地服务为一体的“义乌之窗”。

（3）创品牌，延伸电商产业。做强做大自有电商品牌“金喇叭”，推动电商营销助力乡村农产品拓展销售网络。例如，一鸣食品主营坚果炒货、果干蜜饯、地方特产，一方面以经营销售为核心，丰富拓展电商营销；一方面依托农创园的仓储、加工、电商和物流体系，逐步发展“订单式”种植、研发、深加工等上中游环节，开发新疆、云南、临安等规模化生产种植基地，壮大企业规模，提高企业效益。

（六）存在的主要问题

1. 农产品电子商务的规模偏小

由于义乌农产品资源优势不足、涉农电商规模较小等原因，涉农电商普遍存在知名度低、市场占有率低等问题，特别是在推进义乌特色农产品的线上销售和发展模式创新方面，还处于刚刚起步的阶段。

2. 涉农电商经营主体素质有待提高

网店系统运营者的能力很大程度上决定着一个网店的发展，运营者处于一个核心领导地位，他直接领导客服、市场、采购等部门，关系到网店系统未来发展的一个战略目标规划。目前，涉农电商整体素质偏低，尤其运营能力更有待提高。

3. 农产品小而散导致成本增加

义乌大部分农产品相对分散，没有形成集群效应，各个农商农企没有形成联盟，单个企业势单力薄，严重影响线上销售进程，既不利于农产品标准化的制定，又造成农产品推广成本过高。

4. 农产品电商要素不够强

农产品缺乏有影响力的品牌，缺少拿得出手、喊得响的农特产品，不利于产品的推广和销售。农产品电商专业人才的缺乏，懂电商、懂农业、懂市场的复合型人才比较稀缺。

二十二、长沙县农产品电子商务发展报告

近年来，湖南省长沙市长沙县结合自身实际，在改造传统农业、促进现代农业发展，发展“互联网+”农产品的基础上，以“严抓产前”“严控产中”“助力产后”的“两严一助”为抓手，大力推进长沙县农产品电子商务的发展，并取得了一定的成绩，2018 年全县农产品网上销售额突破 10 亿元，较 2017 年增长 12%。

（一）“严抓产前”，确保网销农产品安全

为保障加强农业投入品的监督管理，保障网销农产品安全，长沙县在路口镇、春华镇、青山铺等 13 个主要农资店，搭建了以农业投入品备案系统、电子二维码台账模块、执法监管模块、农业投入品二维码查询模块等子模块组成的农业投入品监管系统，该系统做到了对农业投入品在长沙县审批、批发、零售等全流通环节的监控与管理，确保了农业投入品市场的规范与安全，从农业生产的源头保障了长沙县网络销售农产品的食用安全。

（二）“严控产中”，保障网销农产品质量

为了加强对农产品产中的监控，确保网销农产品质量并保障消费者对农产品质量安全的知情权，长沙县打造了以农作物田间病虫害监测预警系统与农产品质量安全溯源系统为主的农产品生产监管与溯源体系。双管齐下，在监管过程中，可以通过视频、实时数据等方式对长沙县农产品生产过程进行全程监管，可以让农民通过田间病虫害监测预警系统实时监控田块的病虫害信息，并在指导下采取最合理的防治措施；此外，消费者可以通过扫描溯源系统二维码，了解其购买的农产品在种植过程中的各类信息，打破农业生产中的信息鸿沟，为农产品的网上销售打下了坚实的质量基础。

（三）“助力产后”，促进农产品网络销售

在保障农产品安全与质量的基础上，长沙县大力促进农产品的网络销售。

1. 鼓励农产品网络销售

2016年以来，长沙县拿出专项经费鼓励农业企业通过淘宝、天猫、京东等国内知名电子商务平台开设旗舰店、专卖店，借助其品牌优势，开展农产品网上营销。扶持具有示范带头作用的农业电商企业，其中，童年记电商销售额已达9 420万元，湘丰、致远、清源等企业的电商销售额已破千万。另外，在休闲农业电子商务方面，全县已有60%的休闲农业企业、乡村旅游景点、农家乐开始通过电子商务平台开展推广与销售。

2. 开展网络平台对接会

为了促进更多中小型农业企业通过互联网拓展销售渠道，长沙县多次开展了中小型农业企业与优质网络平台的对接会，通过优质的网络平台更广泛地促进了长沙县农产品的销售，形成了“基地+平台”农产品电商模式。

3. 开展各类电商培训

长沙县邀请了大量来自高校、企业的农产品电商专家对特色农产品销售企业、农业合作社、营销大户等进行电子商务培训，不仅提高了农业企业参与电子商务的积极性，还掌握了扩大农产品网络销售的实用技能。

二十三、衡南县农产品电子商务发展报告

（一）农业信息网络体系建设情况

衡南县位于湖南省东南部，是一个典型的农业大县。全县辖 26 个乡镇（片区服务中心、办事处），375 个行政村，总人口 113.74 万人，乡村人口 74.73 万人。农业生产以种植水稻为主，粮油、畜禽、林果、棉烟、水产等农林牧渔业竞相发展，农副产品品种多、产量高、质量好，属国家级现代农业示范区。2018 年 6 月 11 日，李克强总理深入衡南县车江片区白水村视察粮食生产，对现代农业的发展作了重要指示。20 世纪 90 年代初期，衡南县就被列为全国农业统计、农情调度基点县，一直延续至今；2012 年，被定为全省网络体系建设重点县；2014 年，入选农业部信息进村入户试点县；2016 年，被评为全国电子商务示范县；2018 年，积极参与农业农村部数字农业试点项目申报，综合评分在湖南省排位第二，是全省首批 18 个阿里兴农扶贫频道官方服务站授牌的县市之一。

1. 农业信息进村入户情况

2014 年，衡南县被农业部定为信息进村入户试点县，中央下拨项目资金 100 万元，县财政配套 100 万元。自 2015 年开始，衡南县把农业信息化纳入财政预算，每年安排 50 万元用于发展农业信息化。近年来，衡南县在农业部“六个有”的基础上，再提标准、加设备，建成了 1 个县级信息服务中心、1 个农产品质量安全溯源系统的物联网应用平台，26 个乡镇农业信息站、158 个村级“益农信息社”，村级益农社覆盖率达 42%。加强示范社的培育，将云集镇石塘村、朝阳村，松江镇高峰村，江口镇关美村，廖田镇茅岗村，谭子山镇工联村，宝盖镇宝盖村打造成省级示范性“益农社”。宝盖村“益农社”信息员洪庆华因表现优异、业绩突出，2018 年获评全国百佳优秀村级信息员。2018 年度，搭载邮政公司的“邮三湘”“邮掌柜”平台，村级“益农信息社”便民服务人数达 2.6 万人次，各类代缴费 8 055 笔，其中代收电费 493 万元、

手机话费 27.5 万元；寄递包裹 220 件，代投包裹 0.9 万件，助农取款 128 万元，电子商务成交额达 320 万元，农业信息进村入户率在 95%以上。

2. 农业电子商务发展情况

全县注册规模电商企业 300 家，发展网商、微商 1.2 万余户，从业人员达到 2.6 万余人。2018 年实现电商零售额 4.9 亿元，其中农产品销售额 2.3 亿元。大三湘、广林玫瑰等农业产业化龙头企业都建立了自己的官网，跟微信分销、天猫商城、淘宝、京东、苏宁易购、E 得宝、邮乐购、本来生活等网络平台都有合作。腊制品、剁辣椒、红薯片、干萝卜、干豆角、茄子皮、臭皮柑膏、艾叶粑粑等都是网络交易额排名前十的农产品。

2018 年，县财政投入 226 万元，在全县 65 个贫困村，建成了 66 个村级电商服务站点，并在网上注册开设了 432 个电商扶贫小店。组织 300 多名电商应用人才和信息员参加了业务培训，确保每个电商扶贫点都能正常运营。据统计，2018 年度，贫困村农产品年上行交易额达 683 万元。改造升级后的电商服务中心农特馆已正式投入运营，全县 45 家企业 65 个农特产品在此陈列产出。

3. 物流网络拓展情况

衡南县区位优势明显，三面环抱衡阳市区；交通便捷，水陆空立体交通四通八达，乡村公路通组到户；通信业高速发展，宽带网络、有线数字电视覆盖率已达 99.9%。全县成立了物流协会，有快递物流企业 40 余家，其中，县城云集有申通、圆通、顺丰、中通、韵达等 10 余家成熟运营的专业快递物流企业，年发货量 1.8 万件。随着电子商务的发展，农村居民网购能力的提升，物流配送能力已基本遍及城乡，中通、圆通等快递公司还开通了到村里电商大户家取货的业务。通过电话联系，农村网店的货物能基本保证及时送取。发往广州、深圳、上海等地的鲜活农产品通过特别约定可以 1 日内送达。同时，为进一步解决农村物流“最后一公里”问题，县邮政分公司，每天 4 台车，分 4 条线路县乡往返两次送取货物。乡镇分送到村，配备了 30 台面包车和 30 台电动三轮车，每天往返村级邮政投递点收送包裹，全面提升电商包裹投递速度，农村邮政支局当日收寄的电商包裹全面实现当日递，发往湖南省各地的快递包裹次日达。

（二）农产品产电子商务发展情况

2018年，衡南县开展了旅游景点、名菜佳肴和名优农特品3个“十佳”评选活动。组织严谨、程序到位、精彩纷呈的评选活动，将全县的农特产品进行了深度挖掘，利用广播电视、网络报纸等进行了全方位、多角度的宣传推介，成功把大三湘茶油、广林玫瑰系列产品、阿初烧饼、金林面业等打造成了家喻户晓的明星品牌。积极组织全县的农业企业，参加中央、省、市的农业展销活动。2018年，在北京举办的首届贫困地区农产品产销对接农博会上，中央电视台对衡南县的农特产品给予了重点报道。

通过政府引导，培育壮大了一批网红农业企业。近尾洲莲湖湾公司的生产的“湘莲”系列产品，网销额达865万元。星华禽业的小鸡苗通过互联网搭乘飞机销往全国各地，网络年销售额在500万元以上。大三湘茶油公司，在全县建立了首家种植业溯源系统，基本实现了产加销全程跟踪，其茶油系列产品通过互联网远销国内外，电子商务年成交额在300万元左右。衡阳森本生态农业科技发展公司通过互联网，将白芨、石斛、金线莲、特种苗木、香猪、梅花鹿等农产品销往全国各地，年网络成交额在120万元左右。

利用泉湖“二月八”、宝盖“油菜花节”及“年货节”等各种传统节气活动，到各个乡镇集市开展农产品电商推介活动。采用现场看实物，网上下订单等线上线下相结合的形式，充分展示网购的便捷实惠和农产品的丰富多样，培养了“洪帮主”“阿凤农产品”“樸食园”“高小姐”等一批本土农特电商品牌。在衡阳市香江百货开设了电商扶贫专区，在南岳机场开设了农特产品专柜。

（三）存在的问题

1. 农产品加工规模化程度较低，质量认证难

艾叶粑粑、蒲公英粑粑、红薯片、干辣椒、干豆角、干萝卜皮、坛子菜、垛辣椒、腊肉、腊鱼等传统农家美味，只需蒸煮、脱水、腌渍、烟熏等简单的加工处理过程，技术含量低，门槛低，市场需求不稳定，难以组织规模化生产，生产标准较难制定，取得生产许可证和食品流通许可证难度大，只能通过

微信朋友圈销售。由于各自为政的分散生产，货源不好组织，加之农民缺乏长远发展眼光，畅销“惜售”涨价，网络代理商经常处于没有货源支撑网络销售的尴尬境况。目前，只有鸡蛋、大豆、大米、花生等不需添加任何附加成分的初级农产品，可以实现不用食品流通许可证即可在京东、淘宝在线、阿里巴巴等网店上销售。

2. 农村网络基础设施仍较薄弱，物流速度慢

农村的宽带网络，信号不稳定，网速慢，价格贵，部分偏远乡镇的村组尚无网络覆盖，严重制约了农村信息服务网络的延伸和拓展。农村地广路偏，农产品上传下达耗时长，流通慢，物流成本高。物流收费基本上是以计重收费为主，大部分生鲜农产品销售单价低，质量重，销售的利润抵不上运费成本。衡阳作为三四线城市，冷链物流基本还是空白领域，鸡鸭鱼肉等生鲜农产品的流通，全都是商家自备冰袋保鲜。

3. 网络营销平台管理不够规范，推广费用高

在衡南县开展农产品销售的网络平台主要有百度推广和阿里巴巴等，均是以点击率收费。多数网店店主有过被恶意刷屏的遭遇，有时稍不注意，成交量没有，营销费用要达到几百上千元。公司驻网门槛低，把关审核不严，常会遭遇信誉等级较低公司的恶意侵扰。农产品销售利润低，网络平台推广费用过高，如樸食园每年平台营销费用达到网络销售额 20%以上。

（四）推动农产品电子商务发展的建议

1. 进一步加强电商人才队伍建设

农村有文化、懂信息技术的人才本来就少，懂电子商务的人才更是严重缺乏，要加强对农村电商人才的政策扶持、项目支持。对农村益农社的信息员和农村淘宝店主等进行统筹管理，加强业务培训，尤其是市场信息方面知识的培训，提高他们的信息采集、分析、整理、发布能力，逐步建立一支营销策划、专业技术、分析应用相结合、精干高效的农商人才队伍。

2. 进一步加强农业信息监测预警工作

农民信息获取甄别能力相对有限，供需信息难以协调平衡，常常是有货的找不到买家，想买的又找不到货源，导致农产品要么“天价”抢购，要么滞销“贱卖”，生产供应与市场需求难以精准对接。政府部门应密切关注农产品

市场的动态变化，及时向社会发布具备权威性、科学性的农产品供求分析报告，引导农民根据市场需求发展生产。鼓励网络企业到农村建立种养殖基地，引导农产品的种养加工，实现以销定产。

3. 进一步完善农村电子商务发展体系

进一步完善农村物流网络体系，尤其是农产品冷链物流体系，给农业农村的物流环节给予一定的经费补贴，建立农产品进城、农资和农业生活用品下乡的双向流通模式，让农民也可像城里人一样享受便捷、高效的网购服务。鼓励快递公司开通偏远乡村电商大户上门取货业务，地级市的机场开通鲜活畜禽产品的运输业务，进一步扩充农业农村电商的发展空间。给予农村淘宝商一定的平台推广费用补贴，或是促使农产品的平台推广费用改变计价方式，按专家评审的纯利润提取平台推广服务费用。进一步完善邮政、电信、电力、银行的服务平台，明确佣金提成比例，促进公益服务与经营服务的融合对接，确保村级站点的持续运营。做好农产品的精深加工，加强品牌建设，提升农产品的附加产值。

4. 进一步整合农业农村信息项目资金

邮政、供销、气象、金融、电信、组织、文体广播新闻、商品粮、农业等多个政府管理部门都有建设村级站点的项目任务，导致农村出现了“村级站点遍地开花，运营服务虚无缥缈”的乱象。资金投入了，收效却甚微。建议中央决策部门，充分整合投入农村的信息服务站点建设资金，由与农业农村业务联系最多、最广的部门牵头总抓，将各个部门的业务服务叠加，集中在一个站点组织实施，避免场地、设备、人力资源的浪费。鼓励发展农产品加工业，增加农产品附加产值和规模效益，便于农产品生产标准的制定。

5. 应进一步建立健全农业农村电子商务的法律法规

要细化强化农业农村电子商务法律法规，政府应做好网上销售农产品的质量监管工作，明确生产标准与生产水平，确保市场销售的农产品绿色、健康、安全。对于网上销售的假冒伪劣农用生产资料、日常生活用品及网络金融诈骗案件，要加大打击追责力度，畅通维权索赔渠道；要加大网络金融安全的业务培训，切实保障农民的既得利益不受侵犯。对于进驻网络销售推广的公司要进行实地考核，资质审核通过方可注册入网，保障优质公司的利益与消费者利益不受侵犯。

6. 建立农产品质量等级认证制度

农产品办理生产许可证难度大，与消费者建立信任联系耗时长，导致高成本的优质农产品难以产生对等的经济效益。建议政府部门应建立农产品分级制度，开通农村常见、网上畅销的传统农产品生产标准制定业务。开通农产品生产许可证和流通许可证申办业务，而不是简单地统一要求办理食品生产许可证。应在尊重市场规律、尊重农民意愿的基础上，打造农产品品牌，助推农民网商从数量到质量的跨越。

7. 政府助力农民网商扩大生产经营规模

当前农村淘宝行业，小而散、小而乱的现象十分普遍，有知名度、有规模、有影响的农家网店少之又少。建议政府部门要引导各种类型的农业合作社和家庭农场主动发力，聚合各地网店资源，规模化发展，形成竞争合力，力争打造规模化的地域品牌农家网店。

第四章

产品篇

张　晶　孟　蕊　陶　莎　赵俊晔

一、秭归脐橙——全产业发展夯实品牌农产品上行之路

秭归县地处湖北省西部，位于三峡工程坝上库首、长江西陵峡畔，是著名的中国脐橙之乡，是全国脐橙主要产区。秭归脐橙因皮薄光滑、橙红靓丽、肉脆汁多、风味浓郁、酸甜可口而深受市场欢迎。

（一）脐橙产业基础坚实

鲜果周年上市。秭归县立足三峡库区“冬暖中心”的独特资源优势，以市场需求为导向，调整产业结构，现已形成了“春有伦晚、红肉脐橙，夏有夏橙，秋有早红脐橙，冬有纽荷尔脐橙，一年四季均有鲜橙上市”的产业发展格局。2018 年年底秭归县 12 个乡镇、138 个村、14 万多人种植脐橙，柑橘总面积达到 34. 13 万亩，产量 60. 15 万吨，年产值 25 亿元。

品牌全国叫响。秭归脐橙有 15. 3 万亩被农业部认定为全国绿色食品原料（柑橘）标准化生产基地，秭归脐橙被认定为绿色食品 A 级产品、荣获了“中国驰名商标”“国家地理标志保护产品”“湖北省著名商标”“湖北三大名果”“最受消费者喜爱的中国农产品区域公用品牌”“中国百强农产品区域公用品牌”等多项荣誉称号。产品销往全国 30 多个省市、50 多个大中城市，部分产品出口到俄罗斯、东南亚、中东地区和我国港澳地区。

加工产品多样。现有脐橙精分精选企业 1 家，屈姑、帝元、泽侬、三仁生物科技 4 家柑橘深加工龙头企业，柑橘年加工能力 10 万吨以上，已开发出橙蜜、橙茶、橙糖、橙汁、橙粒、橙皮、橙浆、橙酒、橙醋、橙皮甙、辛弗林等 10 多个系列加工产品，并畅销国内外；拥有柑橘专业合作社 263 家，规模化专业种植家庭农场 55 家；洗果分选企业 54 家；物流包装企业 38 家，已形成了柑橘产加销、零废弃、三产融合的全产业链。

（二）网络销售蒸蒸日上

乘着秭归脐橙产业发展的大浪潮，秭归县电商产业发展宛如星星之火，迅速蔓延，秭归“全民皆商”的电商热潮逐渐形成。2018 年秭归脐橙通过电商销售达 12. 6 万吨，销售额 13. 6 亿元，销售茶叶、板栗、土豆、土蜂蜜等农副产品 1. 6 万吨，全县已发展电商企业 1 545 家，在阿里巴巴、京东、苏宁等主流电商平台开设网店 3 044 家，全县电商从业人员达到 1. 6 万多人，物流、快递、生产加工等关联产业吸纳就业人员 7 000 多人。

（三）电子商务有序推进

健全工作机制。秭归县成立了以县长为组长的工作领导小组，县电商办负责秭归县电子商务发展的统筹规划、政策制定、综合协调工作。2016 年，出台了《秭归县人民政府关于加快推进电子商务发展的实施意见》，制定了有利于电子商务发展的财政、金融、土地、收费等一系列措施，促进秭归县电子商务健康有序发展。

确立农村电商的思路。坚持农村电商本土化，促进农村经济转型升级。组建了以秭归县人民政府、经信局、财政局为主，其他电子商务企业、电子商务服务企业、电商协会，以及物流、商贸企业为辅的电子商务进农村项目建设主体。

搭建电子商务服务平台。秭归县建成了服务总面积达 33 000 平方米的电子商务产业园，入驻电子商务企业 27 家。

完善仓储物流配送体系。建立秭归县电子商务进农村县级物流配送分拣中心——华维电商物流园。同时完善农村物流网络，秭归县华维物流公司通过干线甩挂运输、县乡道厢式货车配送、村道通村客运捎带小件，形成“货运班线+客货联盟”的物流格局，实现“站到站、站到点、点到户”的无缝对接。同时，秭归县物流与快递公司已达 33 家，服务网点延伸到了乡村，全县所有乡镇和部分中心村都有快递超市和代发点。

建设村级服务站。通过综合捆绑的模式，整合便民超市、电商网店、信息服务、助农金融、快递物流等资源，建成 193 家村级电子商务综合服务站，实现全县乡村全覆盖。2018 年，村级服务站上行实现销售 5 000 多万元，下行实现销售 3 000 多万元，一批电商服务站成立了公司，成为了秭归县重点电商企业，并进入了限额以上商贸企业。

开展电商培训。通过制定培训计划及培训方案，编印培训教材，创办电子商务培训学校等方式，多层次、多类型的开展电子商务培训 35 000 人次，累计组织电子商务提升培训 54 期，培训 3 500 多名学员。

（四）存在问题

电子商务应用人才短缺。电商行业日新月异的发展形势与人才供应不足的矛盾突出，电子商务方面的人才紧缺成为电子商务发展的瓶颈。

农产品物流价格偏高。农产品相对价值较低、体积重量较大，物流费用在农产品流通中占了很大的比例，有些物流费用甚至高出了农产品自身的价值，如不降低农产品物流快递费用，农产品通过电商进城的渠道难以畅通。

农产品标准化程度不高。由于分散种植，产后商品化处理相对滞后，农产品质量等级标准、重量标准和包装规格混乱。

电商数量多，质量不高。网络销售门槛低，竞争无序，农产品品质和质量参差不齐。销售业绩好的网商较少，电商公共服务平台、核心电商企业处于发展阶段，未形成较多可以带动产业发展的电商龙头企业。

（五）“互联网+”农产品出村进城推进建议

人才先行。“互联网+”农产品面对的客户群体相对来说是受过较高教育的群体，他们对产品的品质要求更高，这就必须要有高素质的人才、先进的技术、新型的营销理念为支撑。因此，一方面需要引进人才充实地方政府，为电子商务发展定好方向，另一方面也需要不断提高基层电子商务人才的营销能力。

优化农产品运输，支持农产品保鲜运输链建设。出台农产品快递物流优惠政策。降低农产品物流快递成本。

支持培育电商企业做强。鼓励电子商务企业+合作社（农户）的生产方式，通过订单农业的方式，规范农产品质量标准。

二、沭阳花木——花木为媒，打造各类农产品出村进城新路径

（一）沭阳农产品出村进城的运作模式

1. 有规模化、产业化潜力的优质特色农产品的出村进城模式

在江苏省沭阳县，此类产品主要是花卉、苗木、多肉植物等，已经形成一个包括生产、销售、快递、包装和配材等在内的完整产业体系，主要通过淘宝、京东、拼多多、1688 批发等大型电商平台销售，销售规模占据全国领先地位。

最具代表性的是苏太园艺有限公司，实行标准化、规模化生产和产业化管理，主要通过网红直播、网店销售、直接批发 3 种模式进行销售。除此以外，新河干花、沃彩园艺、颜集幸福花海、颜集金帝园林、庙头苏北花卉、庙头西洲园林、扎下国际花木城、耿圩多肉植物园、陇集三叶园林、茆圩草莓等均实行规模化生产、产业化管理，这些企业都建有物流、仓储等基础设施，全县通过此类模式，全年销售额超 10 亿元。

目前存在的困难：全国各地的大型现代化园艺公司，近年大举进入电商产业，农村个体电商相对处于弱势，特别是在品牌打造和流量获取方面，农村电商意识不强、实力不够、能力不高，面临着被边缘化的危险，如何提档升级，保持领先地位，成为迫在眉睫的问题。

2. 小规模生产、就近消费的生鲜农产品的出村进城模式

在沭阳县，此类农产品主要有草鸡蛋、莲藕、小龙虾、草莓、大米、小香瓜等，原来主要通过市场批发、直销等模式进行销售。

近年来，随着电商产业兴起，特别是在本地优秀花木电商的影响带动下，利用微信等社交电商的扩散能力，县城近郊的多个水果基地已经成功转化集生产外销、入园采摘和预定送货等多种经营方式于一体的新型农场。

发展县域电商、微商、直播销售等有区域特色的网络销售模式是可行的，这 3 种类型，沭阳都有，尤其在花木销售方面运用广泛。沭阳促进农产品就近

消费、体验式消费已经在探索发展，目前，沭阳城市近郊有很多水果采摘园采用微商等方式。

在县乡村三级电商服务体系方面，沭阳从2015年下半年就建立了县、乡、村三级电商服务体系，县级有苏奥电商产业园、电商运营服务中心、淘宝大学，乡镇级有农产品电商服务中心，村级有电商服务站。沭阳县农产品电商运营中心已建立，依托沭阳县润信农产品批发市场，建筑面积4 500平方米，设有农产品电商培训孵化中心，农产品电商招商中心，农村电商政策咨询中心，农产品体验中心，农产品策划、美工、摄影室，还有若干个大型电商企业入驻区（专门用于电商招商），这将对沭阳县农村电子商务发展起到良好的推动作用。

目前存在的困难：面对多种方式融合的复杂经营，农场应对能力不足，集成化的管理软件应用不起来，生产缺乏系统性和计划性，客户关系营销能力较低，冷藏条件不够。

3. 小规模生产、可卖向全国市场的易运耐储农村产品、加工农产品的出村进城模式

在沭阳县，此类农产品主要通过易田沭阳农特馆、淘宝沭阳农特馆、供销e家、供销地平线商城、邮乐网沭阳馆、拼多多等网店、微店、微信朋友圈等渠道销往全国各地，农特馆每年销售1 000多万元，大小食用性农产品网店2 000多家，销售额1.5亿元。

目前存在的困难：现代农业发展到现在，不论什么特色农产品、特色果蔬基本都能生产出来，但是品牌树立维护、客户拉新留存和渠道营造发展的问题，普通农户难以解决。生产容易销售难，沭阳周集乡2018年就出现大量小香瓜滞销，需要政府不仅在生产上要支持农民，更加需要在网上销售方面提供项目资金支撑和广告宣传。

4. 农产品直销中心的建设

建立农产品直销中心是势在必行，可解决菜农、果农的后顾之忧，沭阳电商运营中心已具备此功能，依托沭阳润信农产品批发市场既可通过线下、也可通过电商平台直销全国各地。沭阳的休闲农业、乡村旅游已具雏形，沭阳古栗林、山荡古栗林、苏太园艺、耿圩多肉植物园、沭阳县三叶园林的西郊森林公园、城郊草莓采摘园等一批休闲、观光农业已建立。

（二）实施主体和推进机制

1. 建立"互联网+"农产品出村进城工程的推进机制

目前政府部门已经出台了一系列高效农业奖补政策，但是大多侧重于生产环节的支持，对销售环节的支持不足。这个问题解决不好，农民生产投入不能通过销售回收，需要从中央到地方各级政府建立政策、考核、资金奖补、培训、基础建设等一系列的配套机制。

2. "互联网+"农产品出村进城模式的实施主体

本着以市场为主体、政府引导、企业运作的原则，目前沭阳县有县级电商运营中心，电商产业园、物流产业园和供应链基地，生产型和销售型电商公司，配套物流公司、仓储公司，行业协会等各类主体，门类齐全。

各类主体协同发展，产业化运作，力图对不同类型、不同品种的农产品按一级、二级、三级和三级以上的技术标准进行生产、加工、包装和销售，特别是建立农产品溯源认证体系，通过技术手段让品牌农产品落地生根，让经营者放心、消费者满意。

3. 建立实施"互联网+"农产品出村进城的监督考核机制

随着农村电商规模不断扩大，也暴露出一些问题，主要是以小充大、以次充好、以劣充优，市场监管难度大，取证难，尺度不好把握。因此，建议由行业制定农产品质量标准，市场监督管理局实行市场监管，政府建立农产品出村进城考核机制，鼓励企业参与农产品出村进城运营模式，达到企业与农民双赢的目的。

（三）建设内容

1. 沭阳的基本情况

目前沭阳网上销售的农产品以花卉苗木和多肉植物为主，有接近90%网上销售的农产品都是花木、苗木、多肉植物，花木主产区的道路、水电、物流、仓储、加工等配套设施建设较为完备。益农信息社基本实现全覆盖，而且运作良好。

2. 优质特色农产品供应链体系

需要建立生鲜农产品的冷藏设施和特色农产品的分拣中心。

3. 农民对上网销售农产品的服务需求

目前，沭阳网销农产品主要还是集中在花木主产区及郊区，偏远乡镇在交通、物流等方面还相对落后，网销农产品运营成本高，需要在物流成本给予一定的补贴，同时需要加大宣传力度，提高特色品牌农产品的知名度，比如沭阳高墟大米已获国家地理标志，但网上销售不尽如人意。

4. 直销中心的定位

建议建立线上、线下深度融合的直销中心，以农产品批发市场、农业产业园为依托，打造真正意义上的直销中心，不能为建设而建设。

（四）支持政策

1. 地方政府出台的政策措施

沭阳县政府先后出台了《沭阳县关于发展农业农村电子商务的实施意见》《县政府办公室关于推进电商精准扶贫工作的实施方案》（沭政办发〔2017〕130号）、《沭阳县电子商务（网络创业）发展“促七条”扶持政策》（沭政办发〔2018〕24号）、《关于调整全民创业风险扶持资金管理办法的通知》（沭政办发〔2018〕79号）等一系列政策、措施。

2. 中央财政在政策和资金上的支持

中央财政资金重点在冷藏、平台建设、营销中心、物流补贴等方面给予资金支持。

3. 政府推动互联网营销

沭阳政府和淘宝、京东等电商平台建立合作关系，举办“网上花木节”，政府主导、协会实施、电商参与，优选产品、挂牌销售、售后保障，形成了良好的产业协同机制，取得了较好的效果。建议将此类“互联网+”农产品出村进城的促进机制常态化，变一年一度为常年实施。

三、蕲春蕲艾——传统文化“点睛”特色农产品网络营销

被誉为“中国艾都”的湖北省黄冈市蕲春县，是名副其实的华中药库，也是传统的中医药文化之乡。坚持打造李时珍品牌，大力实施药旅联动战略，致力于开发以蕲艾主导的健康养生产业，通过选育优良品种、优化种植布局、推进绿色生产、培育市场主体、完善经营机制、加强科技支撑、加大政策扶持等措施，充分发挥蕲艾独特的资源优势，将蕲艾产业建成脱贫产业、致富产业、健康产业。近年来，立足特色资源优势，抢抓政策机遇，大力发展“互联网+”农产品出村进城工程，先后被授予国家电子商务进农村示范县、国家农产品电商出村示范县、全国电商消贫十佳县（市）、电商示范百佳县等多项荣誉。截至2018年年底，蕲艾产业综合产值达到100亿以上，跃居中国地标品牌产品第46位，并被湖北省农业农村厅作为两大省级核心品牌进行打造和推介。

（一）蕲春蕲艾发展现状

近年来，蕲春坚持高举“李时珍”品牌，高位发展大健康产业，大力实施“药旅联动”战略，着力推进文、药、旅、农深度融合、集成发展，形成了李时珍品牌建设高位推进、“全产业链”开发的热潮。作为“蕲春四宝”之一的蕲艾开始引起关注，拉开了大规模开发的序幕。特别是2011年以来，蕲春县委、县政府提出“养生蕲春、从艾出发”的工作思路，确立了打造蕲艾“千亿产业、百亿园区、中国艾都”的发展目标，制定了扶持艾产业发展的政策，成立了蕲艾产业发展领导小组，设立了蕲艾产业发展基金，成立了蕲艾产业协会，连续举办了3届蕲艾健康文化节，勇夺“中国艾都”金字招牌，创立了世中联艾产业化国际联盟、国家艾产业化创新联盟、蕲艾研究院，创办蕲艾官网、蕲艾经营专区、蕲艾精品超市，申办蕲艾交易中心，关于蕲艾的一系列标准相继出台。蕲艾产业实现了由小到大、由无序到有序、由单产品开发到

全产业链发展的飞跃，成为蕲春县新兴支柱产业。

（二）“出村进城”运作模式

蕲春县结合本地资源优势，探索出一条以大健康产业为主导，以蕲艾特色产业为支撑，以一村一品特色农副产品为补充的“互联网+农产品出村进城”模式。

1. 多平台打响蕲艾品牌

继2017年蕲春市长在中央电视台《魅力中国城》栏目竞演上推介蕲艾后，蕲春县委县政府主要领导在全国各大电商平台、网络新媒体上高举蕲艾区域公共品牌，突出“养生蕲春，从艾出发”，擦亮“养生蕲春·中国艾都”名片，让这棵神奇的小草形象深入千家万户。在湖南长沙举行的全国贫困地区农产品产销对接推介会上，蕲艾荣获总分第一名，并在现场获得1 550吨订单。

2. 明定位打造销售体系

结合“一村一品”定位，为蕲艾种植户量身定制“1+2+5+10”的种植销售体系，即：1个村级服务站，定向指导2家区域内种养大户或专业合作社，至少带动周边5户村民从事网商、微商销售，每户帮助10户以上的贫困户增收脱贫致富。各部门、各扶贫驻村工作队积极收集农户的农特产品产出信息，通过微信朋友圈等社交媒介，采取众筹等新零售模式实行预售，确保时令农副产品从田间地头直达用户手中，多措并举、多方联动切实解决贫困户卖出难、增收难问题。

3. 强氛围打造服务网络

营造全域电商氛围，打造电商服务村镇，依托村级电商服务站辐射周边1~3个村的便民代买代卖服务，构建覆盖全县的电商网络。全县近70家蕲艾相关企业、电商市场主体全部触网线上销售，涌现出蕲艾堂、菩艾堂、大明古艾、千年艾等年销售额过千万元的企业11家，大批贫困户通过种植、生产、加工、销售等环节进入蕲艾产业链增收脱贫。

4. 多途径寻找合作伙伴

在线上与淘宝、京东等合作，建立电商平台；在线下与中石化、湖北中烟、全国蕲春商会、全国重点药市等合作运营，建设药港蕲艾一条街、蕲艾精品超市等一批蕲艾街区，形成了立体化、广覆盖的营销网络体系。

5. 重实效推动服务网点建设

县电子商务公共服务中心以村级电商服务站点为基础，建立覆盖全体种养殖大户、专业合作社、新农人、手工业者、贫困户的服务网络，完善农产品电商供应链，在销售蕲艾产品同时还探索解决山药、莲藕、向阳桃、柑橘、土鸡、菱角等生鲜时令农副产品上行难问题。截至 2018 年年底，全县建立电子商务服务站点 500 余个，网络站点覆盖率达 100%，网络代购、农产品销售与服务、配送入户等实现全时段全覆盖。

6. 抓质量提高品牌价值

蕲春县实施了蕲艾标准化行动计划，制定蕲艾种植、采集、出村和初加工的技术规范、标准。加强质量监管，建立从蕲艾种植、收储、加工到销售全过程的质量安全可追溯平台，建立了电商质量体系监督平台，对全县销售的电商产品进行质量检测认证，确保产品质量过关。

7. 建物流促进服务配套

为提高县乡村三级物流时效，该县整合龙头快递企业，创建蕲乡达物流公司，承接全县从城区到村的上下行业务，真正实现县内当天送达。在每家村级服务站增设快递物流服务，为村民免费收件、补贴寄件，切实降低运费 30%，服务功能配套齐全。

（三）实施主体

蕲春县通过积极引导市民下乡、能人回乡和企业兴乡，培育壮大蕲艾产业市场主体，引导组建蕲艾专业合作社和合作联社。着力引进和培育一批集蕲艾育苗、种植、生产、加工一条龙的产业化龙头企业。2018 年在全县新发展的市场主体中，蕲艾产业主体发展最为迅猛，市场主体存量达到 1 855 户，比 2017 年新增 530 户，同比增长 46. 55%。其中企业 900 余户，个体工商户 700 余户，农民专业合作社 247 户；注册资本 100 万元以上的 761 户，500 万元以上 277 户。建有河西工业区和李时珍工业区两大蕲艾产业园区，入驻企业达 50 余家。主要涉及种植业 317 户、电商 269 户、制造业 492 户、服务业 62 户。超过半数蕲艾产业市场主体建有电商团队，借力阿里巴巴、淘宝、京东等电商渠道，该县扶持艾都云商、时珍验方、明大妈、赤方老人、艾师傅、蕲艾堂等 20 余家皇冠级、蓝钻级淘宝店的产品上柜上市，帮助企业营销。截至 2018 年年底，蕲春县联系科研院校研发艾灸养生、洗浴保健、清洁喷雾、日用保健等艾产品 20 个系列近 1 000 个品种，申请 15 个准、械、消、妆字号产品，申请专利产品 145 个。

（四）建设内容

近年来，蕲春县通过“互联网+”应用，有效改变了农业生产一家一户、单打独斗的状态，带动了农民从“小生产”走向“大市场”、从分散经营走向专业化经营、从贫困迈向小康。围绕“百亿产业、百年企业”目标，把蕲艾加工作为转型发展的增长点，实现了“蕲艾”“李时珍”“本草纲目”3 个品牌强强联合发展。重点发展县域电商、微商、直播销售等有区域特色的网络销售模式，促进就近消费、体验式消费，建设县乡村三级服务体系促进蕲艾品牌打造和产品营销。

（五）支持政策

1. 给予项目资金支持

蕲春县政府每年拿出 5 000 万元，扶持蕲艾企业发展；设立 500 万元中药材奖补资金，重点支持蕲艾种植。同时，蕲艾协会还成立了湖北艾联蕲艾基金有限公司，解决协会成员企业融资难问题。

2. 给予产业平台支持

蕲春县在河西工业园规划 2 000 亩面积建设蕲艾产业园，引进湖北易慧李时珍资本运营有限公司投资 20.5 亿元，建设主工业区、小微企业孵化中心、养生体验中心、电子商务中心、职业教育中心“一区四中心”，并加快推进李时珍医药港建设。

3. 给予文化引导支持

坚持文化搭台，蕲艾唱戏，创新了“互联网+蕲艾”“文化赛事+蕲艾”等载体，打造了“一名片（中国艾都）”“两论坛（蕲艾产业高峰论坛、互联网+蕲艾）”“两联盟（国家中药产业技术创新战略联盟艾产业化联盟、世界中医药学会联合会艾产业化国际联盟）”“两纪录（千人艾灸、千人沐足吉尼斯世界纪录）”。

4. 给予合作平台支持

与湖北中医药大学、北京中医药大学、广州中医药大学等院校建立了县校合作关系，成立了国家中药产业技术创新战略联盟艾产业化联盟，网络专家教授 20 多人。筹建了蕲艾研究院，建成了蕲艾制品检测科技中心。

5. 给予人才培训平台

通过电商知识培训，组织动员能人大户、返乡创业人员、致富带头人，开展结对帮扶、兴办实业、村企共建等活动，目前接受相关培训人员超过 10 万人次。

四、潜江小龙虾——插上电子商务翅膀，闯出全国大市场

（一）潜江小龙虾电子商务发展成效

1. “互联网+小龙虾”战略成效显著

（1）小龙虾垂直电商平台运营火爆。目前，湖北省潜江市已建成“中国虾谷”和“虾谷360”两个小龙虾垂直电子商务平台，并依托平台在北京、上海、西安、重庆、成都、武汉等大中城市设立了办事处，以此推动了小龙虾交易从线下向线上进行转变，有效畅通了小龙虾交易信息，降低了小龙虾流通成本。2018年全市小龙虾电商销售额达50亿元以上。

（2）小龙虾交易中心异军突起。为填补潜江市小龙虾区域性批发市场的空白，发挥规模集聚效应，更好地推进小龙虾产业从养殖到商贸的转型，潜江市依托龙虾产业链优势及龙虾电商交易平台的上线，建设了湖北潜江小龙虾交易中心，入驻400余家电商。截至2018年年底，全市有小龙虾电商企业、电商店500多个，物流快递企业70多个，电商从业人员1万多人，带动电商、微商网民8万多人。依托小龙虾优势产业，全市超过80%的加工企业、超过60%的小龙虾餐饮店开展网络电商经营，正在形成与小龙虾产业深度融合的发展态势。油焖大虾、清蒸虾、麻辣虾球、泡椒小龙虾等近百个餐饮品种上线，“虾小弟”“虾皇”“小李子”等线上品牌响遍全国。

（3）小龙虾培训学校应运而生。为完善潜江市小龙虾产业链的战略布局，填补专业小龙虾烹饪培训和虾店统一标准的空白，潜江市依托“中国小龙虾之乡”“中国小龙虾美食之乡”的金字招牌，以打造全国小龙虾烹饪培训基地，全国小龙虾厨政管理人才输送基地为目标，创建了潜江龙虾烹饪职业学院。开展虾稻种养殖技术、电子商务、小龙虾烹饪等专业培训1.8万余人，带动返乡创业者、下岗职工、退伍军人、失业人员、残疾人、贫困户等就业、创业10万余人。

（4）小龙虾行业标准正在逐步完善。为提升潜江市小龙虾对外竞争力，打响潜江龙虾品牌，目前已出台小龙虾地方标准 18 项，潜江龙虾烹饪培训学校及市餐饮协会正在制定完善龙虾菜品烹饪标准、龙虾菜品出品标准、龙虾服务流程标准、龙虾店开办及管理标准等一系列强制标准，以此提高潜江市龙虾餐饮的整体服务水平。

2. 小龙虾餐饮线上销售迅猛增长

在“互联网+小龙虾”战略的带动下，潜江市各大知名虾店均开设电商服务、微商销售。依托淘宝、天猫、京东、微信营销端的发展及餐饮速冻技术的成熟，小龙虾网络销售初现繁荣。目前“虾皇”“味道工厂”“虾尊”等品牌日均快递发货量过千件，其中，2018 年 4—5 月线上销售额累计过 1 000 万，真正让小龙虾插上了电商的翅膀，飞向全国千家万户。

（二）存在问题

1. 小龙虾电商物流体系还未形成，物流成本高昂

不管是鲜活小龙虾还是小龙虾餐饮制品，其对外销售中，物流费用都在流通成本中占据了很大的比例。以鲜活小龙虾为例，每斤龙虾运输成本接近 2 元，再加上潜江市小龙虾本身价格就较其他地方要高，极大地影响了其对外销售的竞争力。此外，小龙虾餐饮制品每单快递费用高达 20 多元，导致企业利润被极大地摊薄。

2. 小龙虾销售价格偏高，影响了市场开拓

由于潜江市龙虾名声大，品质好，加之交通便利，一到龙虾收获季节，全国各地的虾商就到潜江收虾，如北京、杭州、安徽、上海、成都、重庆等地一些企业出巨资在潜江坐地抢购。加之潜江龙虾交易中心的成立，外销数量较大，导致潜江龙虾的收购价格水涨船高，一路飙升。单只重 30~40 克的龙虾，从 2017 年的每斤 20 元涨至 23 元，高峰时每斤竟高达 45~50 元。龙虾消费变高端了，极大地增加了消费者的负担。而原材料价格的上涨也侵占了经营企业的利润，稍有不慎就会出现亏损，极大地影响了行业的市场开拓。

3. 出口关税的调整影响了潜江市小龙虾在国际市场的竞争力

欧盟对我国出口水产品关税由 7%上升到 20%，净增 17 个百分点，大幅

增加了我国水产品加工出口企业成本，使我国水产品在国际市场失去竞争力。

（三）下一步工作计划

1. 继续完善小龙虾物流配送体系

完善潜江市市级电子商务物流配送中心功能，使之具备集采统储、互采分销、统配统送及协调售后服务等功能。初步建立以市级仓储配送中心为基础、物流快递企业为主导、邮政物流体系为依托的电子商务物流配送体系，解决小龙虾电商物流成本高昂的问题。同时与顺丰冷运集团进行合作，借助顺丰遍布全国的仓储实现潜江市小龙虾分仓备货，以此降低潜江小龙虾物流运费，缩短配送时间。

2. 强化小龙虾电商的质量检测及溯源体系建设

通过与有关部门和具备资质的相关机构合作，探索建立潜江龙虾质量安全监控体系。

3. 支持龙虾产业链做大做强

一是继续加强对潜江龙虾品牌的宣传，提升潜江小龙虾产业影响力。二是鼓励各类小龙虾餐饮、加工企业开展电商销售，多方面拓宽销售渠道。三是加强潜江小龙虾出口基地的培育和管理，提高基地出口产业集群效应。通过以上多方面努力支持潜江龙虾产业链做大做强。

（四）有关建议

1. 出台小龙虾快递物流优惠政策

小龙虾电商企业、餐饮制品企业的物流费用在流通中占了很大的比例，严重影响了小龙虾的网上销售，建议政府出台名优农产品的快递补贴政策，支持潜江龙虾的电子商务发展。

2. 对小龙虾产业给予项目或资金扶持

充分发挥潜江龙虾优势，联合科研机构、大专院校，开展对小龙虾产业发展规划和产品开发的研究，把潜江龙虾产业纳入国家重点项目给予扶持。

3. 加强潜江小龙虾与电商品牌宣传

在湖北推出一个最大最全面的可视化电商平台，将“虾谷 360”平台向全国推广，做强品牌，提高销量，不仅能快速助力贫困户大幅增收，达到推进精准扶贫的目的。在打造潜江小龙虾品牌的同时，将“虾谷 360”电商品牌打造成全国最大的单品类农特产品垂直电商平台。

五、梅州柚——多元化市场主体带动小农户对接大市场

梅州柚是广东省梅州市农业的主导产业，是梅州农业经济的支柱产业，也是老百姓耕山致富的摇钱树。目前，梅州柚种植面积达到 60 万亩，产量 100 万吨，是名副其实的中国柚乡。

（一）梅州柚生产情况

1. 产业规模

梅州柚种植以中晚熟为主，主要有梅州蜜柚和梅州金柚两大类。2013 年到 2018 年梅州柚种植总面积从 49 万多亩增长到 60 万亩，总产也从 69 万吨增长到 100 万吨，其中，梅州金柚面积约 28 万亩，产量 45 万吨；梅州蜜柚面积约 32 万亩，产量 55 万吨。2018 年梅州农业产业总产值达到 35 亿元。

2. 产业现状

梅县区和大埔县分别获得“中国金柚之乡”和“中国蜜柚之乡”称号；梅州金柚、大埔蜜柚通过地理标志（农）产品保护认定，制定了省级地方标准《地理标志产品梅州金柚》《地理标志产品大埔蜜柚》；为做强做大区域品牌，统一宣传销售口径，把梅州金柚、大埔蜜柚合称为梅州柚，将梅州柚作为对外宣传的区域品牌。

梅州市柚果经营主体共计 478 家，按类型分有龙头企业 133 家，合作社 134 家，家庭农场 211 家；按链条分有种植类 411 家，流通类 46 家，加工类 21 家。于 2013 年组建了市级柚果行业协会，协会现有成员（单位/个人）160 多个，涵盖了全市重点柚类农业龙头企业、合作社、家庭农场等，梅州金柚协会控制的柚果产量占到全市柚果产量的一半以上，协会会员带动周边柚农达到 6 成以上，带动了更多的农户进行标准化生产管理，解决了柚农柚果销售问题，带动小农户融入现代农业产业体系；柚类市级以上重点农业龙头企业 86 家，其中柚类省级重点农业龙头企业 26 家，总产值超 5 000 万元的 17 家，其

中，广东顺兴种养股份有限公司在“新三板”挂牌上市；国家级示范社 14 家，省级示范社 34 家，市级示范社 48 家。

（二）梅州柚销售情况

1. 上市季节

梅州蜜柚成熟期为中秋前，梅州蜜柚的成熟期较福建蜜柚要早半个月，但是要比海南、云南蜜柚成熟期晚，加之蜜柚的储存期较短，梅州蜜柚的市场销售压力较大。梅州金柚成熟期为立冬前后，上市销售时间可延续至翌年清明节，销售期长，但也面临广西沙田柚的市场竞争。

2. 销售状况

（1）国内市场：梅州市柚销售主体呈多元化发展。梅州柚基地批发市场销售比例为 50%，超市、专卖店、电商以及其他销售主体销售比例分别为 16%、20%、11%、3%。梅州柚果销售以广东省内为主，省内与省外销售比例为 74%和 26%，省内销售以珠三角、粤东、粤北、粤西地区为主，所占比例分别为 50%、22%、17%、7%。省外销售市场主要分布在广西、湖南、四川、京津冀和苏浙沪。梅州市沙田柚 70%的产品由本地采购商流通销售，30%的产品由外地采购商流通销售；梅州蜜柚 50%的产品由本地采购商流通销售，50%的产品由福建等外地采购商流通销售。

（2）国外市场：全市现有 27 家出口注册柚园和 16 家注册加工厂，柚果出口逐年递增。出口国也由 2006 年的少数几个东南亚国家拓展到包括罗马尼亚、立陶宛、阿联酋、荷兰、比利时、伊朗、沙特阿拉伯、英国、德国、法国、意大利、乌克兰、美国、加拿大、俄罗斯等 20 多个国家和地区。

（三）主要做法

1. 组织展会拓展市场空间

先后组织企业参加 2018 广东 21 世纪海上丝绸之路国际博览会、第九届广东现代农业博览会、2018 年长沙农业博览会、北京国家农产品质量安全“百安县”活动和全国百家农产品经销企业“双百”对接活动等，通过展会展销带动了梅州柚的销售。梅州作为 2018 年首届中国农民丰收节 6 个分会场之一，在丰收广场举办的梅州特色农产品展示展销，共组织了全市 70 多家农业企业和 7 家文创企业进驻丰收广场，300 多种产品，销售额突破 300 万元，累加延伸线上线下销售逾千万元。截至 2018 年年底，梅县已举办了 9 届“梅县金柚飘香文化旅游节”，大埔县已连续 6 年在蜜柚采收季节举办了 6 届大埔蜜柚节，采取“政府搭台、企业唱戏”的方式，扩宽金柚销售渠道，扩大金柚影响。

2. 打造品牌提升产品价值

发挥梅州市富硒长寿的资源优势，打响梅州柚区域品牌，规范梅州柚地理标志证明商标和区域品牌的使用。通过中央、省、市各级媒体（广播、电视、网络、报刊等）加大对梅县金柚的宣传，大力推介梅州柚品牌。梅州积极实施名牌带动发展战略，先后培育了“木子”“顺兴”“嘉丰”“龙威”“梅岭”“金柚莱”“丽园”“松峰”“嘉珍”等 10 多个知名柚品牌，其中“木子”“顺兴”被评为广东省名牌产品，“十记”金柚获得广东省名特优新农产品，“嘉应梅龙”金柚、“十记”金柚荣获广东十大名果。

3. 质量认证增强企业实力

梅州市柚果获得无公害农产品认证的有 19 家，绿色食品认证 4 家，有机食品认证 4 家。梅州金柚先后 7 次在全国柚类评比中获得金奖，被中国果品流通协会授予“中华名果”称号，在第三届中国农业博览会及 1999 年中国国际农博会上被认定为名牌产品。2012 年 7 月，大埔县被中国果品流通协会授予“中国蜜柚之乡”称号。2015 年 11 月 5 日，农业部批准对大埔蜜柚实施地理标志产品保护。早在 1987 年，梅州市梅县区就被农业部命名为“中国金柚之乡”。梅县作为金柚主产县，全县柚果流通大户超过 120 户（年销售金柚 50 吨以上），销售网点遍布北京、上海，以及湖南、湖北、四川的 40 多个城市。

4. 加强管理提升柚果品质

重视金柚标准化生产技术的推广应用，通过创建金柚标准园、实施水肥一体化和有机肥替代化肥等项目，注重生产、采收、贮藏、保鲜、销售柚果等环节质量管理，特别强调适时采摘，确保金柚质量。推进梅州柚生产标准化，一是通过智慧农业从技术上实现标准化作业监控，降低病虫害影响，达到增产、优产的目标，提升行业种植水平和产业收益；二是逐步树立从“从枝头到舌头”的行业标准，为终端消费者、采购商建立清晰的选品标准，提升产品溢价能力。为提升柚果品质，梅县组织“十大优质金柚示范园”评比活动，由区政府在全区的农业农村工作会议上进行表彰，并分别给予 5 000 元的奖励。

5. 构建平台促进市场流通

加强与顺丰速运有限公司、中国石化广东分公司的合作，打通物流、商流、信息流、资金流通道，推动梅州特色农业与智慧物流相融合，让梅州柚等农产品更好地走出“围龙屋”，推向大市场，卖出好价钱。巩固发展大宗供销、超市专柜、社区直供等市场，特别是电子商务市场，出台《关于促进农业电子商务发展的实施意见》，遴选企业经营型、青年创业型市级农电商示范点累计 14 个。搭建以客天下农电商产业园为核心的“市域电商+县域电商+企业电商”三级农电商平台，大力发展“B2B+O2O”电商模式，进一步做大做强客天下农电商产业园，完善线上线下平台，在广州、河源、井冈山等地建立加盟体验店，拓展产品市场。

6. 配套服务发展柚果产业

近年来，梅州市委、市政府高度重视仓储、物流建设，建立完善农业设施，特别是以柚果仓储为重点的附属设施，大大提升和改善了柚果仓储能力，为柚果等水果采后清洗、包装、分级、储存及持续供货创造了良好的条件，促进了柚子产业的转型升级。加快建设农产品专业交易市场，梅州海吉星农产品批发市场获批为农业农村部定点市场。加快完善农产品物流体系建设，加强与顺丰速运有限公司的战略合作，启动梅州柚标准化、智慧农业、丰驰顺行平台等，探索布局“太阳+月亮+星星”（即市级、县级、镇村级）三级物流体系，共同搭建“运出去”“卖出去”“活起来”“产出来”现代农业综合物流商流平台。截至 2018 年年底，已建立县级预处理中心 3 个，镇村级收储点 254 个，梅州柚等农产品搭上了智慧物流快车。

六、徐闻菠萝——联盟对接，资源整合，加快农产品上行

广东省湛江市近年来发展了以“互联网+农业”为核心的农产品上行新模式，以农业为主体，以互联网为依托，将涉及农产品产销的各种元素进行有效对接，逐步形成优势农产品产业联盟和强大的采购商联盟，政府、协会、公益组织一并参与其中，对其进行组织协调和服务指导。现以徐闻菠萝对接会为例，探索资源整合，加快农产品上行。

（一）湛江市农产品电子商务发展情况

1. 电商平台快速发展

近年来随着“互联网”的不断发展，电子商务深入推进，“互联网+特色农产品”如春笋般破土而出，广东省湛江市通过完善互联网发展农村电子商务，依托京东、天猫、苏宁等大型网上平台开设农产品特色馆，如天猫廉江馆、廉江市“荔枝网”“茶叶网”“红橙网”等，促进农产品线上销售。广东橙乡味道商贸有限公司利用天猫电商平台开设“廉江馆”，主要销售廉江红橙、荔枝、海鸭蛋、徐闻菠萝等当地特色农产品，2018 年销售额约 10 000 万元。五谷生态农业有限公司利用淘宝平台在猪肉、鸡等销售方面显著，月均接单量达 1 000 单。廉江市新民新桂水果专业合作社利用京东电商销售荔枝干，成绩可观，年销售量达 5 000 千克。徐闻县青年互联网创业园 2018 年通过电商平台经营鲜果、粮、菜等农产品，销往全国各地，交易量 8 500 吨，交易额达 5 000 万元。徐闻邮政公司利用邮乐购平台销售当地特色产品菠萝，2018 年销售 20 000 吨。

此外，一些公司利用微信、微博、抖音、今日头条等自媒体让农产品上行，特别是利用网红进行农产品宣传及销售，效果较好。目前由社交电商延伸的社区电商作为 O2O 的升级版也将助力农产品上行。

2. 存在的主要问题

一是由于农产品上市周期较短，大部分都是短期扎堆上市，给储存、保鲜、运输和销售都带来极大的压力，电商销售能力有限；二是物流成本过高制约了农产品电商发展，当地物流价格和快递物料成本都较高，让本地农产品电商没有任何价格优势。同时湛江地区目前没有标准化农产品物流中心，对农产品电商发展也带来极大阻碍；三是缺乏专业团队和企业去做市场推广，很多优质产品不能得到持续性、有节奏的营销。四是电商企业资源整合能力不足，各自为战，农产品销售效果不明显。

（二）徐闻菠萝出村进城模式

1. 模式特点

农产品上行新模式主要是基于农产品上行涉及环节多，电商企业资源整合能力不足，充分考虑和统筹政府具有的公信力，媒体具有的传播能力，电商具有的市场资源，多方合作，不断探索产销资源对接，加速农产品上行，不断完善农产品市场体系的建设。

农产品上行新模式具有如下特点。一是尊重市场主体的决定作用，发动采购商组成强大的采购商队伍，依托电商企业数据优势，形成价格大数据，指导产销走向。二是充分发挥政府指导作用，加强产地质量把控，形成优质的产品供应商，给采购商提供质量背书。三是最大限度地发挥媒体强大的宣传和组织作用，在短时间内组织更多的采购商进入产区，近距离的接触考察农产品，增强采购信心。

2. 主要做法

以 2019 年徐闻县菠萝产销对接大会为例，模式主要做法有如下。

（1）建设菠萝大数据。当前已依托北京一亩田新农网络科技有限公司推出菠萝采购商指数和菠萝采购价格指数。该数据包括全国菠萝主产区前 10 名区县的指数值和采购价格，每周及时反映采购商对全国菠萝主产区县菠萝的关注度和徐闻县菠萝产地价格行情，为徐闻当地农业管理部门以及农村合作社、经纪人、种植大户、家庭农场等具备一定规模的农产品经营主体提供量化判断依据，以针对异常变化制定应对措施。

（2）培育采购商和当地经纪人两支队伍。2019 年 3 月 13 日，由徐闻县政府联合南方农村报社主办的“2019 徐闻菠萝产销对接大会”在徐闻县举办，来自超过 10 个省（市）的采购商达 300 人左右，有已合作过的采购商，但更多的是 2019 年新增采购徐闻菠萝的“新采购商”，大会上成立了徐闻菠萝采购商联盟，并通过政府组织，在徐闻当地选拔培育起一批菠萝采购经纪人。

（3）策划采购商走进徐闻、近距离考察徐闻菠萝、及组织徐闻菠萝进入销区市场的一系列活动。2019 年 2 月 26 日，在曲界镇举行了“广东农产品采购商联盟走进徐闻”第一场活动，有超过 120 位种植大户及流通大户参与。现场农户与到徐闻县的采购商直接面对面，并远程与河北采购商连线对接，受到农户的欢迎。2019 年 1 月 18—21 日，在由上海市农业农村委主办的“上海新春农产品大联展”上，组织徐闻企业到上海开拓市场，新闻稿《上海滩来了个卖菠萝的博士副县长：三月到祖国大陆最南端看‘菠萝的海’去》单篇点击量就达 83 515 次。从 2019 年 3 月 15 日起，又举办了“徐闻菠萝采购商联盟走进徐闻”及“徐闻菠萝开拓 20 城市”多场活动。

（4）有序推进产地和销区两个市场平台建设。通过前期招商和宣传预热，采购商需求被激发，采购商的各种需求又吸引了当地政府部门的关注，从而形成两者的有效互动。2019 年 3 月 13 日召开的“2019 年徐闻菠萝暨产销对接大会”，到场采购商 300 多人，包括北京新发地、佛山华南城、中国邮政等大型采购商到场签约，当场签约采购量达 9. 2 万吨，实现了产区市场及销区市场平台的有效对接。

（5）一揽子成果的形成初现端倪。创立品牌、扩大销量、保障质量、调优品种、促进增收系列成果呈现良性发展。

3. 取得成效

徐闻菠萝上行新模式以产销对接为目的，配以有效的宣传推广，营造良好氛围，形成政府主导把控品质+媒体正能量宣传+意向采购商持续考察并采购对接的配合机制，通过产销对接活动，集合品牌推广、商务洽谈、产销主体对接为一体，在较短的时间内，把整个菠萝销售推向高潮。主要表现在如下几个方面。

（1）菠萝采购价格明显提升。目前均价 0. 7 ~ 0. 8 元/斤，比 2019 年年初 0. 3 ~ 0. 5 元/斤有较大提升，据协会及部分企业反映，如无意外后期可达到 1 元/斤，甚至有突破 1. 5 元/斤的可能。

（2）采购商采购意愿明显增强。据北京一亩田菠萝采购商指数和菠萝采购价格指数显示，采购商指数比 2018 年同期明显增长。

（3）普通消费者对菠萝的关注度明显加大。由南方农业农村报社制作的万人代言徐闻菠萝小程序，上线伊始，不到 1 周时间，就吸引了近 6 000 人代言，代言人员涵盖学生、公务员、事业单位工作人员、媒体、采购商、种植大户、消费者等多个群体。

徐闻菠萝营销的网络有农产品产业联盟和采购商联盟的联合行动，以及政府在冷链物流基础设施的支持和营商环境、品质把控等方面的服务与指导，相比于单打独斗的电商平台具有更多应对压力的解决措施，有希望成为一种富有成效的农产品上行新模式。